TERRA VIVA

CIÊNCIA, INTUIÇÃO E A EVOLUÇÃO DE GAIA

Stephan Harding

TERRA VIVA

CIÊNCIA, INTUIÇÃO E A EVOLUÇÃO DE GAIA

Para uma Nova Compreensão da Vida em Nosso Planeta

Tradução

MÁRIO MOLINA

EDITORA CULTRIX
São Paulo

Título original: *Animate Earth.*

Revisão: Adilson Silva Ramachandra.

Dados Internacionais de Catalogação na Publicação (CIP)
(Câmara Brasileira do Livro, SP, Brasil)

Harding, Stephan
Terra viva: ciência, intuição e a evolução de Gaia : para uma nova compreensão da vida em nosso planeta / Stephan Harding ; tradução Mário Molina. – São Paulo: Cultrix, 2008.

Título original: Animate earth : science, intuition and Gaia.
Bibliografia.
ISBN 978-85-316-1015-8

1. Geologia – Obras de divulgação 2. Hipótese de Gaia 3. Proteção ambiental 4. Terra I. Título.

08-05373 CDD-577

Índices para catálogo sistemático:
1. Vida : Natureza : Ciências biológicas 577

O primeiro número à esquerda indica a edição, ou reedição, desta obra. A primeira dezena à direita indica o ano em que esta edição, ou reedição, foi publicada.

Edição: 1-2-3-4-5-6-7-8-9-10-11
Ano: 08-09-10-11-12-13-14

Direitos de tradução para a o Brasil
adquiridos com exclusividade pela
EDITORA PENSAMENTO-CULTRIX LTDA.
Rua Dr. Mário Vicente, 368 — 04270-000 — São Paulo, SP
Fone: 2066-9000 — Fax: 2066-9008
E-mail: pensamento@cultrix.com.br
http://www.pensamento-cultrix.com.br
que se reserva a propriedade literária desta tradução.

Sumário

Agradecimentos

Às pessoas que me deram alimento e me criaram com a liberdade de explorar meu profundo amor pela natureza, devo a mais profunda gratidão: meu pai, Severin; a irmã de minha mãe, Hanka; minha mãe adotiva, Julia Rodriguez; minha irmã/madrasta Lucy e sua mãe Meg. E agora, como adulto, minha gratidão e amor vão para Julia e o pequeno Oscar, que, com pouco mais de 4 anos, sugeriu que eu desse a este livro o título *Ser Gaia,* ou *Terra Desesperada* – agora um dos títulos de capítulo.

De todas as pessoas incríveis que me ajudaram a crescer intelectual e espiritualmente, só tenho espaço para agradecer a umas poucas: Andrew Proudfoot, John Eisenberg, Deirdre Hyde, Bob Carlson, James Lovelock, Lynn Margulis, Arne Naess, Satish Kumar, Helena Norberg-Hodge, John Page, Peter Bunyard, Fritjof Capra, Brian Goodwin, Henri Bortoft, Margaret Colquhoun, Patsy Hallen, Peter Summers, Jonathan Horwitz, Per Espen Stoknes e Per Ingvar Haukeland. Para com David Abram tenho um grande débito de gratidão por seus ensinamentos e textos inspiradores. Foi dele que assimilei o conceito de "terra viva", que finalmente aflorou como título deste livro. Todos esses amigos e inúmeros outros acrescentaram muita coisa ao caleidoscópio de compreensão que tento devolver ao mundo por meio do labor do ensino e das palestras.

A seguir, meus sinceros agradecimentos a todos que leram o original, inteiramente ou em parte. Estou profundamente grato a James Lovelock, meu amigo e mentor científico de longa data, por uma leitura cuidadosa e crítica do texto inteiro, que evitou derrapadas científicas e me convenceu de que tinha valido a pena escrever este livro. O brilhante ecopsicólogo norueguês Per Espen Stoknes, meu amigo, garantiu que a dimensão "espiritual" da narrativa não fosse perdida de vista. Peter Reason, da University of Bath, também leu o livro inteiro e insistiu para que eu não perdesse de vista a perspectiva animista que ele julgava tão característica deste trabalho. Galeo Saintz, que concluiu recentemente seu mestrado no Schumacher College, dispôs-se gentilmente a ler o primeiro rascunho e fez comentários valiosos, assim como Mel Risbrow e Harriet Posner. Ed O'Sullivan leu o livro inteiro e foi extremamente encorajador. Henri Bortoft conferiu as partes filosóficas e Brian Goodwin, meu amigo e mentor, leu o suficiente para me dar a confiança de continuar. John Page, meu bom amigo de muitos anos que costuma saber quando um texto está bem escrito, me espantou quando disse que tinha gostado do que havia lido. David Abram deu sugestões muito úteis sobre os dois primeiros capítulos. Estou muito agradecido a Liz Morrison por seus valiosos comentários sobre os aspectos experienciais do texto.

Agradeço também ao Schumacher College, minha segunda *alma mater*, e a Anne Phillips, sua diretora, por terem permitido que eu desenvolvesse a compreensão de Gaia à minha maneira, sem nenhuma pressão para me enquadrar em quaisquer padrões, sem avaliação formal e com a única expectativa de que eu ensinasse às pessoas a sair da enrascada. Ter recebido uma liberdade dessas é um raro privilégio nestes tempos conturbados no mundo da educação. Eu gostaria de agradecer o apoio e inspiração de Brian Goodwin, Terry Irwin e Gideon Kossoff, meus colegas no mestrado em Ciência Holística.

Minha gratidão a Richard e Diana St Ruth por me darem um belo quarto no Golden Buddha Centre, na orla de Dartmoor, durante o inverno de 2005, onde passei cinco semanas tranqüilas escrevendo. Sem a calma de seu maravilhoso centro de retiro e sua generosa amizade, este livro não teria sido concluído. Sou também profundamente agradecido a Derek Hook, Gary Primrose e Christina West, de Yewfield, nos lagos ingleses, por terem aturado minha família durante duas semanas, enquanto eu refletia sobre vários pontos do trabalho, e a Andy e Sarah Middleton, e seus filhos encantadores, pela generosa hospitalidade em Whitesands Bay, e por me instigarem a escrever na esplêndida torre de seu belo hotel em St. David's.

Meus agradecimentos especiais ao pintor Deirdre Hyde, meu amigo de longa data, que conheci quando estava morando na Costa Rica, pela execução generosa da arte-final da capa da edição original e as maravilhosas ilustrações que enobrecem este livro.

Por fim, meus agradecimentos a John Elford da Green Books, pela brilhante competência editorial e pela maneira primorosa como cuidou deste livro.

Para Edda e Severin, e Oscar e Julia
e
Para a beleza sagrada e selvagem do rio Sengwa
e de Ntaba Mangwe, na Montanha dos Abutres

Prefácio

por Homero Santos

Já quase ninguém mais duvida: o fenômeno da vida no planeta está ameaçado. Passaram-se bilhões de anos de construção meticulosa da Natureza para chegar a toda a complexidade, variedade e esplendor dos seres vivos que hoje povoam a Terra. Foi uma trajetória acidentada, cheia de rupturas e retomadas. Foi a dança da evolução das espécies configurando a biosfera no bojo da geosfera, ao longo do processo de amadurecimento geológico do planeta.

Em nenhum momento dessa longuíssima trajetória, entretanto, qualquer das interrupções havidas no fluxo da vida derivou de ações das espécies existentes: foram sempre fatores exógenos que operaram as transformações, provindos do interior da Terra ou aqui chegados do espaço interplanetário. As espécies, na sua sobrevivência ou extinção, apenas acompanharam os estremeções e as acomodações da geosfera.

Quanto a nós humanos, tendo começado a emergir do seio da biosfera há cerca de um milhão de anos, chegamos até aqui – àquilo que chamamos de civilização atual – construindo, desfazendo e reconstruindo modos e estilos de vida. No geral, evoluímos continuamente tanto no plano biológico como em conhecimentos e organização social.

Foi assim que construímos a terceira esfera da existência, a noosfera, com a acumulação e o refinamento de saberes cultivados ao longo da caminhada. Agora nos deparamos com riscos sérios à continuidade de nossa civilização e somos informados pela comunidade científica de que fomos nós mesmos, seres da espécie humana, que provocamos com nossa ação no mundo os desequilíbrios que põem em risco, no futuro próximo, nossa vida e a de nossos descendentes.

Um protagonismo humano tão perturbador como esse, capaz de alterar a dinâmica global do clima e causar a depleção dos ecossistemas, é inédito na história da Terra. Nunca seres vivos lograram chegar a tanto... O que mesmo, entretanto, nos conduziu a esse cenário inquietante e comprometedor?

Quase não nos damos conta de que sempre vivemos um intenso paradoxo. Somos seres por assim dizer naturais, pois nos manifestamos a partir de uma organização biológica que responde por nossa funcionalidade e aparência. Nosso genoma difere relativamente pouco do genoma de outros mamíferos e, em certos aspectos, somos simbióticos com seres menos complexos na escala biológica. Em nosso sistema circulatório correm fluidos que em muito se assemelham à seiva que irriga o madeiro das árvores. Estamos imbricados na comunidade da vida, fazemos parte da grande cadeia alimentar do planeta. Mas existem aí diferenças essenciais.

Nossos semelhantes não-humanos mais próximos, notadamente os animais superiores, primam pelo exercício do instinto. Nisso são muito bem assistidos pela Natureza, pois já nascem dotados de toda a programação genética que lhes dá suporte à sobrevivência individual e os encaminha à reprodução da espécie.

Comparativamente, nós humanos somos muito menos bem servidos: o instinto nos provê o essencial, apenas. Somos porém compensados pela capacidade de livre escolha, que nos desatrela dos ditames meramente biológicos. E esse é o paradoxo: vivemos ao mesmo tempo na biosfera, sujeitos a inúmeras injunções do instinto, e na noosfera, exercendo de modo amplo, e amiúde indiscriminado, nosso poder de livre decisão. E é aí que reside o perigo.

No exercício dessa capacidade de livremente arbitrar, temos ampliado exponencialmente nosso impacto sobre a Terra. Temos avançado predatoriamente sobre recursos naturais e sistemas vivos, para a criação dos confortos de nossa existência civilizada.

Temos castigado seguidamente esse nosso habitat que o autor de *Terra Viva*, Stephan Harding – seguindo James Lovelock, seu declarado inspirador – nos apresenta como Gaia, o ser vivo no qual reside a *anima mundi*, a

Grande Mãe que abriga nossa vida, e as demais formas de vida, no aconchego de seu regaço. Resultado de malevolência ou manifestação de ignorância?

O fato é que todos nós, civilizados e letrados, ainda conhecemos muito pouco da complexa tessitura dos processos da vida. Desconhecemos a intimidade de Gaia! E também, na esteira da construção das várias civilizações que nos conduziram ao presente, dela nos distanciamos, entretidos com nossos artefatos, e deixamos de prezá-la e de amá-la como a fonte e sustentáculo de nossa existência.

Agora, não temos mais escusas para continuar privados desse saber regenerador. Em *Terra Viva*, Harding fornece-nos uma imprescindível e bem organizada lição de como funciona a complexidade da vida – geosfera, biosfera e noosfera, articuladas entre si – e nos mostra com maestria e gentileza o caminho para restaurar o liame perdido com Gaia.

Homero Santos
Ex-aluno do Schumacher College – UK
Consultor em Sustentabilidade e Responsabilidade Corporativa

Prefácio

por Brian Goodwin

Estamos entrando numa nova era de consciência ecológica em que temos a oportunidade de corrigir nosso relacionamento com a Terra. Para fazer isso, precisamos compreender as formas sutis de interação que mantêm unida a trama dos sistemas naturais de que depende a qualidade de vida neste planeta. Com esse conhecimento podemos tecer novos padrões de relacionamento com as outras pessoas e com a Terra viva. Esse *know-how* está corporificado na sabedoria prática da criatividade expressa na rica tapeçaria das espécies que emergiram durante 3,8 bilhões de anos de evolução. As soluções que procuramos para todas as nossas necessidades de comida, abrigo, energia, tecnologia, saúde e uma cultura criativa estão aí, estendidas na nossa frente no livro da vida. Precisamos aprender essas lições de uma maneira nova, inspirada pela busca de estilos de vida sustentáveis, inovadores, criativos e saudáveis para todos os seres humanos, assim como para todas as espécies diferentes da humana com quem compartilhamos o planeta.

A visão que surgiu na ciência durante o século XX, fundamentando a compreensão da Terra como um todo interdependente e coerente, foi a teoria de Gaia de James Lovelock. Baseada em observação sólida e descrições detalhadas de como os sistemas múltiplos da Terra interagem para produzir uma emergente unidade dinâmica, trata-se da mais significativa e importante revolução científica do último século e a base para a nova cultura da época atual.

Neste livro de Stephan Harding, temos um novo e vibrante relato da história de Gaia e de sua relevância contemporânea, que conduz o leitor através de seus múltiplos níveis com um vigor e uma clareza que deixam a complexidade da teoria transparentemente acessível. Colaborando há longo tempo com Lovelock na pesquisa da teoria de Gaia, e professor extremamente experiente e motivado da matéria no Schumacher College e pelo mundo afora, Harding combina o detalhe científico com formas imaginativas de aprendizado que não encontram paralelo na apresentação da visão gaiana. O leitor é convidado, do princípio ao fim deste livro, a usar a intuição e o sentimento, juntamente com a análise e o detalhe factual, para experimentar a coerência que resulta desse meio de compreender as notáveis propriedades de nosso planeta, para vivenciar por meio da imaginação as dinâmicas relações entre os elementos em suas jornadas cíclicas pelos diferentes sistemas que fazem da Terra um todo dinâmico.

Stephan Harding tem apurado sua capacitação como professor e pesquisador de Gaia, durante os últimos quinze anos, na condição de membro em tempo integral da equipe do Schumacher College, onde coordena o curso de mestrado em Ciência Holística, o primeiro curso desse tipo no mundo. Seu modo incomparável de tratar este tema rico e relevante usa noções da psicologia junguiana que procuram um equilíbrio entre nossos diferentes modos de aprender e conhecer. Isso está intimamente relacionado com uma percepção minuciosa das dinâmicas dos sistemas da Terra que, durante milhões de anos, estabilizaram as condições deste planeta, deixando claro como as ações humanas estão desestabilizando esses processos e provocando o aquecimento global, além de danos aos principais ecossistemas da Terra. A compreensão sólida, realista, que resulta disso proporciona uma plataforma para o engajamento na transformação de nossos estilos de vida, que é agora responsabilidade de todos. O que Harding nos dá neste livro não é apenas uma compreensão de como participamos na evolução de uma Terra viva, mas uma nítida noção de como podemos estabelecer um relacionamento profundamente significativo e criativo com o que é plenamente relevante para nossa situação atual. Somos agraciados com um raro presente.

Brian Goodwin
Ex-Professor de Biologia
The Open University

Introdução

A natureza e os incontáveis meios que descobrimos para reproduzi-la, visual, auditiva e verbalmente, repelem-se; acredito que isso aconteça principalmente em termos verbais. As palavras não podem reproduzir a natureza; elas existem em mundos totalmente diferentes.

John Fowles

Aventurei-me a escrever este livro graças ao persistente encorajamento de Satish Kumar, meu colega do Schumacher College, e John Elford, da Green Books. Ambos me convenceram de que era importante comunicar idéias e intuições gaianas de todas as maneiras possíveis nesta época de severa crise ecológica e comoção social.

A tradução do modo de comunicação oral para o escrito foi uma tarefa desafiadora. Acho mais fácil falar sobre nossa Terra viva, assim como um rústico contador de histórias desfia histórias sobre as criaturas mágicas que fizeram o mundo para um pequeno grupo de seres humanos como ele, sob as estrelas, numa região remota do campo selvagem. Gaia desperta para mim quando trago para a dança da vida seus complexos ciclos e circuitos de realimentação, quando anoto sua química num quadro-negro com mãos de adorador e quando a vejo brilhando nos olhos de uma ávida audiência. Fazê-la viver tendo como instrumento a palavra escrita exigiu muito mais de mim.

Este é, pelo menos em parte, um livro sobre ciência, o que se relaciona com *explicação*. Cientistas lidam com fatos, modelos e previsões, e gostam da sensação de ver uma hipótese confirmada por meio da pesquisa empírica.

A explicação é o trabalho essencial e vitalmente importante da mente racional, mas não devemos perder de vista uma igualmente importante necessidade de *compreensão*, de contatarmos o reino do significado, onde procuramos intimidade e conexão com o que foi explicado[1]. Do modo como a uso aqui, a compreensão não diz respeito a nos contar como uma coisa apareceu ou como funciona – ela só procura empatia e um senso de mistério. A explicação é racional; a compreensão é intuitiva. Reconhecer esses dois ramos distintos de nossa psique é uma tarefa vitalmente importante se queremos reagir apropriadamente à vasta crise ecológica que nossa cultura desencadeou no mundo. Este livro não é mais que uma modesta tentativa de avançar um pouco nessa direção.

Sempre que possível, tentei aproximar a explicação da compreensão situando, com a maior firmeza possível, os conceitos da ciência gaiana dentro dos reinos do significado e da experiência diretamente vivida. Em parte, fiz isso contando histórias sobre os entes científicos "invisíveis"– átomos, micróbios e relações de realimentação que constituem o admirável corpo de nossa Terra viva – mas no fundo, o significado mais profundo contido neste livro só pode cumprir seu papel se você digerir o que leu e transformá-lo numa coisa sua, sob as estrela talvez, ou junto ao mar estrondoso.

Sobre o texto em itálico

As partes em itálico contêm textos que dão forma a uma abordagem intuitiva, vivencial de Gaia. Alguns são contemplativos, outros lhe dão coisas para pensar, outros relatam minhas próprias e profundas experiências pessoais do mundo natural, outros ainda o encorajam a refletir acerca de Gaia.

Você pode trabalhar de vários modos com as abordagens contemplativas. O mais básico é simplesmente lê-las quase como uma espécie de poesia.

---

1. Esta distinção entre *compreensão e explicação* vem do filósofo alemão Wilhelm Dilthey (1833-1911).

Melhor ainda é ler cada parágrafo e depois fechar os olhos, demorar-se algum tempo considerando as imagens para que sua intuição e sentimento tenham oportunidade de trabalhar em cima delas. Finalmente, e talvez melhor que tudo, é fazer uma gravação de você lendo em voz alta um desses trechos e ouvir a gravação na natureza, como uma espécie de visualização guiada. Procure deixar um silêncio demorado entre os parágrafos e sinta-se livre para alterar e embelezar o material como quiser; melhor ainda, para fazer a experiência com suas próprias abordagens.

CAPÍTULO 1

Anima Mundi

A razão flui da combinação do pensamento racional com o sentimento. Se as duas funções são apartadas, o pensamento se deteriora numa atividade intelectual esquizóide e o sentimento se deteriora em paixões neuróticas prejudiciais à vida.

Eric Fromm

O Muntjac

Nosso mundo está em crise e, lamentavelmente, nosso modo de fazer ciência no Ocidente tem inadvertidamente contribuído para os inúmeros problemas que enfrentamos. Comecei a perceber que alguma coisa andava seriamente errada com nosso estilo de investigação científica quando tinha 25 anos. Acabara de voltar à Inglaterra depois de três anos no exterior como ecologista e professor na Venezuela e na Colômbia. Sentindo minha habitual necessidade urgente de me conectar com a natureza, encontrara sem demora um bosque tranqüilo que, para meu deleite, estava salpicado com as pegadas de diminutos seres com cascos fendidos. Mas de quem eram aquelas pegadas? Fascinado, eu me escondera numa moita de onde se via uma trilha ampla no meio do arvoredo, à espera de que as criaturas misteriosas aparecessem. Quando o Sol desceu no horizonte e o crepúsculo derramou sobre o bosque uma luminosidade muito arroxeada, um minúsculo cervo saltou do meio das árvores e parou na clareira, uma criatura tão pequena que lembrava mais os antílopes que eu de vez em quando avistara nos remotos rincões do Zimbábue que um cervo nativo das ilhas britânicas. A criaturinha destilava uma paz profunda e uma elegância natural que me conquistou completamente, transformando o bosque inteiro. Na presença daquele ser, um senso profundo da inexprimível beleza da natureza deslizou sobre mim como tênue fumaça, envolvendo-me numa sensação de paz intensa e felicidade.

O pequeno cervo era um cervo muntjac de Reeve (*Muntiacus reevesi*), um acréscimo relativamente recente da China meridional à fauna das ilhas britânicas e um dos menores cervos do mundo – a altura do lombo não ultrapassa 45-50 centímetros. Pedalei muitas vezes até o bosque para ver o muntjac. Foi durante uma dessas visitas que fui dominado pela idéia de devotar os próximos dois ou três anos de minha vida a investigar como viviam aquelas enigmáticas criaturas. Logo após, para minha satisfação, deram-me a oportunidade de fazer minha tese de doutorado sobre a ecologia e o comportamento do muntjac num dos melhores departamentos de zoologia do mundo, na University of Oxford.

Foi difícil encontrar uma boa área de estudo. Passei um ano inteiro batalhando em vão num bosque cerrado, atrás de uma barraca do exército, tentando observar o comportamento do muntjac, mas o máximo que consegui foi tirar moldes de gesso de centenas de pegadas de muntjac. Cientificamente, eram quase sem valor, mas coletá-las tinha pelo menos me mantido ocupado. Além disso, é claro, havia a inevitável coleção de esterco de muntjac, que renderia pelo menos alguma informação interessante, apesar do horror manifestado pelos meus colegas de alojamento quando encontraram sacos plásticos cheios dele no refrigerador.

Por fim, em desespero, entrei em contato com a Comissão Florestal perguntando se sabiam de algum bosque na minha região que tivesse muntjacs e onde eu pudesse trabalhar. Para minha surpresa, sugeriram que eu desse uma olhada no bosque Rushbeds, uma área de 40 hectares perto de Brill, cerca de 22 quilômetros a nordeste de Oxford. Rushbeds era uma antiga área de floresta seminativa com a qual, na época, não estavam fazendo nada – possivelmente lá havia muntjacs. Eu seria autorizado a usá-la, se isso conviesse aos meus objetivos.

Saindo de Oxford no volante da van do departamento de zoologia, rumo ao bosque Rushbeds, numa fria manhã de inverno, passei pela torre recentemente restaurada do Magdalen College, brilhando dourada ao sol. Depois dirigi através do túnel arborizado de Headington Hill, antes de entrar na tranqüila região rural além de Stanton St John. Lentamente me aproximei da aldeia de Brill, que ficava numa colina com vista para o Vale de Aylesbury, e parei ao lado de seu velho moinho de vento para olhar para o norte. Lá embaixo estava o bosque, uma bela extensão de galhos de um tom cinza e marrom-escuro, suavemente se unindo à área mais ampla dos bosques de Wotton House, na margem do lago. Seria aquilo meu novo domínio, um lugar onde eu poderia começar a desemaranhar os intricados mistérios da ecologia do muntjac?

O bosque Rushbeds era perfeito. A abundância de esterco e pegadas (ou "talhos") recentes de muntjac apaziguou meus medos de que o pequeno cervo não tivesse se adaptado à área. Era plano, modestamente provido de trilhas ou picadas e, fora um denso amontoado de ameixeiras-bravas na extremidade oeste, nada me impedia de caminhar por qualquer parte do bosque. Praticamente ninguém o visitava. Achava-se em tranqüilo repouso, como estivera durante todos os séculos desde que fora cortado da grande floresta original. Ali, há várias décadas, não havia qualquer espécie de distúrbio e o bosque possuía uma atmosfera deliciosamente selvagem, intocada, que fez com que eu me sentisse profundamente relaxado e à vontade com sua complexa vegetação e seus caminhos escuros, muito cheios de mato, com árvores caídas atravessadas e poças fundas e pantanosas.

O trabalho era difícil. Entre outras coisas, eu tinha de realizar um levantamento quantitativo, sistemático, da vegetação do bosque de modo a estudar as preferências do muntjac com relação ao hábitat. Esse trabalho levou dois verões e um inverno, isolando centenas de lotes temporários de cinco metros quadrados com varas de bambu e barbante, e depois avaliando a olho a cobertura das várias espécies de ervas e arbustos dentro deles. As árvores tinham de ser medidas usando uma técnica diferente, que consumia tempo. A concentração exigida para extrair esses números do mundo vivo era muito intensa e extenuante, e não parecia natural. Após trabalhar em dois ou três lotes, precisando dar uma folga à minha mente cansada, eu me recostava numa árvore olhando para o céu através do maravilhoso e selvagem emaranhado de galhos, ouvindo o bosque viver sua vida como um imenso ser que respirava. Tornava-me parte desse ser, com seus galhos se agitando, o canto cruzado de seus pássaros e os invisíveis muntjacs levando adiante suas estranhas vidas por toda parte à minha volta.

Durante esses momentos meditativos havia uma percepção profundamente benéfica do bosque Rushbeds como uma inteligência viva e integrada, uma percepção que se expandia para além do próprio bosque, incluindo os atributos vivos do mundo mais vasto da atmosfera, dos oceanos e de todo o corpo do mundo que girava. Nesses momentos, de uma maneira perfeitamente clara e óbvia, o bosque Rushbeds parecia estar vivo, ter sua personalidade singular e poder comunicativo. Esses períodos de comunhão eram intensamente agradáveis e relaxantes, contrastando nitidamente com o esforço estressante para reduzir o bosque a índices quantitativos em minhas cada vez mais numerosas anotações de campo. Reparei com interesse que a prazerosa sensação de união desaparecia no fundo da minha consciência assim que eu começava a coleta de dados. Coligir números entorpecia a mente; existir e respirar com o bosque Rushbeds a liberava.

Tive experiências parecidas enquanto trabalhava no Whipsnade Zoo, onde os muntjacs tinham liberdade de passear quase por toda parte na área do terreno amplo, que parecia um parque. Ali estava um lugar onde eu podia observar o muntjac sem a intervenção da densa e cerrada vegetação do bosque Rushbeds, que só permitia avistar de relance os muntjacs quando eles cruzavam uma clareira no anoitecer ou na aurora. Os gramados abertos, arborizados de Whipsnade tornavam fácil ver os pequenos cervos, muitos dos quais passei a conhecer individualmente. Mais uma vez, minha missão era coletar números, agora sobre seus movimentos e comportamento. Por horas a fio, eu registraria em folhas quadriculadas o que os cervos tinham feito e onde estavam a cada quatro minutos.

Durante meus períodos de descanso eu apenas me sentava entre os muntjacs sem coletar absolutamente qualquer dado. Gostava particularmente de encontrar um animal que estivesse ruminando. Sentado a uma distância respeitosa, eu sentia o prazer intenso, tranqüilo, que parecia emanar do pequeno animal quando um bolo de comida ia inchando pelo seu esôfago em direção à boca. Gostava dos olhos semicerrados, da tranqüilidade meditativa e da sensação quente, deliciosa, tipo pêlo de camurça, que fluía deles como o aroma de uma flor ricamente perfumada. Era como se uma suave luz amarela emanasse deles para os arredores. Meu próprio corpo animal recolhia alguma coisa da descontração e conforto com que viviam suas vidas, como se estivessem passando aos meus sentidos informações sobre um tipo de contentamento que eu não conhecera antes.

Faz agora mais de vinte anos desde que realizei esse trabalho e, olhando para trás, percebo que também aprendi, e que possivelmente aprendi mais pela simples exposição das sensações de meu organismo ao bosque Rushbeds e aos muntjacs que pela coleta dos dados e pela análise em que estava empenhado para ganhar meu doutorado. Naturalmente, analisar os dados e descrever os resultados não deixaram de ser tarefas agradáveis que exercitaram minha mente racional e permitiram que eu me tornasse membro credenciado da comunidade científica. A ciência também me permitiu preparar um fascinante relato, com base factual, da vida dos pequenos cervos, que seria impossível realizar de qualquer outra maneira. Mas o aprendizado que acabou me proporcionando as lições mais valiosas sobre a natureza veio dos inesperados atributos que me foram revelados pelo bosque Rushbeds e pelos muntjacs ruminando serenamente no Whipsnade.

Para minha intensa decepção, não houve lugar para uma exploração desses atributos na volumosa tese doutoral que finalmente apresentei, pois eles seriam considerados apenas como minhas impressões subjetivas. Eram adequados talvez para a poesia, mas não pertenciam a um modo de fazer ciência que queria me banir para um mundo sem alma de fatos áridos, desprovidos de um significado inerente. Numa eloqüente expressão desse ponto de vista, Bertrand Russell, o grande filósofo inglês do século XX, disse que "nossas origens, esperanças e medos, nossos amores e crenças não passam do resultado de disposições acidentais de átomos". Com um estado de espírito semelhante, Jacques Monod, o tão respeitado bioquímico laureado com o Nobel, achava que a ciência que ele praticava exigia que o homem "despertasse para sua completa solidão, seu isolamento fundamental", que "percebesse que, como um cigano, vive na fronteira de um mundo alheio".

Só quando fui trabalhar no Schumacher College, uns três anos mais tarde, encontrei a noção de que o maior defeito dessa perspectiva é a crença de que toda a natureza, incluindo a Terra e todos os seus habitantes mais que humanos, não passa de uma máquina morta a ser explorada como bem quisermos em nosso próprio benefício, sem qualquer impedimento. Essa idéia, que ocupou um lugar central na mente ocidental por cerca de 400 anos, levou-nos a travar negligentemente uma guerra contra a natureza, de proporções gigantescas. E enquanto você lê estas palavras, o número de baixas continua a aumentar. Indicadores-chave da má saúde planetária e social estão crescendo com uma rapidez exponencial, incluindo extinções de espécies, uso da água, danos causados aos rios, populações urbanas, perda de áreas de pesca e temperaturas médias da superfície. É uma guerra que não temos a menor chance de ganhar, como E. F. Schumacher observou tão asperamente quando disse que "o homem moderno fala da batalha com a natureza, esquecendo que, se ele um dia vencesse a batalha, ia se encontrar do lado perdedor". Estamos atravessando uma crise mundial que nós mesmos criamos: a crise da "mudança global".

Muitos pensadores verdes concordam que essa visão de mundo mecanicista nos colocou à beira de uma catástrofe tão grande que nossa própria civilização ficou ameaçada. Precisamos urgentemente fazer as pazes com a natureza, redescobrindo e dando forma concreta a uma visão de mundo que torne a nos conectar com um profundo senso de participação num cosmos banhado de inteligência, beleza, valor intrínseco e intenso significado, como eu tinha descoberto no bosque Rushbeds. Neste livro tentaremos explorar essa compreensão participativa recorrendo a noções da teoria de Gaia, da ciência holística e da ecologia profunda. Em particular, vamos perguntar até que ponto é possível usar recentes descobertas científicas acerca da Terra para fomentar uma profunda reverência por nossa casa planetária. Poderemos, então, nos engajar em ações coerentes com essa reverência, pois a ciência só não é uma dádiva perigosa quando pode ser posta em contato com a sabedoria que reside nos aspectos sensuais, intuitivos e éticos da nossa natureza. Como vamos ver, só quando esses outros meios de conhecimento complementam nossa abordagem racional do mundo é que podemos experimentar de verdade a inteligência viva da natureza.

Redescobrindo o Animismo

As experiências de totalidade com que eu tinha me deparado ao viver e trabalhar com os muntjacs foram extremamente benéficas e cheias de significado, mas minha confiança nelas fora quase totalmente minada pelas visões mecanicistas tão eloqüentemente articuladas por Monod e Russell. Saí da universidade com meu doutorado, mas também com uma boa dose de mal-estar. Monod e Russell estavam certos ou havia algo de valor genuíno na inteligência e vida multiforme que eu sentira no bosque Rushbeds e em seus habitantes? E se o que eu tinha experimentado fosse de fato real, poderia algum dia tornar-se parte da ciência?

Para a maioria das culturas não-ocidentais, essas experiências com os atributos vivos da natureza são uma fonte de conhecimento direto e confiável. Para tais culturas, a natureza está verdadeiramente viva e cada entidade dentro dela está provida de iniciativa, inteligência e sabedoria; atributos que, no Ocidente, quando de fato reconhecidos, têm sido comumente mencionados como "*alma*". Para as culturas tradicionais, as rochas são vistas como as anciãs da Terra; são as guardiãs das mais antigas memórias e procuradas por seu conselho sábio e sereno. Altas montanhas são a morada de seres poderosos e, quando as escalamos, nos arriscamos a ofender gravemente seus habitantes mais que humanos. Florestas são entidades vivas e têm de ser consultadas antes de uma caçada pelos xamãs da tribo, que têm contato direto, intuitivo, com o grande ser da floresta. O filósofo americano e ecologista cultural David Abram chama atenção para o fato de que muitos povos tradicionais julgavam a natureza ao seu redor tão intensamente viva e inteligente, tão sensível à presença de alguém, que a pessoa precisava ter cuidado para não machucar ou insultar a própria Terra. Assim, a maioria das culturas indígenas conheceu a Terra como coisa viva – uma vasta presença sensitiva reverenciada como mãe ou avó afetuosa e às vezes severa. Para tais povos, mesmo o chão debaixo dos pés era um repositório de poder e inteligência divinos.

Esses povos não-ocidentais adotavam uma perspectiva *animista*, acreditando que a natureza é, em seu conjunto, nas palavras profundas do "geologiano" padre Thomas Berry, "antes *uma comunhão de sujeitos que uma coleção de objetos*". O animismo tem sido tradicionalmente considerado retrógrado e desprovido de validade objetiva pelos estudiosos ocidentais, mas hoje os filósofos, psicólogos e cientistas de nossa cultura estão começando a perceber que os povos animistas, longe de serem "primitivos", têm vivido uma realidade que possui muitas noções importantes para o relacionamento que mantemos uns com os outros e com a Terra. Uma dessas noções é que a percepção animista é arquetípica, antiga e primordial; que o organismo humano está intrinsecamente predisposto a ver a natureza como viva e cheia de alma, e que reprimimos esse modo fundamental de percepção à custa da nossa própria saúde e da saúde do mundo natural.

Os psicólogos envolvidos no estudo do desenvolvimento infantil reconhecem que as crianças atravessam uma fase animista em seus primeiros anos, durante a qual se relacionam com os objetos como se eles tivessem uma personalidade e como se fossem vivos – constatação coerente com minha defesa da primazia do animismo. Mas tragicamente, esses mesmos psicólogos sustentam que tal fase animista só é apropriada ao início da infância e que se deve ajudar as crianças a perceber, o mais rápido e menos dolorosamente possível, que elas vivem num mundo morto, em que as únicas entidades capazes realmente de sentir são outros seres humanos. Contudo, nem todos os psicólogos subscrevem esse ponto de vista. James Hillman, um dedicado estudioso de Jung e fundador da Psicologia Arquetípica, sugere que o animismo não é, como freqüentemente se acredita, uma projeção de sentimentos humanos sobre a matéria inanimada, mas que as coisas do mundo projetam sobre *nós* suas próprias "idéias e exigências", que de fato qualquer fenômeno tem a capacidade de ganhar vida e de nos afetar profundamente por meio de nossa interação com ele, desde que estejamos livres de uma atitude abertamente objetivista. Hillman chama a atenção para o perigo de identificar interioridade apenas com a experiência subjetiva humana; um canteiro de obras, por exemplo, escancarado num terreno cortado numa encosta, pode comunicar o sofrimento genuíno e objetivo da Terra, e a sensação que uma pessoa tem disso não é meramente um símbolo, como os que representam os sonhos, de algum processo interior que só tenha relação com o eu particular da pessoa.

Essa perspectiva animista tem uma longa e ilustre linhagem filosófica. Para alguns eminentes filósofos, como Spinoza e Leibniz, e mais recentemente Alfred North Whitehead, era inconcebível que a atitude senciente (consciência subjetiva) pudesse um dia ter surgido ou evoluído de matéria inteiramente não-senciente (objetiva, física), pois propor isso seria acreditar numa divisão fundamental ou inconsistência no tecido mesmo da realidade. Por esse motivo, cada um desses filósofos considerou a matéria como intrinsecamente senciente. O novo animismo que eles adotaram simplesmente reconhece que o mundo material à nossa volta sempre foi uma dimensão de sensação e sentimentos – mesmo que sejam sensações muito diferentes das nossas – e que cada entidade tem de ser tratada com respeito pelo seu próprio tipo de experiência.

Mas se o animismo é de fato esse modo arquetípico, primordial de percepção, como chegou a ser suprimido de maneira tão efetiva e profunda na cultura ocidental? O que o levou para os subterrâneos e quais foram os efeitos de sua perda? A história de como o animismo desapareceu é complexa, intricada e difícil de desemaranhar inteiramente. Alguns teóricos, como Paul Shepard, sugerem que o afastamento começou com a adoção generalizada da agricultura durante o período neolítico (nova idade da pedra), há cerca de 5000 anos. Shepard argumenta que os agricultores desenvolveram uma atitude temerosa para com a natureza selvagem porque as colheitas estavam continuamente expostas a pestes, enchentes, secas e outros reveses naturais, e porque esses primeiros lavradores tinham de despender muito esforço para impedir que a vegetação selvagem tomasse conta de seus campos e pastos. Há indícios de que essa atitude temerosa estivesse ligada ao culto de coléricos deuses masculinos, que estavam distantes da natureza e tinham de ser constantemente aplacados para manter o mundo mais que humano sob controle. Acredito que, na era neolítica, nossas espontâneas sensibilidades animistas deram lugar a um animismo dualista, em que colheitas, campos e gado domesticado tinham de ser protegidos das terras ermas ao redor. Segundo o escritor Roderick Fraser-Nash, as bases da palavra inglesa *wilderness* [região inculta, vastidões, deserto] vêm do conceito de *wildeor*, do épico do século VIII Beowulf, conotando uma mistura de *will* [vontade] – natureza voluntariosa, incontrolável – e *deor*, que significa animal selvagem. Daí a *wilderness* ser o lugar onde animais perigosos e incontroláveis se emboscam, ameaçando sombriamente o mundo do agricultor.

O ecologista cultural David Abram sustenta que o advento de sistemas formais de escrita – e, em particular, o surgimento e difusão do alfabeto fonético – foi o principal fator no colapso da experiência animista. Em seu livro *The Spell of the Sensuous*, ele demonstra que a leitura fonética envolve um deslocamento de nosso estilo de percepção instintivamente animista da natureza circundante para a palavra escrita, de tal modo que as letras impressas na página começam a nos falar com tanta nitidez quanto árvores, rios e montanhas falavam antigamente a nossos mais primitivos ancestrais. Escrever e ler, segundo Abram, envolve uma forma sublimada de animismo: enquanto antigamente nossos antepassados indígenas interagiam, animisticamente, com animais, plantas e, na verdade, com cada aspecto do cosmos expressivo, nós agora interagimos exclusivamente com nossos signos e tecnologias feitos pelo homem.

Essa tese ajuda a explicar por que o politeísmo dos antigos gregos, ricamente animista e baseado na natureza, lentamente se transformou, no século IV a.C., na visão de mundo mais racional de Platão e dos filósofos. O próprio Platão estava sendo educado em Atenas no momento exato em que o novo alfabeto foi incluído pela primeira vez no currículo ateniense, sendo portanto muito natural que ele fosse um dos primeiros a pôr em prática um novo estilo de pensamento tornado possível pelo alfabeto fonético. Enquanto os gregos homéricos experimentavam uma natureza circundante cheia de deuses – sentiam a presença de Zeus num temporal e de Poseidon nas ondas do oceano –, Platão articulou um novo modo de ver e sentir, segundo o qual o cosmos sensual que vemos à nossa volta não era a única potência no mundo. Para Platão, e para os discípulos em sua academia, as coisas percebidas que povoam este mundo – as coisas materiais que vemos ao nosso redor, que estão sujeitas à mudança, ao crescimento e ao declínio – não são a única realidade. Elas são de fato cópias subalternas de idéias incorpóreas, eternas, que existem em algum reino abstrato. Essas idéias arquetípicas existem em outro lugar, fora do mundo do corpo; só o intelecto racional tem a faculdade de ganhar acesso a esse domínio eterno além das estrelas.

Platão, assim, inaugurou a noção de um céu eterno escondido além do mundo material, um reino ideal onde a verdadeira fonte das coisas realmente se encontra. Nas mãos dos filósofos posteriores, e da igreja cristã, essa noção levou a um modo de pensar cada vez mais dualista, segundo o qual se presumia que tudo genuinamente significativo e prodigioso acerca do mundo existisse em outro lugar, em alguma dimensão sobrenatural, enquanto o mundo sensual, material da natureza era encarado como um mundo ilusório, derivado e cada vez mais reles, desligado de sua fonte divina.

Mas o próprio Platão talvez não fosse um dualista dogmático tão convicto quanto aqueles que o seguiram e talvez seja mais bem classificado como um animista dualista. Num de seus escritos mais fecundos, intitulado *Timeu*, articulou uma idéia que teria vigorosas repercussões durante o renascimento europeu, quase dois mil anos mais tarde. Foi a noção que se tornou conhecida, em sua versão latina, como *anima mundi* – a "alma do mundo". No *Timeu*, Platão declara que "este mundo é de fato um ser vivo provido de alma e inteligência... uma entidade visível singular, contendo todas as outras entidades vivas". Daí se considerava que o próprio mundo tivesse uma alma – a *anima mundi* – que dera nascimento à matéria e depois a fizera ficar em movimento perpétuo. A *anima mundi* era feminina e permeava cada aspecto do universo material.

No *Timeu*, Platão também escreve sobre um divino Criador, que tinha envolvido cada aspecto do mundo nas leis da matemática e nas belas simetrias da geometria. Embora Platão também sugira nessa obra que cada ser estava contido na *anima mundi* e era nutrido por ela, ele ainda parece insistir no primado do intelecto humano sobre a emoção, o corpo e o resto do mundo material. Segundo a filósofa Mary Midgley, para Platão o objetivo da existência humana era se engajar numa pesquisa intelectual sobre as leis que governam os movimentos das estrelas e dos planetas, porque o reino celeste era onde o intelecto divino se encontrava mais presente e melhor se mostrava. A Terra, sem embargo, era o reino mais afastado da mente divina. Estando cheia de imperfeições, conflitos e contradições, podia ser largamente menosprezada e até certo ponto desconsiderada, embora a *anima mundi* fosse sua criadora e tivesse posto sobre ela um arco de harmonia que impedia uma queda na total desordem.

Em alguns de seus diálogos, Platão propunha uma interconectividade sem brechas da existência dentro de um ordenamento hierárquico do cosmos. A alma humana estava conectada às almas dos animais e plantas por meio da *anima mundi*, mas abandonava os seres humanos reencarnados como animais, que não eram dignos de grande respeito porque "vinham de homens que não tinham utilidade para a filosofia". Para Platão, a Terra era meramente um lugar conveniente para levar a cabo a contemplação de corpos celestes, mas qualquer outro planeta habitável teria servido igualmente bem, já que não era preciso dar muita atenção ao que, afinal, não passava da humilde morada do corpo. O discípulo mais famoso de Platão foi Aristóteles, que, retornando a uma expressão mais sofisticada do antigo animismo não-dualista, defendeu uma relação mais imediatamente vivida com a natureza, em que cada ser não era a imperfeita manifestação de uma idéia eterna desencarnada, mas exibia ao contrário sua própria dinâmica, surgindo no mundo inteiramente por conta própria.

Uma interpretação dualista das idéias de Platão foi mais tarde incorporada ao cristianismo que, antes da Reforma, adotava um curioso tipo de animismo hierárquico em que o homem ocupava uma posição privilegiada a meio caminho entre a matéria física e o mundo espiritual. Durante a Idade Média, as pessoas comuns, que não tinham acesso à leitura e à escrita, eram profundamente animistas e acreditavam que a natureza era sagrada, a despeito dos esforços da igreja e de seus padres para impor a concepção de que não existiam espíritos nas árvores, rochas, regatos ou florestas. Os padres tentavam convencer os camponeses de que essas entidades não possuíam poderes internos divinos, que Deus as havia projetado meramente como sinal de sua divina presença, a qual emanava de um domínio invisível, desencarnado, longe do mundo da matéria. Mas o animismo das pessoas comuns era elástico e desafiava os esforços do cristianismo medieval para liquidá-lo. Como resultado, a igreja simplesmente se adaptou e adotou uma solução de compromisso, pondo-se à frente de muitos antigos lugares sagrados e tolerando certos tipos de prática animista. Esse peculiar e complexo sincretismo entre animismo e cristianismo predominou por cerca de 1600 anos, até o nascimento da ciência moderna.

A Revolução Científica

Esse senso gradual de separação da natureza na cultura ocidental foi grandemente intensificado durante a revolução científica que floresceu nos séculos XVI e XVII, na esteira da Guerra dos Trinta Anos (1618-1648), que dizimara a Europa no que fora um terrível conflito desencadeado pela fragmentação da igreja na época da Reforma no século XV. Pragas e fome tinham varrido a Europa, matando milhões de pessoas, e a própria guerra havia gerado destruição maciça de propriedades e perda de vidas humanas – um terço da população da Europa central fora morta na guerra. As velhas e confortáveis certezas que tinham mantido a sociedade coesa do início ao fim da Idade Média haviam sucumbido e, quando a ordem do velho mundo desmoronou sob as pressões a ela aplicadas pelo novo protestantismo, as pessoas se sentiram intensamente vulneráveis e inseguras. A velha igreja tinha cristianizado as antigas religiões pagãs e ainda tolerava os pontos de vista animistas da maioria de sua congregação, mas a revolução protestante negou inclusive isso, declarando que Deus estava isolado de sua criação física, que não passava de um reino pecaminoso, decaído, do qual a pessoa podia escapar na hora da morte se tivesse trabalhado com vontade para merecer um lugar no céu. Foi nesse contexto que a ciência moderna nasceu. Seus primeiros praticantes e expositores, entre os quais Bacon, Descartes e Galileu, estavam convencidos de que uma nova base para a certeza tinha de ser encontrada na razão, antes que numa simples fé nos dogmas da religião estabelecida e no que era visto como crenças supersticiosas do povo comum.

Galileu (1564-1642) ensinava que a pessoa tem de ignorar as experiências sensoriais subjetivas se quiser aprender algo de útil acerca do mundo. Tais experiências, como a empatia com um pequeno cervo ruminando, ou a reverência ante a beleza diversificada e elementar de uma floresta por onde se está passando, não eram confiáveis para Galileu e levavam diretamente ao erro. O filósofo inglês John Locke (1632-1704) chamou de "qualidades secundárias" tais experiências vividas, de modo a enfatizar sua condição inferior, ostensivamente subordinada ante as qualidades primárias de tamanho, forma e peso. Qualidades primárias – as que eram corretamente atribuídas ao mundo objetivo, real – eram aqueles aspectos das coisas, e só aqueles, receptivos à medição quantitativa. Galileu acreditava que o conhecimento confiável residia nas quantidades, de modo que a natureza tinha de ser reduzida a números, se queríamos que ela entregasse seus segredos e ficasse submetida à influência controladora da mente humana. Para os cientistas, a matemática se tornou a linguagem para compreender e controlar a natureza. A justificativa disso era bastante fácil de entender. Afinal, como mostra o filósofo Henri Bortoft, todas as pessoas sensatas, racionais, estão de acordo quanto à correção das proposições matemáticas – ninguém discute que todos os ângulos num triângulo somem 180 graus. O novo método matemático de pensar era irresistível justamente porque parecia proporcionar um fundamento sólido e indiscutível, sobre o qual a ciência construiria uma nova era de estabilidade social baseada na aplicação da razão pura a cada aspecto da vida.

Francis Bacon (1561-1626), como Galileu, foi um dos mais importantes precursores da revolução científica. Ele pedia que os pesquisadores científicos "amarrassem" a natureza e fizessem pressão sobre ela usando invenções mecânicas, para que ela "possa ser arrancada de seu estado natural, espremida, moldada", e desse modo "torturada" até revelar seus segredos. De acordo com Bacon, a natureza, uma vez escravizada, "recebe ordens do homem e trabalha sob sua autoridade", e é assim posta em cativeiro de modo a expandir o domínio humano sobre o universo físico.

A nova ciência recebeu um enorme impulso em 10 de novembro de 1619, em Nenberg, nas margens do Danúbio, quando René Descartes (1596-1650) teve uma visão do mundo material como uma grande máquina. Descartes começou a sustentar uma distinção fundamental entre matéria, que ele chamou de *res extensa* (ou "coisa extensa") e mente, que chamou de *res cogitans* (ou "coisa pensante"). Em essência, Descartes declarava que o mundo material que vemos e sentimos à nossa volta era desprovido de alma, que não passava de uma máquina morta, insensível, que poderíamos dominar e controlar por meio do exercício de nossa capacidade intelectual racional. Para ele, a única entidade não-mecânica do universo, o único lugar de subjetividade e alma, era a própria psique humana. Descartes ensinava que qualquer entidade podia ser integralmente compreendida se estudássemos como suas partes componentes trabalhavam isoladamente – era sua famosa metodologia reducionista. A crença no reducionismo mecanicista era tão extrema que ele exortava seus alunos a ignorar os gritos dos animais submetidos à vivissecção, pois tais sons seriam, afinal, pouco mais que os rangidos e guinchos de uma máquina complicada.

O trabalho do grande cientista inglês Isaac Newton (1642-1727) parecia confirmar essa emergente visão mecanicista do mundo. Newton inventou o cálculo diferencial – a matemática da mudança – sem o qual a ciência moderna seria impossível e pelo qual temos para com ele uma grande dívida de gratidão (na realidade, trabalhando independentemente, Leibniz inventou o cálculo diferencial ao mesmo tempo que Newton). As equações de Newton impressionaram muito seus contemporâneos devido à sua capacidade de prever com precisão as trajetórias de corpos em movimento, como balas de canhão e planetas em órbita, e pareciam proporcionar uma confirmação final de que o mundo de fato não era mais que uma vasta máquina, cujo comportamento podia ser previsto com precisão e explicado por meio da quantificação, do reducionismo e da experimentação sistemática. O novo método científico que esses grandes pensadores estabeleceram estava, assim, inteiramente baseado na razão matemática e a chave para sua prática requeria que o cientista isolasse sua mente do resto da natureza (que era considerada uma realidade objetiva, existindo de modo independente) e conseguisse se transformar num instrumento emocionalmente isento, estritamente desapaixonado, para a coleta de dados e para a observação de processos mecânicos. As impressões subjetivas eram eliminadas, já que interferiam e invalidavam o método e seus resultados. Os fenômenos tinham de ser investigados por meio de experimentos cuidadosamente executados em que todas as variáveis, fora aquela sob investigação, fossem mantidas constantes. Os resultados desses experimentos só eram considerados válidos se pudessem ser reproduzidos por outros pesquisadores e se pudessem ser usados para construir modelos matemáticos prevendo o comportamento futuro dos fenômenos, de modo a permitir completo domínio e controle sobre eles.

As velhas certezas religiosas que tinham sido tão profundamente questionadas com a fragmentação da igreja católica eram agora substituídas por uma nova confiança no materialismo científico, que varreu o mundo ocidental como um rastilho de pólvora intelectual, ganhando impulso à medida que um número cada vez maior de fenômenos da natureza caía sob seu domínio, transformando a vida de milhões de pessoas pelo mundo afora. Enquanto crescia a influência da ciência mecanicista, a *anima mundi* desaparecia da consciência, de modo que agora, cerca de quatrocentos anos mais tarde, temos as fascinantes tecnologias e teorias científicas que ocupam um lugar tão importante na cena cultural do mundo moderno, mas perdemos contato com nossa profunda reverência animista por rochas, montanhas, regatos, rios e, na verdade, por toda a natureza como inteligência viva. Contudo, se nossa consciência da *anima mundi* é na realidade um modo arquetípico de percepção, ela nunca pode ser erradicada da psique humana, embora seja possível reprimi-la no interior de indivíduos ou, parece, no interior de toda uma cultura. Segundo o antropólogo Robert Lawlor, uma percepção da supressão da consciência animista é hoje comum a todos os povos tribais de nações indígenas, que "acreditam que o espírito de sua consciência e modo de vida existe como uma semente enterrada na terra. As ondas do colonialismo europeu que destruíram as civilizações da América do Norte, América do Sul e Austrália deram início a um período letárgico de quinhentos anos da consciência arcaica. Suas potências foram para o interior da terra".

Os psicólogos sabem muitíssimo bem que o que é reprimido pode assombrar a consciência sob a forma de comportamento patológico e distorcer as percepções. Será então de admirar que nossa repressão da *anima mundi* tenha voltado para nos assombrar com a máscara de uma crise global que está provocando destruição tão maciça da natureza selvagem e das culturas tradicionais? Lamentavelmente, ao separar o fato do sentido e a quantidade da qualidade, a ciência mecanicista inadvertidamente teve seu papel nesses desastres: a bomba atômica, a agricultura intensiva, o buraco de ozônio e a mudança climática são exemplos das conseqüências involuntárias, mas seriamente prejudiciais dessa superestimação da mente racional.

A crise vem desde as bases de nossa percepção; não vemos mais o cosmos como vivo, nem reconhecemos mais que somos inseparáveis do conjunto da natureza e de nossa Terra como ser vivo. Mas há esperança, pois à medida que a crise se aprofunda, o apelo da *anima mundi* se intensifica. Um número cada vez maior de pessoas estão despertando para sua profunda conexão com a inteligência do cosmos e estão tentando encontrar meios de vida que não desrespeitem as sensibilidades ecológicas que redescobriram. É como se a *anima mundi* estivesse procurando se expressar em nossa consciência sob formas que ultrapassem o animismo dualista de Platão e o dualismo do além da velha igreja. Nessa época de crise, só precisamos prestar atenção à nossa completa inserção na teia terrena da vida para sentir a semente enterrada da *anima mundi* começar a se agitar e a florescer em nossas mentes e corpos sensíveis. Quando a semente irrompe, vemos a sabedoria de renunciarmos aos pressupostos objetivistas da ciência moderna, sem abandonar os consideráveis avanços e benefícios que ela sem dúvida alguma nos trouxe. Essa percepção alvorecente da *anima mundi* em nossa época é de fato um novo despertar do velho animismo não-dualista, que ficou por tanto tempo adormecido. É uma reafirmação de nossa alma indígena e da solidariedade sentida com a natureza terrena comum a nossos ancestrais indígenas, tribais. Nossa tarefa agora é explorar meios de integrar o novo animismo ao próprio coração da cultura ocidental. A ciência holística é uma das possibilidades.

A Ciência Holística

Sempre houve um elemento holístico, integrativo, na cultura ocidental, patrocinando uma compreensão animista que corria junto com o reducionismo científico dominante. Poderíamos mesmo defender que os modos integrativo e reducionista de consciência são ambos inatos ao organismo humano e que se manifestaram em diferentes culturas, de diferentes modos, em diferentes épocas. O historiador Donald Worster sugere que essas duas tendências estiveram presentes no pensamento ocidental desde os antigos gregos, chamando-as de elementos "arcadiano" e "imperial" do pensamento ecológico. O filósofo Richard Tarnas refere-se a esses dois modos de percepção como o "empírico" e o "arquetípico", e o cientista-romancista C. P. Snow falou das "duas culturas", ciência e artes, que a seu ver era quase impossível reconciliar. Algumas culturas mantinham o equilíbrio mais habilidosamente e com mais consciência do que nossa própria cultura tem feito até agora. Por exemplo, na filosofia hindu se descobrem ambas as tendências expressas nos escritos de vários mestres, alguns dos quais adotam uma forma radical de reducionismo que faz lembrar Demócrito, o filósofo grego que declarou que tudo é composto de unidades indivisíveis conhecidas como átomos (do grego *a-tom*, aquilo que é indivisível).

A ciência holística entrelaça os aspectos empírico e arquetípico da mente para que trabalhem juntos, como parceiros iguais, numa busca que tem por objetivo não uma compreensão completa e um domínio da natureza, mas que se esforça por alcançar uma genuína parceria com ela. Como explicar, porém, claramente a abordagem da ciência holística? Quando um provável aluno me pediu primeiro uma definição coerente de ciência holística, sua questão me perturbou e por vários dias não consegui dar uma resposta satisfatória. Então, de repente, me ocorreu que eu podia fornecer uma resposta útil recorrendo a uma percepção muito significativa do grande psicólogo suíço C. G. Jung, que falou de quatro funções psicológicas principais, ou modos de conhecer, comuns a toda a humanidade, a saber: intuição, sensação, pensamento e sentimento. Jung ordenou-as em dois pares de opostos, como se vê abaixo (figura 1):

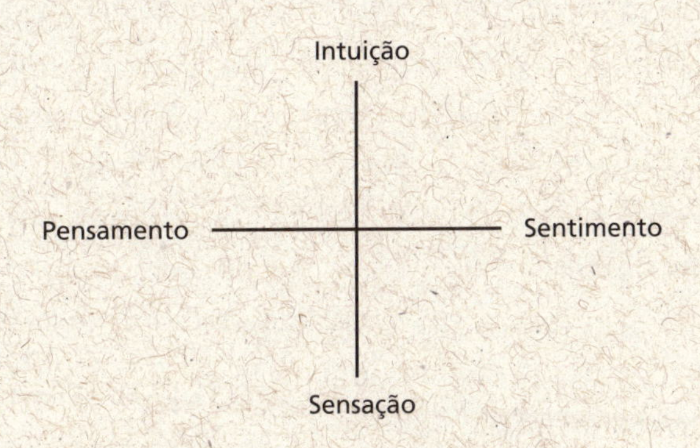

Figura 1: A "mandala" junguiana.

No que chamo de "mandala" junguiana, a sensação ou experiência sensória fornece uma direta apreensão das coisas à nossa volta por intermédio do nosso corpo físico. O pensamento interpreta o que existe de uma maneira relativamente lógica, racional; o sentimento concede uma valência negativa ou positiva a cada encontro, ajudando assim a atribuir valor ao fenômeno, e a intuição proporciona um senso de seu significado mais profundo, como diz Jung, "por meio dos conteúdos e conexões inconscientes". O pensamento interpreta, o sentimento avalia, enquanto a sensação e a intuição são reveladoras porque nos fazem ficar conscientes do que está acontecendo sem interpretação ou avaliação. Tendo tratado centenas de pacientes, Jung observou que cada pessoa tem uma orientação consciente inata para uma das quatro funções, enquanto a função oposta permanece em grande parte inconsciente ou mal desenvolvida. As outras duas funções são apenas parcialmente conscientes, geralmente servindo como auxiliares à função dominante. Essa tipologia, é claro, enfrenta as limitações de todos os modelos, mas Jung considerou-a suficientemente útil para dizer que ela "produz pontos cardeais nas vastidões da personalidade humana".

A saúde mental e física na abordagem terapêutica de Jung requeria o desenvolvimento consciente da função negligenciada, juntamente com uma percepção das quatro funções para alcançar uma personalidade bem resolvida. Jung baseou sua classificação em antigos sistemas psicológicos que também reconheciam a existência de quatro tipos psicológicos. Na Idade Média os médicos falavam dos quatro elementos, ar, fogo, terra e água, enquanto a antiga medicina grega pensava em termos de personalidades fleumáticas, sanguíneas, coléricas e melancólicas. Correspondências com os sistemas de outras culturas, como as dos norte-americanos nativos, ou com os sistemas de mandala da Índia e os budistas do Himalaia, sugerem fortemente que esse sistema quádruplo tem uma certa ressonância arquetípica que atravessa as culturas.

Em nossa própria cultura, a corrente principal da ciência baseia-se principalmente no cultivo deliberado da função pensante, que é abertamente dominante não apenas na ciência, mas na cultura como um todo. O sentimento – a função ética, avaliadora – é deixado fora da ciência, mas não é difícil acreditar que os cientistas, como profissionais atuantes, pudessem se beneficiar grandemente se uma sólida formação em ética fizesse parte de seus currículos. Na ciência convencional, a sensação e a intuição servem ao pensamento como funções auxiliares. A sensação, a percepção bruta das cores, sons, sabores, toques e cheiros, é obviamente essencial para fazer ciência, pois sem ela o mundo não pode se registrar dentro da nossa consciência.

Contudo, o impulso na ciência convencional é converter a experiência sensorial imediata em números ou abstrações com a maior rapidez possível, com freqüência utilizando sofisticados instrumentos científicos para reunir informação numérica sobre os fenômenos, em vez de usar diretamente os sentidos em bruto. Esse tipo de apreensão marginaliza o fenômeno e inibe a possibilidade de perceber a profundidade e o valor intrínseco da coisa que está sendo estudada. Padeci muitos anos com esse problema, um estado que chamo de *quantificacionite*. Um sintoma-chave era a compulsão irresistível de conceber maneiras de medir mais ou menos tudo. Uma vegetação densa, exuberantemente emaranhada, me causava sofrimento intenso, pois como eu ia conseguir medir todas as multifacetadas formas em que os galhos, caules e trepadeiras se entrelaçavam uns aos outros como um monte de cobras enroscadas? Como medir todas as cores sutis e formas de folhas que deliciavam os sentidos, mas confundiam o intelecto?

O pensamento, a função mais apreciada por nossa cultura, é usado na ciência convencional para conceber experimentos e para construir matematicamente teorias coerentes e relatos de como o mundo funciona. O estilo predominante de pensamento usado na ciência convencional é o reducionismo, em que, como Descartes ensina, se tenta ganhar completa compreensão e domínio de um fenômeno decompondo-o em suas partes constituintes. Uma vez conhecido o comportamento de cada parte, a abordagem reducionista nos ensina que o comportamento do todo se tornará inteligível como efeito somado dos componentes individuais. O reducionismo está apoiado num conjunto mais amplo de importantes pressupostos, como os que dizem que os objetos importam muito mais que as relações entre eles, que o mundo está ordenado hierarquicamente, que o conhecimento pode ser objetivo e que o intelecto que conhece pode se isentar inteiramente do mundo material para alcançar uma visão puramente objetiva, como a do "olho de Deus", de qualquer fenômeno determinado.

O reducionismo funciona muito bem se quisermos projetar coisas como carros e computadores, mas seu sucesso é mais limitado em áreas como biologia, ecologia ou no domínio da vida social dos seres humanos, onde interações complexas, não-lineares, são a norma. Nessas áreas precisamos aplicar um estilo diferente de pensamento, que se baseia no reducionismo e o inclui, ao mesmo tempo que o ultrapassa. O físico Fritjof Capra mostra que essa nova abordagem, que ele chama de "pensamento sistêmico", implica transferirmos o nosso foco dos objetos para os processos e as relações, das hierarquias para as redes e do conhecimento objetivo para o conhecimento contextual.

O que isso significa? Uma percepção-chave no pensamento sistêmico é que podemos compreender muito mais sobre um sistema se nos concentramos nos padrões de relacionamento entre as partes e não nas próprias partes como entidades isoladas. Passamos a entender que as propriedades das partes dependem de como elas se relacionam umas com as outras e com o todo mais vasto que ajudam a constituir. Também passamos a compreender que não existem tijolos fundamentais, assim como partículas subatômicas, na base de uma ordenação hierárquica da natureza, mas que a natureza se auto-organiza em séries de múltiplos níveis de redes dentro de redes, tipo células dentro de tecidos dentro de órgãos dentro de organismos dentro de ecossistemas dentro de Gaia, e que nenhum nível é fundamental. Finalmente percebemos, como Werner Heisenberg, um dos grandes físicos da primeira parte do último século, que *"o que observamos não é a própria natureza, mas a natureza exposta ao nosso método de investigá-la"*; que nosso conhecimento depende de como interagimos com o mundo.

Quando nos concentramos nas relações entre as partes e não nas partes isoladamente, deparamo-nos muito depressa com o princípio da *emergência*, em que aparecem, ao nível do todo, propriedades surpreendentes, que não podem ser compreendidas por meio de um foco exclusivo nas partes. Um adágio comum que expressa essa percepção diz que "o todo é maior que a soma das partes". A emergência está muito difundida na natureza. Não há falta de bons exemplos no reino dos insetos sociais, onde as interações entre abelhas, formigas ou cupins individuais, cada qual obedecendo a regras simples para o engajamento em atividades como buscar comida, cuidar da cria ou construir o ninho, dão origem a complexos comportamentos no nível da colônia que desafiam a explicação reducionista. Formigas individuais do gênero *leptothorax* são ativas ou inativas conforme um programa basicamente errático, mas quando elas interagem em conjunto na densidade certa, a colônia pulsa com uma coletiva atividade rítmica. Os labirintos complexos, barrocos, que constituem o interior dos montes de cupins são construídos por cupins individuais, cada qual depositando pequenas porções de barro saturadas com um feromônio, ou sinal químico, que gradualmente se evapora no ar circundante. Os cupins são atraídos para o feromônio e depositam novos bocados de barro onde quer que o encontrem em altas concentrações. Modelos de computador desse processo mostram que um padrão inicialmente casual de bocados de barro logo se transforma num arranjo emergente, regular, de pilares e colunas que parecem notavelmente semelhantes aos interiores dos verdadeiros montes de cupins. Nenhuma formiga ou cupim tem as "plantas" do comportamento certo ou da estrutura do monte – elas emergem das interações e relações entre os membros do grupo social de insetos.

O pensamento sistêmico implica um afastamento da noção de que é possível prever e controlar a natureza, pelo menos em qualquer sentido que ultrapasse formas muito limitadas de controle. Essa percepção veio em parte da experiência prática de inventores e fisiologistas que têm achado difícil prever o resultado de interações mesmo em sistemas não-lineares simples, porque ligeiras alterações nas condições iniciais fazem com que, após um tempo curto, o sistema possa facilmente se encontrar num estado totalmente diferente – um morcego batendo as asas na Inglaterra pode, em teoria, levar a uma tempestade tropical na Amazônia. Se não podemos prever a natureza exata das propriedades emergentes[2], e se pequenas alterações

2. Propriedade emergente do sistema é um atributo que o sistema adquire como conseqüência de alguma coisa que ocorre quando ele está em ação e que não estaria presente na mera adição de suas partes. Por exemplo: a regulagem da velocidade, direção e altitude do avião é uma propriedade emergente do piloto automático, que só surge (emerge) quando o piloto automático é ligado e não é um atributo das partes mecânicas que o compõem. (N. do T.)

podem ter resultados imprevisíveis e potencialmente dramáticos, temos de aceitar a conclusão possivelmente incômoda de que a natureza é inerentemente imprevisível e incontrolável. Na verdade, o pensamento sistêmico sugere que a metáfora do controle é a base errada para construir uma relação frutífera com a natureza – a parceria é claramente mais apropriada e é de fato a única opção disponível. De modo a interagir plena e adequadamente precisamos usar métodos quantitativos de maneira apropriada, mas também precisamos desenvolver uma profunda, intuitiva sensibilidade aos atributos das coisas. Então o que é intuição e como ela pode ser desenvolvida na prática da ciência holística?

Tanto a ciência convencional quanto a holística são extremamente dependentes da intuição, pois sem ela não haveria percepções brutas para a mente racional trabalhar e desenvolver. Aristóteles fornece um exemplo clássico de como a intuição funciona na ciência por meio do que chamou "indução direta", quando ele fala sobre a percepção de que a luz da Lua não vem de dentro da própria Lua, mas é de fato a luz refletida do Sol. O alvorecer dessa idéia exemplifica o modo como a intuição se apresenta subitamente à consciência com um novo modo de ver, com freqüência depois que a mente pensante ativou o inconsciente por meio de um concentrado focalizar da atenção num fenômeno ou num dado problema. Apesar de sua importância, a ciência convencional não se esforça para cultivar a intuição como parte de sua metodologia – ela é raramente discutida e sua ocorrência é geralmente deixada ao acaso.

Na ciência holística há uma tentativa de cultivar a intuição assim como o pensamento, a sensação e o sentimento. Ao cultivar a intuição, muitos cientistas holísticos radicais usam uma metodologia que foi largamente atribuída ao poeta e cientista alemão Johann Wolfgang von Goethe (1749-1832), mas que de fato podemos fazer remontar a vários séculos antes dele, a Ficino e Paracelso, e antes desses dois à tradição hermética. Nesse método, presta-se uma atenção cuidadosa ao fenômeno sendo estudado por meio de um processo de *olhar ativo*, sem tentar reduzir a experiência a quantidades ou explicações. Para Henri Bortoft, o olhar ativo envolve o "remanejar da atenção para a percepção do sentido e para longe da mente verbal-intelectual". Nessa maneira de ver, a pessoa se esforça para captar os detalhes específicos da coisa, com todas as suas particularidades, quando eles se apresentam aos sentidos. Se a experiência funcionar como deve, a pessoa pode experimentar a suspensão de suas noções preconcebidas e respostas habituais sobre o que está sendo percebido, de modo que as exatas qualidades sensoriais da coisa agucem e aprofundem a percepção. Isso permite que o fenômeno, como diz Bortoft, "se cunhe no pensamento" e "se induza a si próprio na mente pensante como uma idéia". A pessoa tem a percepção intuitiva da coisa como uma presença *dentro dela*, não como um objeto *externo* a seu próprio ser. Essa sensação de profunda ligação com o objeto transforma a consciência num meio para a percepção holística, por meio da qual somos capazes de apreender as qualidades intrínsecas das coisas. A metodologia desenvolve o que pode ser chamado de "percepção não-informativa", em contraste com a abordagem convencional, que enfatiza a percepção a serviço da coleta de informação. A percepção não-informativa é um modo sutil de percepção que traz uma sensação de totalidade, enquanto a percepção informativa, embora mais grosseira, dá acesso à dimensão quantitativa da realidade que torna a mensuração possível.

Goethe prestava muita atenção no modo como os *insights* intuitivos brotavam nele no meio de uma cuidadosa observação e teve muito interesse pelo modo como Galileu usou suas percepções intuitivas de pêndulos oscilantes para desenvolver uma compreensão do comportamento dos corpos em queda em geral. Para a cientista goethiana Margaret Colquhoun, o processo de fazer ciência goethiana envolve quatro passos. O primeiro é a *percepção intuitiva*, que ocorre espontaneamente quando a pessoa se depara com um fenômeno sem idéias preconcebidas, por meio do olhar ativo. Em seguida vem o *sentir com exatidão*, que envolve um exame cuidadoso e preciso das partes do fenômeno, tais como, numa planta, as formas e cores das folhas, o padrão de seu arranjo no caule, onde há brotos e filamentos, e assim por diante, em grande detalhe, até o ponto em que a pessoa quase deliberadamente se permite perder de vista o todo. A ciência convencional também faz isso extremamente bem, mas vai em frente construindo teorias e hipóteses ponderadas, testáveis, sobre os mecanismos subjacentes que poderiam ter feito a planta surgir. Goethe pede que suspendamos o ímpeto de teorizar e que penetremos o mais plenamente possível na experiência de sentir o fenômeno diante do nosso olhar.

Essa intenção produz frutos no estágio seguinte, o da *exata fantasia sensorial*, em que fechamos nossos olhos e deixamos que os detalhes que observamos com tanto cuidado no estágio anterior fluam juntos em nossa imaginação como um coerente desdobrar de vida e forma. Enquanto visualizamos a planta brotando da semente, crescendo, florescendo, deixando cair novas sementes e morrendo, podemos ter a sorte de entrar no próximo estágio, *vendo em cheio*, onde recebemos uma revelação do ser interior da planta e vislumbramos sua holística qualidade sagrada. O estágio final foi chamado *estar em harmonia com*, em que retornamos ao estado do que Margaret Colquhoun chama "precognição intuitiva", onde comungamos com a integridade não-rompida do fenômeno, percebendo que cada coisa terrena é manifestação de uma única e imanente energia criativa amorosa.

Essa abordagem é mais bem praticada em termos comunais, de modo que se torne possível discriminar entre o que é comum às percepções de um grupo de investigadores e o que pode ser meramente fantasia e projeção idiossincráticas. Uma abordagem similar, embora não baseada na metodologia goethiana acima esboçada, tem sido usada com grande sucesso por uma cientista voltada para o bem-estar animal, Françoise Welmesfelder, que descobriu que as avaliações subjetivas das pessoas sobre os estados físicos e mentais dos animais de granja correspondem muito de perto à realidade e são um indicador muito bom da saúde global dos animais.

OLHAR ATIVO

Ponha uma pedrinha confortavelmente na mão e conserve-a na mesma posição durante todo o exercício. Relaxe e abandone qualquer determinação de atingir um resultado.

Agora olhe com cuidado para as partes da superfície da pedra. Preste a mais detida atenção a todas as sutis mudanças de cor e textura, a quaisquer arranhões ou marcas, a quaisquer cavidades ou depressões. Faça isso de 30 segundos a um minuto e então feche os olhos. Agora, por cerca de um minuto, visualize o que acabou de perceber o mais claramente possível e com o maior número de detalhes que puder. Agora deixe a imagem ir e simplesmente não faça nada por alguns segundos.

Abra os olhos e dê uma olhada na pedra como um todo, sem se concentrar absolutamente nos detalhes. Procure captar a pedra como um conjunto, como um fenômeno unificado singular. Deixe que a totalidade da pedra flutue para o seu ser sem se perguntar o que é esse todo ou como você pode realmente vê-lo. Como antes, faça isso de 30 segundos a um minuto. Agora feche os olhos e veja mentalmente a pedra como um todo por cerca de um minuto. Então deixe a imagem ir.

Repita esse ciclo por cerca de quinze minutos e depois entre num tranqüilo período de reflexão. Houve diferenças entre os dois modos de olhar?

Percepções intuitivas, holísticas da totalidade nos conectam naturalmente com a função sentimento de Jung, isto é, com o domínio da ética. A ética, falando sem rodeios, é a capacidade de decidir se uma coisa é certa ou errada, se é boa ou não. A ciência convencional ignora a ética, deixando a cargo da sociedade decidir como usar os frutos da pesquisa científica no mundo em geral. Contudo, na ciência holística, compreendemos que as percepções de totalidade que chegam através do olhar ativo são inseparáveis de uma profunda sensibilidade ao valor intrínseco do ser ou entidade com que estamos interagindo, tornando muito difícil para nós fazer alguma coisa capaz de prejudicar ou perturbar a "necessidade e verdade interiores" desse ser. Para os cientistas holísticos, muitas formas de engenharia genética são eticamente inaceitáveis porque as naturezas intrínsecas são violadas quando genes alheios são transferidos de um ser para outro. Essas percepções do valor intrínseco têm conseqüências práticas – elas empurram os cientistas holísticos para debates públicos que dizem respeito às suas áreas de pesquisa.

A ciência holística ocupa-se assim de reunir fato e significado sob formas que capacitem nossa cultura a explorar novas possibilidades de viver harmoniosamente com a Terra. Este trabalho implica integrar de novo à cultura ocidental uma relação animista com a Terra; sem dúvida um desafio difícil, já que a visão objetivista se opõe a qualquer noção de que o universo seja vivo, criativo e inteligente. É onde a ciência holística pode ser de grande utilidade ao mostrar como é possível implantar percepções animistas numa ciência ampliada que combine qualidades com quantidades sem deixar de levar em conta as dimensões éticas de estar participando de um cosmos vivo.

A linguagem é um aspecto-chave desse trabalho e, assim, vamos fazer neste livro uma experiência com um novo tipo de narrativa que tenta explorar a dinâmica de nossa Terra viva de um modo que revele a beleza, modo de ser e vitalidade de seus processos sem cair no insípido estilo mecanicista dominante na ciência moderna, que deixa o mundo tão inerte com seu toque árido. Essa linguagem ainda está lutando para nascer e por isso peço que você seja paciente com meus titubeantes esforços de articulá-la de diferentes maneiras.

Ao buscar essa linguagem, precisamos adotar sem temor o que James Hillman, fundador da Psicologia Arquetípica, chamou de "personificar", que ele define como o *"experimentar, imaginar e falar espontaneamente das configurações da existência como presenças psíquicas"*. Precisamos nos permitir estar abertos à ação subjetiva no interior de cada "coisa" do mundo, para que possamos falar e agir apropriadamente em sua presença e em seu nome. Devemos conservar vivo e alimentar um senso da "alteridade" de todo e qualquer fenômeno que possamos estar apreciando, permitindo que se desenvolva um insólito tipo de intimidade em que o impulso de controlar seja substituído por uma inspiradora admiração ante a assombrosa inteligência que jaz no coração de todas as coisas. Temos de nos opor à tendência da ciência convencional para despersonalizar o mundo e, a partir daí, controlá-lo. Temos de nos opor à sua ânsia de raspar toda a subjetividade, fazendo-nos achar que a ciência é um valor neutro – pois se o mundo realmente sente, não podemos olhar para o mundo como forasteiros; estamos relacionados com ele, encaixados nele e a dimensão ética está conosco desde o início. Esse modo de falar reconhece que para nossa sensação, para nosso sentimento e intuição, o conjunto da natureza é um vasto *ser* abrangente, enquanto para nosso pensamento ele é também um *sistema* complexo, interconectado. Assim, a ciência holística tenta desenvolver uma linguagem que fala sobre o ser ou a *vida* das coisas – de sua condição vivida, existencial, sem alienar a mente racional.

Hillman mostra que, ao personificar, reconhecemos que o mundo em geral é uma comunhão de *personalidades* no mais amplo sentido mais que humano, não sendo a subjetividade prerrogativa exclusiva dos seres humanos. A ênfase numa noção expandida de personalidade é um aspecto crucial do novo animismo, que, nas palavras do filósofo Graham Harvey, implica "encarar seriamente os atributos que o termo 'personalidade' aplica não apenas a seres humanos e seres como os humanos... mas a uma comunidade muito mais vasta", e em perguntar como devemos tratar essas personalidades ou agir com relação a elas. Povos nativos pelo mundo afora são nossos melhores mestres a esse respeito. Um exemplo particularmente acessível vem das noções que o antropólogo Irving Hallowell recolheu enquanto vivia com o povo ojibwe da região centro-sul do Canadá, que falava do "povo pássaro", do "povo urso" e mesmo, ocasionalmente, do "povo rocha", porque para eles todos são sujeitos inseridos num mundo mais amplo de complexas relações participativas. Para Hillman há uma íntima conexão entre personificar e amar. Em suas palavras: "Amar é um meio de conhecer e para amarmos para conhecer é preciso personificar. Personificar é assim um meio de conhecer, especialmente conhecer o que está na invisibilidade, escondido no coração". Na ciência, a divisão fundamental de Descartes entre sujeitos humanos vivos e objetos externos mortos deu como resultado que o personificar – e o amar que o acompanha – são considerados nada mais que mera projeção e "fantasia". Mas hoje podemos compreender que era Descartes quem estava projetando e que sua separação fundamental entre mente e matéria era, ela própria, uma grande fantasia – uma quimera que só precisamos dissolver para encontrar nosso verdadeiro lar na grande psique do mundo.

Se você foi treinado, como eu fui, para ver o mundo como uma máquina e para ver a si próprio como pouco mais que um robô pensante, emocionalmente isento, coletor de dados, então personificar o mundo dessa maneira exige uma boa dose de coragem. Enquanto eu escrevia este livro, o tácito tabu científico contra o falar do mundo como uma psique exerceu sua influência sobre mim e fez o melhor que pôde para que eu me limitasse a escrever sobre ciência popular de fácil entendimento. Uma estranha vulnerabilidade, uma insegurança às vezes me atormentava quando eu tentava falar da Terra e dos seres vivos que a habitavam não meramente como objetos, mas como sujeitos, como seres dotados de sentimentos. Uma vozinha mansa, contudo, acabou me persuadindo da urgência da tarefa. Em momentos tranqüilos no meu escritório ou ao ar livre, essa voz mais profunda me convenceu de que as perspectivas são nulas a não ser que possamos de novo nos relacionar com a Terra, vendo-a não como coisa ou como máquina, mas como uma criatura estranha que improvisa seu próprio desabrochar no cosmos por meio da criatividade contínua da evolução e autotransformação. Quando você reparar na tensão entre as diferentes vozes, peço que se lembre da dificuldade da tarefa e que se considere um conspirador no esforço para encontrar uma nova linguagem capaz de soprar novamente vida sobre nossa experiência da Terra que, nos últimos 400 anos, tem sido tratada como se fosse um pedaço morto de rocha com algumas formas de vida insignificantes, um tanto incômodas, e culturas tradicionais se grudando à sua superfície acidentada. E agora o título deste livro revela seu duplo significado, pois "viva" é tanto adjetivo quanto verbo. O adjetivo nos diz que a Terra vive – é *vivente*; o verbo nos instiga a encontrar meios de falar e agir que nos permitam conscientemente re-animar a Terra, trazendo-a de volta à vida como um Ser que tem sensibilidade e sentimentos – até mesmo, se você quiser, como uma pessoa no sentido mais geral e mais selvagem da palavra. Está na hora de redescobrir Gaia, pois Gaia é a Terra personificada.

CAPÍTULO 2

Frente a Frente com Gaia

Gaia e os Antigos Gregos

Durante milênios, povos tradicionais pelo mundo afora acreditaram numa mãe Terra que concede vida e recebe os mortos em seu rico solo. Os antigos gregos chamavam-na Gaia, a presença terrena da *anima mundi*, a vasta e misteriosa inteligência primordial que continuamente dá à luz tudo que existe, a grande subjetividade alimentadora – simultaneamente espiritual e material – que sustenta tudo que há. Gaia habitava as grutas subterrâneas de Delfos, Atenas e Aegae, e falava diretamente com as sacerdotisas intoxicadas pelos vapores exalados dos profundos orifícios no útero da mãe Terra. Hesíodo (cerca de 700 a.C.) nos conta que "Gaia nasceu do caos primordial, vasto e escuro", e que deu à luz Urano, o céu com suas multidões de estrelas, e Pontus, os mares e oceanos. Gaia, a "Terra de seios fartos", uniu-se então a seu filho Urano e deu à luz os deuses e os Titãs, que finalmente engendraram todos os seres vivos da Terra, incluindo nossa própria espécie. Isso faz parte da homenagem de Hesíodo a Gaia:

> Gaia, mãe de todos,
> a fundação, a mais velha,
> eu cantarei para a Terra.
>
> Ela alimenta tudo no mundo.
>
> Seja você quem for,
> avançando em seu solo sagrado
> ou seguindo as trilhas do mar,
> você que voa, é ela quem o alimenta da arca do seu tesouro.

De fato, muito antes de Hesíodo e Homero, Gaia era considerada a mais poderosa de todas as divindades, muito mais importante que o próprio Zeus e seu panteão olímpio. Aqui está como Charlene Spretnak reconta o mito pré-homérico de Gaia:

> Do eterno vazio, Gaia saiu dançando e se enrolou numa bola rodopiante. Modelou montanhas ao longo de sua espinha, vales nas depressões da carne. Um cadenciar de montes e planícies se estendendo seguiu seus contornos. De sua umidade quente Ela trouxe um fluxo de chuva suave que nutriu sua superfície e trouxe vida.

Já vimos que a experiência de Gaia como presença viva foi sendo gradualmente sepultada no Ocidente sob o acúmulo dos sedimentos de uma religiosidade do além e de uma ciência extremamente dualista, que via a Terra como simples máquina morta obediente às leis cegas da física e da química. Não obstante, a despeito do quase total esquecimento a que a consciência de Gaia foi relegada, leves traços de sua presença podem ainda ser encontrados em palavras muito usadas hoje, como *ge*-ologia, *ge*-ometria e *ge*-ografia, que incorporam, sem que ninguém preste atenção nisso, a sílaba-semente *ge* – que é nada mais nada menos que a forma antiga e original do nome Gaia.

Acho razoável propor uma hipótese simples: que do início ao fim dos quase 4000 anos do longo período de exílio de Gaia, a consciência gaiana continuou a surgir nas mentes de certos indivíduos receptivos através dos portões da intuição, sensação, sentimento e pensamento – os quatro pontos cardeais da mandala da psique de Jung – e que isso está acontecendo com insistência e intensidade cada vez maiores em nosso tempo de profunda crise ecológica. Vamos agora dar uma olhada em como a consciência gaiana se manifestou por meio de cada uma das quatro funções (ou meios de conhecer) em certos indivíduos-chave.

Intuição: Aldo Leopold e a Loba Agonizante

A experiência intuitiva de Gaia pode abrir caminho para a consciência de uma maneira inteiramente inesperada, às vezes com tamanho vigor que nossa perspectiva de vida pode ser permanentemente alterada. O famoso ecologista americano e gestor da vida selvagem Aldo Leopold (1886-1948) fornece um exemplo admirável em seu livro *A Sand County Almanac*.

Leopold é um dos pais do moderno movimento ecológico, inspirando ativistas pioneiros como Rachel Carson e, no entanto, começou sua carreira como um fiel devoto da abordagem reducionista e foi um dos fundadores da ciência da gestão da vida selvagem. Leopold aderiu à crença incondicional de que os humanos são superiores ao resto da criação e julgava moralmente justificável manipular a natureza para maximizar o bem-estar humano. Apoiou um programa do governo americano para erradicar o lobo dos Estados Unidos usando métodos científicos, intervenção que tinha como justificativa o fato dos lobos competirem com quem caçava cervos por esporte, de modo que menos lobos significaria mais cervos para os caçadores.

Leopold manteve firmemente esse ponto de vista por muitos anos, até certa manhã, quando fazia com alguns amigos uma caminhada nas montanhas do Novo México. Sendo caçadores, eles carregavam rifles, pois podiam ter a chance de matar alguns lobos. Na hora do almoço, sentaram-se à beira de um rochedo com vista para um rio turbulento. De repente viram o que parecia ser um cervo atravessando a corrente, mas logo perceberam que era uma alcatéia de lobos. Leopold e seus amigos pegaram os rifles e começaram a atirar no bando, mas com pouca precisão. Finalmente, uma velha loba foi atingida e Leopold, exultante, desceu correndo a encosta íngreme. Mas o que ele encontrou foi algo extremamente inesperado, algo estranho e selvagem, algo que jamais havia experimentado antes. Aquilo com que se deparou inflamou uma parte de sua alma que, até aquele momento, estivera adormecida; viu uma chama esverdeada e febril se extinguindo nos olhos da velha loba. Ele escreve que:

> ...havia alguma coisa nova para mim naqueles olhos, algo conhecido apenas por ela e pela montanha. Eu achava que, como menos lobos significavam mais cervos, nenhum lobo significaria o paraíso do caçador. Mas depois de ver a chama esverdeada morrer, senti que nem a loba nem a montanha concordavam com um tal ponto de vista.

Talvez seja possível compreender a noção de um lobo discordando de um tal ponto de vista. Afinal, a loba agonizante era um mamífero como ele, com quem Leopold podia sentir certa afinidade. Mas como uma montanha inerte, sem vida, poderia concordar ou discordar de alguma coisa? O que Leopold poderia ter pretendido dizer com isso? O que tinha experimentado naquele momento crucial? Sem a menor dúvida, ele usou a palavra "montanha" como sinal taquigráfico para o ecossistema selvagem em que o incidente teve lugar, para o ecossistema como uma totalidade, como uma presença viva com seu cervo, seus lobos e outros animais, suas nuvens, solos e cursos d'água. Pela primeira vez em sua vida, Leopold sentiu-se completamente unido àquela vasta realidade ecológica. Sentiu que aquilo tinha o poder de comunicar uma grandiosidade sagrada. Sentiu que possuía sua própria vida, sua própria inteligência, sua própria história, sua própria trajetória para o futuro como uma personalidade viva. Experimentou o ecossistema como um grande ser, tendo um valor e uma dignidade próprios. Só pode ter sido um momento de tremenda liberação e expansão da consciência, de alegria e energia – uma experiência verdadeiramente espiritual ou religiosa. Sua mente estreita, manipuladora, de gestor da vida selvagem desapareceu para sempre. A atitude que via a natureza como máquina morta, como estando ali unicamente para uso humano, sumiu. Leopold fora *ganho por Gaia*. Tinha reconhecido a existência de uma força ativa muito maior que ele próprio no grande mundo selvagem ao seu redor; nas rochas, no ar, nos pássaros, no Sol, nos micróbios do solo e em cada partícula de matéria. Agora percebia tudo isso como poderes que tinham testemunhado o que ele fizera com profunda desaprovação.

Observe que a experiência não foi procurada, esperada ou arquitetada – aconteceu espontaneamente. Alguma coisa nos olhos agonizantes da loba ultrapassara a formação de Leopold e desencadeou um reconhecimento de *onde ele realmente estava*. Desse momento em diante Leopold viu o mundo de maneira diferente e, depois de lutar – no correr dos anos – para encontrar uma voz apropriada a esse modo de ver, acabou escrevendo um ensaio basilar sobre sua Ética da Terra, no qual declarava que os seres humanos não são uma espécie superior com direito a gerir e controlar o resto da natureza, mas que somos apenas "simples membros da comunidade biótica". Nesse ensaio, justificadamente famoso, ele também expôs sua famosa máxima: "Uma coisa é certa quando serve para preservar a integridade, estabilidade e beleza da comunidade biótica. É errada quando serve para outra coisa".

A experiência ficou tão poderosamente gravada na psique de Leopold que ele escreveu o trecho abaixo, combinando percepções racionais acerca da Terra como coisa viva com profundas intuições e parâmetros éticos sobre como deveríamos viver dentro de um tal mundo:

> Pelo menos não é impossível encarar as partes da Terra – solo, montanhas, rios, atmosfera, etc. – como órgãos ou partes de órgãos de um todo coordenado, cada parte com sua função definida. E se pudéssemos ver esse todo, como um todo, através de um grande período de tempo, poderíamos perceber não apenas órgãos com funções coordenadas, mas possivelmente também esse processo de consumo

> como reposição que, em biologia, chamamos de metabolismo ou crescimento. Em tal caso teríamos todos os atributos visíveis de uma coisa viva, que não percebemos ser assim porque é grande demais e seus processos de vida lentos demais. E a isso também se seguiria aquele atributo invisível – uma alma ou consciência – que inúmeros filósofos de todas as eras conferem às coisas e agregados vivos, incluindo a Terra "morta". Possivelmente em nossas percepções intuitivas, que podem ser mais verdadeiras que nossa ciência e menos estorvadas por palavras que nossas filosofias, percebamos a indivisibilidade da Terra – seus solos, montanhas, rios, florestas, clima, plantas e animais – e respeitemo-la coletivamente não apenas como servidora útil, mas como coisa viva, incrivelmente menos viva que nós, mas incrivelmente maior do que nós no tempo e no espaço. A filosofia, então, sugere uma razão pela qual não podemos destruir a Terra com impunidade moral; isto é, que a Terra "morta" é um organismo que possui certo tipo e grau de vida, que intuitivamente respeitamos como tal.

A *anima mundi* conduzira Leopold ao âmago de seu ser e desencadeara nele um modo holístico de percepção em que sua intuição, sensação, pensamento e sentimento funcionavam como um todo unificado. Leopold tinha voltado para casa.

ENCONTRANDO SEU LUGAR EM GAIA

Uma das melhores coisas que você pode fazer para estimular sua saúde mental é encontrar um lugar especial ao ar livre, que você possa visitar com regularidade para se conectar com a Terra viva. Se você mora numa cidade, pode ser o seu próprio quintal ou jardim nos fundos da casa, mas se mora na área rural você certamente vai ter acesso a uma variedade de locais inspiradores em sua vizinhança imediata. Esteja você onde estiver, sua tarefa é procurar um lugar onde possa passar algum tempo explorando e aprofundando sua relação com o grande ser vivo que é nosso planeta.

Certifique-se de que se deixa guiar pela sensação, sentimento e intuição quando estiver procurando seu lugar especial – deixe o pensamento no banco de trás. Você saberá que encontrou o lugar certo se ele provocar em você uma profunda sensação de prazer (talvez mesmo uma impressão de beleza irresistível), se os sentidos formigarem de espanto ante seu absoluto fascínio. Preste atenção em como o lugar mexe com seus sentimentos. Escolha um lugar que lhe desperte um conforto descontraído e observe como o lugar fala à sua intuição – existe uma "aura" numinosa que o conecta à psique do lugar, a uma sensação de sua presença viva? Por fim, deixe sua mente consciente considerar a viabilidade logística do lugar – fica longe demais para visitas regulares, vai lhe oferecer privacidade e sossego suficientes, que roupa, que meias e calçado, e de que outros acessórios você vai precisar para tornar suas visitas tranqüilas e confortáveis?

Desenvolva um laço com seu lugar visitando-o regularmente – deixe que ele comunique suas sutis mensagens de cor, perfume, gosto, tato e som. Enquanto você se deixa conhecer pelo seu lugar, aprenda a conversar com ele, recolhendo os significados sutis mais ou menos como você faria numa conversa com um amigo íntimo.

Poderia ajudar ter vários lugares em Gaia, alguns talvez menos selvagens, mais perto de casa, e outros mais longe, no campo mais agreste, para visitas prolongadas e comunhão de um dia para o outro sob a cintilante luz das estrelas.

Sensação: David Abram, Fenomenologia e o Povo San do Kalahari

Talvez o mais eloqüente representante moderno de como Gaia pode se tornar presente para nós por meio de nossos sentidos seja o filósofo David Abram. A fascinação de Abram com a percepção sensorial originou-se de seus muitos anos de prestidigitação como mágico profissional; a percepção, ele explica, é o instrumento primário da arte do mágico. No meio da faixa dos 20 anos, ele viajava como mágico itinerante de um extremo a outro das áreas rurais do sudeste asiático, conhecendo xamãs ou mágicos indígenas tradicionais, que praticavam seu ofício entre aquelas aldeias, e aprendendo com eles. Inicialmente concentrado nos usos da magia em curas e medicina popular, Abram descobriu muito surpreso que os curandeiros tradicionais com quem convivia encaravam a capacidade de curar outras pessoas somente como habilidade secundária. O poder de curar era considerado por eles como subproduto de seu papel muito mais primário, o de servir de *intermediários* entre a comunidade humana e o reino mais que humano dos animais, das plantas e dos elementos terrenos dentro do qual a comunidade humana estava inserida. No decorrer da convivência com esses práticos, Abram começou a sentir a diversidade da vida da natureza ao seu redor com uma intensidade que jamais experimentara em sua terra natal, os Estados Unidos.

Certo dia, fazendo uma escalada numa ilha da Indonésia, Abram ficou inesperadamente encurralado numa gruta pelo primeiro aguaceiro torrencial da estação das monções. Quando o escorrer da água dos penhascos se concentrou numa sólida cachoeira, fechando toda a entrada da gruta, uma pequena aranha que tecia uma delicada teia pela entrada da gruta despertou sua atenção. Enquanto contemplava a sutileza dos movimentos em espiral da aranha, que ajustava e testava as várias partes da teia, Abram se deparou com outra aranha tecendo uma teia que se sobrepunha à primeira. Isso o levou a concentrar o olhar, o que o fez subitamente descobrir que havia numerosas outras aranhas moldando suas estruturas em espiral. Estavam a diferentes distâncias de seu rosto e ele as contemplava, fascinado. A intrincada atividade das aranhas o colocou mais profundamente em êxtase; ele logo descobriu que não conseguia mais ouvir o ronco da torrente da cascata, bem atrás das teias que se expandiam. Com os sentidos transfixados naquilo, Abram começou a sentir que estava testemunhando o próprio nascimento do universo, galáxia após galáxia tomando forma diante de seus olhos.

Quando foi despertado pelo sol se derramando na gruta na manhã seguinte, Abram não conseguiu achar qualquer vestígio das aranhas, nem de suas teias. Mas ao descer da gruta, descobriu que não era mais capaz de ver qualquer aspecto do mundo como uma presença inerte ou inanimada: mesmo as pedras e os penhascos estavam cintilantes de vida. Como Leopold, Abram fora *ganho por Gaia*.

Em seus textos subseqüentes, Abram começou a descrever o evento da percepção como um encontro profundamente interativo, participativo – como uma espécie de conversação não-verbal entre aquele que percebe e aquilo que ele ou ela percebe. Na verdade, num ensaio precursor publicado em *The Ecologist*, em 1985, intitulado "The Perceptual Implications of Gaia", Abram mostra que a percepção sensorial pode ser reconhecida como uma comunicação sem palavras entre a sensibilidade abrangente de Gaia e a consciência individual da pessoa – pois os solos, plantas, animais, atmosfera e água não são apenas uma coleção aleatória de objetos passivos e processos mecânicos, determinados, mas são de fato entidades vivas, sensíveis; assim, cada exemplo de percepção nos transmite alguma coisa sobre o estado daquele ser maior em que estamos inseridos.

De acordo com Abram, a bifurcação entre mente e matéria no mundo moderno precipitou uma extrema dissociação entre nossos eus conscientes, pensantes, e nossos corpos. Em seus textos ele procura levar os leitores de volta à experiência simples da própria corporalidade, induzindo-os a prestar atenção no modo presente, improvisado, como seus sentidos animais respondem espontaneamente aos entornos sensoriais. Seus textos trazem consigo a tradição da "fenomenologia", um ramo da filosofia que estuda nossa experiência direta, pré-conceitual do mundo (o modo como as coisas se revelam a nós em sua imediaticidade vivida, anterior a toda a teorização e classificação). Abram recorre especialmente à obra do grande fenomenólogo francês Maurice Merleau-Ponty. Mas Abram pega a fenomenologia apenas para transformá-la e levá-la a um novo terreno, desdobrando seus métodos de elucidar nossa relação vivida com o resto da natureza. Pois, como ele escreve:

> A recuperação da dimensão sensorial, encarnada, da experiência traz consigo uma recuperação da paisagem viva em que estamos inseridos em termos corpóreos. Quando retornamos aos nossos sentidos, descobrimos gradualmente que nossas percepções sensoriais são simplesmente nossa parte numa vasta teia permeada de percepções e sensações produzidas por inúmeros outros corpos – sustentada, é claro, não apenas por nós mesmos, mas pelos glaciais cursos d'água tombando por encostas de granito, pelas asas da coruja, e líquens, e pelo vento invisível, imperturbável...

Abram pega a noção de Merleau-Ponty da coletiva "carne do mundo" para falar desse tecido vasto, planetário, de sensações e percepções interdependentes em que nossa própria vida (como aquela das árvores, dos corvos e das aranhas) está inserida. O termo "carne" proporciona a Abram um modo de falar da realidade como um tecido feito de experiência – e daí do mundo material como inteiramente animado e vivo. Embora seu trabalho traga inúmeras noções das ciências naturais, a idéia de "a carne do mundo" proporciona a Abram um meio de descrever a biosfera terrestre não como é concebida "por uma ciência abstrata e objetivadora, não como aquele complexo agrupamento de mecanismos planetários sendo mapeados e medidos pelos sensores de nossos satélites remotos, mas antes a biosfera como é experimentada e vivida de dentro pelo corpo inteligente – pelo organismo humano atento, que é integralmente parte do mundo que ele, ou ela, experimenta".

Segundo esse modo de pensar, a percepção nunca é uma relação unilateral entre um sujeito puro e um objeto puro, mas é antes um encontro recíproco entre aspectos divergentes da carne comum do mundo. Abram chama atenção para o fato óbvio, mas facilmente descuidado, de que a mão, com a qual exploramos as superfícies táteis do mundo, é ela própria um ser tangível, tátil, fazendo portanto integralmente parte do campo tátil que explora. Similarmente nossos olhos, com os quais contemplamos o mundo visível, são eles próprios visíveis. Com suas superfícies brilhantes e matizes castanhos ou azuis, os olhos estão incluídos dentro da paisagem visível que vêem. Nosso corpo sensível e sensitivo – com seus próprios sons, cheiros e gostos – é integralmente parte da paisagem sensória que percebe. Tocar, portanto, a casca grossa de um carvalho com os dedos é também, ao mesmo tempo, experimentar a tatilidade própria, sentir-se tocado *pela* árvore. Similarmente, contemplar uma encosta arborizada é também sentir a própria visibilidade e assim sentir-se exposto àquela encosta – sentir-se *visto* por aquelas árvores. Sempre que nos experimentamos não como mentes desencarnadas, mas como os organismos palpáveis, sensitivos e sencientes que somos, não podemos deixar de reparar nessa curiosa reciprocidade em nossa experiência sensória: perceber o mundo é também sentir o mundo nos percebendo.

A análise de Abram da natureza mútua, participativa, da percepção sensorial contribui bastante para nos ajudar a compreender a quase universalidade da experiência animista entre povos indígenas, orais. Aqui está uma breve descrição do antropólogo Richard Nelson da tribo koyukon do Alasca central:

> O tradicional povo koyukon vive num mundo que contempla, numa floresta de olhos. Uma pessoa se movendo através da natureza – por mais selvagem, remoto ou desolado que possa ser o lugar – jamais está verdadeiramente sozinha. Os arredores são conscientes, perceptivos, personificados. Eles sentem. Eles podem ser ofendidos. E devem, a cada momento, ser tratados com o devido respeito.

Do lado oposto do planeta, o grande escritor e explorador sul-africano Laurens van der Post narra um exemplo notável do mesmo modo de percepção entre o povo san do deserto de Kalahari. Longe da fogueira, um ancião está instruindo um membro mais jovem de sua tribo:

> Você pode pensar que, no fundo da escuridão e no mato cerrado, você está sozinho e ninguém o vê, mas isso, Pequeno Primo, seria uma ilusão do tipo mais perigoso. A pessoa nunca está sozinha no mato. A pessoa nunca está onde ninguém vê. Sempre se sabe dela. É verdade que há muitas partes do mato onde nenhum olho humano conseguiria penetrar, mas há sempre, como um espião do próprio

> Deus, um olho sobre você, mesmo se é apenas o olho de algum animal, pássaro, réptil ou pequeno inseto... E além dos olhos – e não as subestime – existem as gavinhas das plantas, as graminhas, as folhas das árvores e as raízes de todas as coisas que estão crescendo, que fazem o calor do Sol penetrar nos mais escuros e frios recessos da Terra, para reanimá-los com nova vida. Elas também estremecem com a batida de nossos pés, vibram conforme o tamanho do nosso passo e estou certo que têm seus próprios meios de registrar o que trazemos ou tiramos da vida para a qual elas são um lar. Freqüentemente, quando vejo como uma folha de mato começa subitamente a tremer, num dia sem vento, ante minha aproximação, ou como as folhas das árvores começam a se agitar, penso que elas também devem ter um coração batendo e que a apreensão com a minha chegada acelerou os batimentos a ponto de eu conseguir notar o alarme vibrando nos pulsos delicados e nas têmporas altas, translúcidas.

Na verdade, o discurso de praticamente todos os povos orais, indígenas, suporta a afirmação de Abram de que "no mundo indomado da experiência sensorial direta *nenhum* fenômeno se apresenta como completamente passivo ou inerte. Para o corpo que sente, *todos* os fenômenos são animados, solicitando ativamente a participação de nossos sentidos ou então se retirando de nosso foco e repelindo nosso envolvimento. As coisas se revelam à nossa percepção imediata como vetores, como estilos de manifestação – não como pedaços terminados de matéria dados de uma vez por todas, mas como meios dinâmicos de empregar os sentidos e modular o corpo. Cada coisa, cada fenômeno tem o poder de nos alcançar e influenciar. Cada fenômeno, em outras palavras, é potencialmente expressivo". Tudo fala.

De acordo com Abram, então, nossa percepção direta, espontânea, do mundo é inerentemente animista; só quando a percepção passou a ser mediada por diferentes tecnologias essa experiência espontânea e instintiva foi transformada, passando a roubar as coisas percebidas de sua vitalidade sentida, drenando-as de sua diferença e mistério inesgotáveis. Abram não considera provável que uma genuína ética ambiental surja por meio da elucidação lógica de novos princípios filosóficos e normas legislativas, mas antes "por meio de uma atenção renovada a essa dimensão perceptiva que está subjacente a toda a nossa lógica, por meio de um rejuvenescimento de nossa empatia carnal, sensorial, com a terra viva que nos sustenta".

A própria ciência moderna, apesar de seu frio distanciamento, permanece enraizada no solo de nossa experiência sensorial direta. Nas palavras de Merleau-Ponty, "todo o universo da ciência está fundamentado no mundo como diretamente experimentado e, se quisermos submeter a própria ciência a rigoroso escrutínio e chegar a uma avaliação precisa de seu significado e objetivo, temos de começar despertando de novo a experiência básica do mundo do qual a ciência é a expressão de segunda ordem". Da perspectiva de Abram, só retornando aos nossos sentidos, tornando a despertar a intimidade e solidariedade esquecidas entre o animal humano e a Terra viva, é que temos a chance de retardar, e finalmente refrear, a busca agressiva de conhecimento e progresso tecnológico a que damos vazão à custa deste mundo que respira.

Sentimento: Arne Naess e o Movimento da Ecologia Profunda

Arne Naess, o eminente professor norueguês de filosofia, viu pela primeira vez a montanha Hallingskarvet, na região centro-sul da Noruega, quando tinha 7 anos de idade. Mesmo assim tão novo, sentiu que a montanha era um ser vivo que emanava benevolência, grandeza e generosidade. Tão fortes foram essas sensações que Naess jurou viver em sua montanha assim que tivesse idade suficiente, e que viveria lá pelo maior tempo possível. Ele se agarrou a seu sonho e, antes de chegar aos 30 anos, construiu um chalé bem no alto da montanha, no lugar chamado Tvergastein – o lugar das pedras cruzadas.

Durante os longos períodos em que viveu perto de sua querida montanha, Naess começou aos poucos a se perguntar como os incríveis, às vezes ostensivos atributos de vida na rocha, no vento e no gelo que cercavam seu ninho bem acima da linha das árvores poderiam ajudá-lo a descobrir o *modo certo de viver.* A resposta de Naess, que ele chama de "ecologia profunda", tem como objetivo ajudar os indivíduos a explorar as implicações éticas de seu senso de profunda conexão com a natureza, e assentar essas percepções éticas numa ação prática a serviço da genuína sustentabilidade ecológica. A ênfase na ação é o que distingue a ecologia profunda de outras ecofilosofias e é o que faz da ecologia profunda um *movimento*, assim como uma filosofia. Talvez a percepção mais fundamental do movimento seja que toda vida tem valor intrínseco, independentemente de seu valor para os humanos.

Para mim, há três sentidos radicalmente interconectados da palavra "profundo" na ecologia profunda, como mostrado no diagrama abaixo (figura 2). Trabalhando em si mesma esses três aspectos da ecologia profunda, a pessoa pode começar a desenvolver o que Naess chama sua "ecosofia" pessoal ou sabedoria ecológica – um modo de estar no mundo que reduz ao mínimo os danos à natureza, enquanto intensifica os sentimentos de reverência, admiração e adequação da pessoa.

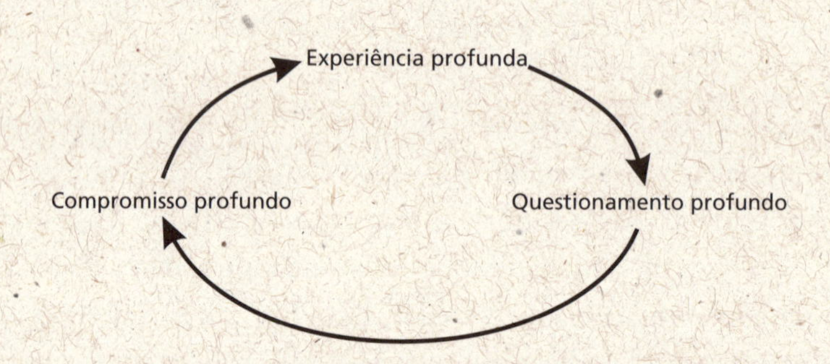

Figura 2: Três sentidos de "profundo" na abordagem da ecologia profunda.

Primeiro há *experiência profunda*, que é o sentimento do profundo despertar para Gaia experimentado por Aldo Leopold, quando ele olhou nos olhos da loba agonizante nas montanhas do Novo México, e por David

Abram em sua gruta na Indonésia. A experiência profunda não precisa ser tão dramática quanto a de Leopold ou Abram, nem é sentida apenas em áreas remotas, pois há muitos tipos de experiência profunda. Algumas pessoas as têm quando estão cuidando de jardineiras em peitoris de janelas na cidade; outras experimentam um contínuo, quase básico sentimento de profunda conectividade com a natureza. Minha própria experiência como orientador em ecologia profunda tem me mostrado que, para a maioria de nós, a experiência profunda se dá logo abaixo da superfície da consciência cotidiana e que uma ligeira mudança de contexto pode facilmente torná-la visível. A experiência profunda é facilmente evocada, mas suas implicações éticas são mais difíceis de assimilar.

Essa assimilação acontece quando a pessoa se engaja em *questionamento profundo* de si mesma e da sociedade. Ao se questionar, a pessoa se pergunta se está vivendo de um modo coerente com o clima geral de sua experiência profunda, se está usando a mente racional para deixar exposta, em todos os níveis de sua vida, a teia de conexões entre pressupostos e ações, de modo a articular um ponto de vista ético que, embora provisório e sempre sob revisão, possa ajudar a guiar nossas escolhas de estilo de vida. Ao questionar a sociedade, a pessoa tenta compreender seus pressupostos básicos de uma perspectiva ecológica, voltando-se para as origens psicológicas coletivas da crise ecológica e das crises relacionadas de paz e justiça social. Esse profundo questionamento dos pressupostos fundamentais de nossa cultura contrasta nitidamente com a superficialidade da tendência predominante ou abordagem da *reforma*, que tenta garantir que os negócios continuem como sempre, defendendo a "ecologização" dos negócios e da indústria por meio de uma série de medidas como a prevenção da poluição e a proteção da biodiversidade – devido a seu valor monetário como medicina ou por sua capacidade de regular o clima. Finalmente, a pessoa experimenta um sentimento de *profundo compromisso* com a tarefa de provocar mudanças de modos pacíficos e democráticos, o que dá retorno aprofundando a experiência da pessoa.

Pensamento: James Lovelock e a Teoria de Gaia

A percepção de Gaia não acontece necessariamente apenas através dos portões da intuição, sensação e sentimento – o pensamento é uma via igualmente poderosa. O mais destacado exemplo de uma pessoa em que Gaia se manifestou por meio de uma inspiração intelectual é, evidentemente, o cientista e inventor inglês James Lovelock, famoso por sua teoria de uma Terra auto-reguladora, que ele homenageou chamando de Gaia. Lovelock topou com o conceito de uma Terra viva nos anos sessenta, quando trabalhava para a NASA num projeto para detectar vida em Marte. Lovelock era bem conhecido como o inventor do detector de captura de elétron (o ECD), um instrumento extremamente sensível que forneceu os dados para a chocante descoberta, popularizada por Rachel Carson em seu livro *Silent Spring*, de que o DDT e outros perigosos pesticidas estavam largamente distribuídos de uma ponta à outra da biosfera, particularmente em animais bem no alto da cadeia alimentar, como as aves de rapina.

A NASA precisava de alguém para projetar um instrumento detector de vida que pudesse ser posto a bordo de uma missão para Marte. Estava claro para eles que Lovelock era bastante qualificado para essa tarefa, mas como acabou se vendo, eles não faziam idéia de sua espantosa capacidade para o pensamento criador holístico. Os cientistas engajados no projeto de detecção de vida estavam tentando projetar instrumentos que colhessem amostras do material na superfície marciana em busca de organismos como os da Terra e de seus produtos bioquímicos, mas Lovelock suspeitou que tais experimentos não teriam qualquer utilidade se a vida em Marte fosse bioquímica e fisicamente diferente da vida na Terra ou se o dispositivo colhesse amostras numa região do planeta onde a vida estivesse por acaso ausente. Quando Lovelock se perguntava se uma abordagem holística não seria mais apropriada, uma intuição brilhante borbulhou em sua cabeça: talvez se pudesse detectar vida em Marte, em toda a superfície do planeta, pela análise de sua atmosfera. Afinal, ele raciocinava, a vida altera radicalmente a atmosfera da Terra, usando-a como fonte de matérias-primas e depósito de gases exalados, como oxigênio e metano, mantendo nossa atmosfera longe do equilíbrio químico e tornando-a altamente reativa. Talvez o mesmo se aplicasse a Marte se ele sustentasse vida. A NASA acolheu essa sugestão com entusiasmo e, assim, Lovelock começou a trabalhar num instrumento para analisar a atmosfera marciana a ser posto a bordo da missão Voyager para o planeta vermelho. Então o infortúnio ocorreu. O governo americano cancelou a missão e o trabalho de Lovelock foi paralisado.

Mas isso não foi o fim da idéia de Lovelock. A intensidade de seu trabalho sobre detecção de vida tinha preparado terreno para a espantosa intuição que iria expandir consideravelmente nossa compreensão do nosso planeta. Uma tarde, em setembro de 1965, o astrônomo Lou Kaplan trouxe um conjunto de dados recentemente obtido pelo telescópio de Pic de Midi, na França, para a sala de Lovelock, onde ele estava trabalhando com a filósofa Diane Hitchcock. Os dados de Pic de Midi, que tinham sido coletados usando um telescópio baseado na Terra, revelavam as composições atmosféricas tanto de Marte quanto de Vênus. Lovelock não sabia nada sobre Gaia quando começou a avaliar esses dados. Jamais havia pensado na Terra como um organismo vivo, mas estava prestes a ter um *insight* que revolucionou nossa compreensão científica do planeta e do nosso lugar dentro dele, um *insight* estranhamente afinado com as percepções animistas dos povos tradicionais ao redor do mundo e do Ocidente pré-científico.

Sendo um químico competente, Lovelock logo percebeu que os dados de Pic de Midi traziam uma poderosa mensagem, pois as atmosferas de Marte e Vênus estavam em equilíbrio químico, consistindo principalmente de dióxido de carbono. Não estavam ocorrendo absolutamente quaisquer reações químicas, mais ou menos como uma festa onde todos estão extremamente exaustos e foram dormir; ninguém tem mais energia para conversar, para trocar endereços e números de telefone, para dançar e ouvir convites para outras festas. A atmosfera da Terra é radicalmente diferente, estando cheia de gases que reagem entre si com rapidez e às vezes com violência na presença da luz do Sol, como o oxigênio e o metano, dando água e dióxido de carbono. A atmosfera da Terra está portanto longe do equilíbrio e exibe uma quantidade surpreendente de atividade química entre seus gases reativos, mais ou menos como uma festa em plena agitação, onde as pessoas têm energia de sobra para dançar e para conversas animadas.

O contraste entre as atmosferas da Terra e de Marte espantou Lovelock e ele sabia que a diferença só podia se explicar pela presença da vida na superfície da Terra. A vida produz oxigênio por meio da fotossíntese, em que organismos como plantas e fitoplânctons usam a energia do Sol para decompor a água, produzindo o hidrogênio que combinam com o dióxido de carbono inalado da atmosfera para produzir açúcares ricos em energia. No processo, o oxigênio é liberado no ar, onde reage com o metano produzido pelas bactérias no lodo do fundo dos lagos, em sedimentos marinhos e nos intestinos de herbívoros como cupins, vacas e mesmo, ocasionalmente, criaturas onívoras como nós. Lovelock disse à NASA que a missão Voyager não encontraria vida em Marte simplesmente porque sua atmosfera, sendo constituída principalmente de dióxido de carbono, falava eloqüentemente de um planeta morto.

Mas a percepção crítica só lhe ocorreu quando ele se deparou com o intrigante fato geológico de que a proporção de oxigênio na atmosfera da Terra permaneceu mais ou menos estacionada em níveis habitáveis pelos últimos 300 milhões de anos. Quando ele se perguntou como essa constância poderia ter surgido, uma idéia incrível se agarrou à sua mente consciente. Certamente, ele ponderou, a quantidade de oxigênio na atmosfera deve ter variado imprevisivelmente durante longos períodos de tempo geológico, enquanto o novo oxigênio criado e o metano se consumiam um ao outro numa questão de dias para gerar dióxido de carbono e água. Nesse momento, uma idéia impressionante despontou em sua mente profundamente indagadora. Talvez a vida estivesse de certa forma envolvida não apenas em produzir os gases atmosféricos, mas também em *regular sua abundância*, mantendo-os em níveis adequados à própria vida durante vastos períodos de tempo. Lovelock sabia muitíssimo bem como os organismos executam semelhantes manobras auto-regulatórias dentro de seus próprios corpos, mantendo todo um exército de substâncias como glicose e hormônios em níveis de sustentação da vida, a despeito de pressões, perturbações e distúrbios de todo tipo. Ele tivera a coragem de pensar o impensável – que o planeta é em essência um enorme organismo vivo com sua própria e notável capacidade emergente de auto-regulação. Aqui está seu relato de como o momento de compreensão lhe ocorreu:

> Para mim, a revelação pessoal de Gaia surgiu muito de repente – como um lampejo de iluminação. Eu estava numa pequena sala no último andar de um edifício do Laboratório de Propulsão a Jato, em Pasadena, na Califórnia. Era o outono de 1965... e eu conversava com uma colega, Diane Hitchcock, sobre um artigo que estávamos preparando... Foi nesse momento que um pensamento impressionante me ocorreu. A atmosfera da Terra era uma extraordinária e instável mistura de gases, e no entanto eu sabia que sua composição se mantivera constante durante períodos de tempo bastante longos. Poderia ocorrer que a vida na Terra não apenas formasse a atmosfera, mas também a regulasse – mantendo-a numa composição constante e num nível favorável para os organismos?

Lovelock tivera duas idéias incríveis. Era como um explorador num país distante que, esquivando-se assustado ante a descoberta de um rio selvagem e ensolarado precipitando-se numa espetacular queda-d'água, avançasse aos tropeções, apavorado, por entre as árvores, e encontrasse outra vigorosa cascata mergulhando por um precipício nas profundezas da floresta. A primeira idéia foi que a vida tinha regulado a composição da atmosfera no decorrer do tempo geológico; a segunda, extensão lógica da primeira, que a vida deve também ter regulado a temperatura do nosso planeta.

Repare que as idéias são descritas antes de mais nada em termos muito gerais. Gaia (embora ele ainda não tivesse encontrado esse nome) era uma "revelação" e um "pensamento fantástico". Isso sugere que uma experiência profunda podia estar envolvida nisso, semelhante à conversão de Leopold nas montanhas do Novo México, e de fato estava, mas a experiência profunda de Lovelock tomou a forma de duas poderosas intuições que ele imediatamente traduziu numa hipótese científica. Daí em diante, a conexão intuitiva de Lovelock com Gaia ia crescer gradualmente, como o lento crescimento de um cristal de sulfato de cobre numa solução supersaturada.

Entusiasmado pela idéia impressionante de uma Terra viva, Lovelock tentou explicar sua idéia aos colegas da NASA, mas nenhum deles realmente compreendeu o que ele queria dizer. Lovelock procurou um nome para sua idéia e jogou extravagantemente com a possibilidade de chamá-la hipótese BUST – Biocybernetic Universal System Tendency (Tendência Biocibernética do Sistema Universal).[3] Tivesse ele usado esse nome, a idéia de uma Terra viva, auto-reguladora, poderia ter facilmente encontrado seu lugar na corrente científica predominante, mas ele preferiu invocar o nome dado pelos gregos à sua divindade da Terra, o que não agradou à instituição científica. Houve, contudo, uma eminente cientista que sem dúvida reagiu com grande entusiasmo quando ouviu falar pela primeira vez da idéia de Lovelock: Lynn Margulis, a microbióloga americana famosa por ter fornecido uma prova conclusiva de que os aglomerados bacterianos de cerca de 2,5 bilhões de anos atrás deram origem às células complexas com que estamos hoje familiarizados, como as dos mamíferos e plantas. Margulis ajudou Lovelock a nutrir sua teoria com muitos detalhes sobre como os micróbios afetam a atmosfera e outros elementos da superfície do nosso planeta, mas o nome "Gaia" foi dado à noção de Lovelock de uma Terra auto-reguladora por William Golding, um homem extraordinariamente capaz que, além de ter sido laureado com um Nobel em literatura, era também físico e versado em estudos clássicos.

Uma tarde, nos anos sessenta, James Lovelock e William Golding caminharam juntos para o correio no povoado de Bowerchalke, em Wiltshire, onde os dois moravam. Enquanto andavam, Lovelock explicou sua visão de uma Terra auto-reguladora a Golding, que ficou profundamente impressionado pela idéia do nosso planeta como um grande ser vivo. Sentindo que essa noção extraordinária tinha muita relação com a antiga divindade grega da Terra – com a própria Gaia – Golding disse a Lovelock que a grandiosa idéia precisava de um nome adequadamente sugestivo.

3. A extravagância mencionada no texto é que *bust* é uma palavra inglesa que, como substantivo, significa *busto, seios*, ou, usada como gíria, *murro, fracasso, farra, bebedeira*. (N. do T.)

Cuidadosamente, Golding sussurrou a palavra "Gaia" no ar em volta, que se agitava entre os dois amigos como um ouvinte secreto nos umbrais da consciência. A Terra prendeu a respiração quando os neurônios no cérebro de Lovelock começaram a se abrasar, pois ali estava por fim uma possibilidade de que sua presença viva pudesse de novo ser reconhecida pela própria cultura que, naquele exato momento, estava devastando seu grande corpo selvagem. Mas Lovelock entendeu mal a sugestão de Golding, achando que ele devia estar se referindo aos grandes "giros"[4] que davam os redemoinhos sobre vastas áreas do oceano e do ar. Instigado por um estranho sentimento de urgência, Golding tentou mais uma vez, deixando claro que não estava falando de outra coisa senão da antiga e outrora reverenciada divindade grega da Terra. De novo a palavra "Gaia" ressoou no ar entre os dois amigos, mas dessa vez Lovelock ouviu o nome corretamente e se apoderou dele a estranha sensação de que, por fim, encontrara o nome que andara procurando. Mas talvez não fosse apenas Lovelock quem havia experimentado a satisfação, pois é bem possível que, naquele mesmo momento, os numerosos micróbios, as grandes baleias, as férteis florestas tropicais, os oceanos muito azuis, as rochas e o ar, e de fato a totalidade da vida, todos se regozijassem por saber que aquele momento podia afinal sinalizar o início do fim de nossa mórbida, obsoleta visão objetivista da Terra.

---

4. *Gyres*, em inglês, que pode soar de forma parecida com a palavra *Gaia*. (N. do T.)

SENTINDO A TERRA REDONDA

Deite-se de costas no chão do lugar que você tem em Gaia. Relaxe e respire fundo algumas vezes. Agora sinta o peso de seu corpo na Terra, onde a força de gravidade o obriga a ficar.

Experimente a gravidade como o amor que a Terra sente pela própria matéria que constitui seu corpo, um amor que o mantém seguro e impede que você saia flutuando para o espaço cósmico.

Abra os olhos e encare as vastas profundezas do universo enquanto sente o grande volume de seu planeta mãe nas costas. Sinta como ela o prende ao seu enorme corpo enquanto o faz rodar de cabeça para baixo pelo vasto cosmos que se estende sob você.

Qual é a sensação de ser seguro assim, de cabeça para baixo – sentindo as profundezas do espaço à frente e o apoio firme, quase como cola, da Terra por trás?

Agora sinta como a Terra se curva sob suas costas em todas as direções. Sinta os grandes continentes, as cadeias de montanhas, os oceanos, as áreas de gelo e neve nos pólos e os grandes mantos de vegetação se estendendo a partir de onde você está pela grande imensidão redonda do corpo incrivelmente variado.

Sinta seu ar agitado e os rolos de suas nuvens rodopiando em volta da superfície malhada.

Respire na imensidade viva da nossa Terra animada.

Quando estiver pronto, levante-se, respire fundo, profundamente consciente agora da condição viva de nosso lar planetário.

Recompondo o Pacto

Duas frases me chamaram a atenção quando tornei recentemente a ler o famoso livro de Jacques Monod *Chance and Necessity*. O "animismo", diz ele, "estabeleceu um pacto entre a natureza e o homem, uma aliança profunda fora da qual parece se estender apenas uma terrível solidão. Devemos romper esse laço porque o postulado da objetividade assim o exige?" Sua resposta, é claro, era que devemos, pois ele era um grande crente na verdade de um universo mecanicista, sem alma. Segundo Monod, o desafio do Ocidente era romper o antigo pacto animista com o cosmos e aprender a conviver com as conseqüências. Mas agora fica cada vez mais claro que a visão mecanicista está literalmente liquidando o modo como a Terra foi configurada na época de nosso nascimento como espécie e que, nestes tempos de desespero, nossa tarefa mais urgente é encontrar um meio de recompor o antigo pacto com Gaia.

O momento em que Lovelock aceitou Gaia como nome para sua idéia pode ainda se revelar de enorme significação para esse empreendimento e para a vida futura do nosso planeta. Pela primeira vez em muitos milhares de anos, o nome divino que um dia fora usado para reverenciar a Terra como viva, sagrada e repleta de significado, caráter e alma emergiu mais uma vez de forma plena, sem reservas, para a cultura ocidental. Graças a Lovelock e Golding, o longo exílio de Gaia como meio de conhecer o mundo está agora acabado. Por fim Gaia voltou para casa, passando da escuridão cósmica do nosso inconsciente coletivo para a luz da consciência moderna. Seu nome está agora novamente livre para se demorar nas línguas e nos pensamentos de um número sem conta de pessoas que procuram se curar da praga causada em suas vidas pelo equívoco objetivista do Ocidente.

Gaia tem tido um impacto cada vez mais profundo tanto na corrente principal da ciência quanto além dela, exercendo influência nas mais diversas áreas, como na filosofia, economia, cuidados com a saúde e política. Vaclav Havel, presidente tcheco, salientou que Gaia deu a todos nós, quer fôssemos ateus ou crentes, algo mais vasto que nós mesmos para cuidarmos. Na direita política, Margaret Thatcher fez um discurso em 1998 dizendo que, antes do século estar terminado, o meio ambiente usurparia a agenda política. Ela tomou providências para instituir o Centro Hadley para a Pesquisa do Clima, no Meteorological Office, do Reino Unido. Também tentou persuadir seus ministros a ler o primeiro livro de Lovelock sobre Gaia, mas infelizmente não conseguiu enxergar como sua vigorosa promoção de um crescimento econômico sem limites ajudava a provocar a própria crise ambiental que ela alegava com tanta veemência deplorar.

Como a recente ruptura climática está nos mostrando, podemos afetar Gaia de formas muito sérias e ela está de fato nos obrigando a prestar contas disso ao desencadear reações que podem sem dúvida restringir e desarticular nossas atividades durante muito tempo. Estamos aprendendo de modo doloroso que estamos inseridos dentro de uma entidade planetária mais vasta, que tem personalidade, iniciativa e alma, uma criatura que devemos aprender a respeitar se quisermos ter algum tipo de situação confortável dentro dela. Ao contrário de acordos feitos pelos homens, como acertos de negócios e tratados internacionais como o protocolo de Kyoto, nossa inserção em Gaia não é negociável. Como Paul Hawken e seus co-autores observaram: "A natureza rebate por último e levanta o estádio".

A compreensão que começa a surgir da importância crucial de Gaia engendrou uma série de novas formas de relação com a Terra no interior da cultura ocidental. Muitas organizações, cobrindo um amplo leque de questões ecológicas, adotaram seu nome, incluindo a Casa de Gaia, o mundialmente famoso centro inglês de meditação, e um sem-número de fundações e instituições de caridade ao redor do mundo. Vejo tudo isso como um bom sinal – mostra que Gaia, como idéia arquetípica, está capturando a imaginação de pessoas de muitos estilos de vida e de uma variedade de perfis psicológicos, gente que se sente desiludida com a visão de mundo determinista, hoje nitidamente obsoleta, que julga necessário substituir por uma abordagem mais holística. Como disse David Abram, não há tempo a perder: a perspectiva gaiana tem de se difundir de corpo sensível a corpo sensível, como um contágio, antes que seja tarde demais para salvar o que sobrou do nosso clima ameaçado e biodiversidade sitiada.

A filósofa Mary Midgley salientou que, em nossa época, a idéia de Gaia está bem situada para proporcionar um vigoroso catalisador para a adoção em larga escala, em todas as esferas da vida, do pensamento holístico. A conclusão de seu argumento é que Gaia serve muito bem como sinônimo de um modo de pensamento capaz de conectar esferas aparentemente díspares como ciência, religião, política, educação, cuidados com a saúde e prevenção do crime. De fato, o pensamento holístico tem estado presente na ciência da ecologia desde seus primórdios no início do século passado. Os ecologistas sempre compreenderam que os seres vivos estudados por eles estão interconectados de formas complexas, que as redes de relações em comunidades ecológicas afetam todos que estão no jogo, que aquilo que acontece a uma espécie repercute de um extremo a outro da teia da vida, afetando tudo.

Infelizmente, o pensamento holístico na ciência da ecologia jamais teve realmente um impacto muito grande na sociedade mais ampla. O aparecimento da teoria de Gaia tem potencial para mudar tudo isso, talvez devido à chocante descoberta de que algo aparentemente tão insignificante quanto o ralo vestígio de vida que adere "passivamente" à superfície do nosso planeta não é de fato mero passageiro sem substância, mas, ao contrário, um contribuinte de primeira grandeza para processos de proporções titânicas, como a composição da atmosfera, a circulação global dos oceanos e os próprios padrões do tempo, que experimentamos todo dia como nossa mais imediata conexão com Gaia.

Talvez isso ocorra porque Gaia não é tão pequena para não parecer meio distante do mundo cotidiano nem é grande o bastante para deixar a imaginação atônita com vastas distâncias e fantásticos eventos cósmicos. Uma abordagem gaiana nos permite desenvolver uma percepção de como o local se conecta e contribui de modos multiformes, surpreendentes e significativos com a vida no nível global. Enquanto explorarmos algumas de suas histórias neste livro, enquanto nos movermos através de suas várias manifestações em nossa imaginação, tentaremos vislumbrar as ricas interconexões que são a própria substância de sua vida e experimentaremos em nós mesmos, esperançosamente, um sentimento de ampla identificação com a totalidade da vida, onde compreendemos que somos verdadeiramente inseparáveis do ser vivo do nosso planeta.

NADANDO PELA ATMOSFERA

Procure um lugar confortável fora de casa para deitar-se de costas, de preferência onde haja vegetação nativa e onde você possa olhar através da cobertura de galhos e folhas verdes e ver o céu atrás deles.

Agora inverta seu olhar, de modo que o solo nas suas costas se torne a superfície de um lago e o ar se agitando entre os galhos se torne água quando você olha para baixo, água deliciosamente translúcida e fluida, da qual você facilmente extrai, a cada respiração, o oxigênio revigorante.

Você está flutuando de rosto para baixo sobre a superfície do lago. As árvores viraram plantas aquáticas que crescem para a água lustrosa e é uma beleza olhar para elas enquanto você flutua sobre a superfície.

Os pássaros são peixes saltando através das plantas aquáticas ou nadando pelas águas muito transparentes lá embaixo; folhas caindo são prendas que avançam das profundezas até onde você flutua sobre a superfície do lago.

Quando estiver pronto, "mergulhe" entre as folhas e galhos que crescem para as claras profundezas do lago como talos de alga. Salte entre o verde cheio de folhas e faça contato com a água que se agita à sua volta.

Você está nadando pela atmosfera de seu planeta mãe, feita para você por uma miríade de seres vivos, alguns vivendo no solo e no oceano, outros nas rochas e nas florestas.

Volte à superfície e olhe mais uma vez para a água cristalina.

Quando estiver pronto, gire e se levante devagar.

De volta ao mundo cotidiano, inspire o ar nutritivo e, em seguida, expire seu alimento gasoso para as plantas ao redor.

Da Hipótese de Gaia à Teoria de Gaia

Os Predecessores

James Lovelock não foi o primeiro cientista a falar de uma Terra viva. Coube a James Hutton (1726-1797), um dos pais da moderna geologia, a descoberta da natureza cíclica dos processos geológicos e da imensa idade da Terra, e se atribui a ele uma idéia da Terra como um superorganismo, cujo ramo adequado de estudo era a fisiologia. Lamarck (1744-1829) reconheceu que as coisas vivas só eram compreensíveis quando vistas como parte de um conjunto mais amplo. Os românticos, incluindo Goethe, desenvolveram pontos de vista similares e foi Humboldt (1769-1859) quem enfatizou a unidade na natureza, usando o termo *geognose* para suas explorações holísticas da Terra. Humboldt, em particular, viu a Terra como um grande todo, falou do clima como uma força unificadora global e da co-evolução da vida, do clima e da crosta terrestre.

Em 1875, Eduard Suess publicou *The Face of the Earth* em que imaginava um viajante do espaço descobrindo a superfície do nosso planeta. Falou da "solidariedade de toda vida" e viu a Terra como uma série de invólucros concêntricos: litosfera, hidrosfera, biosfera e atmosfera. As idéias de Suess tiveram pouco impacto até que o cientista russo Vladimir Vernadsky (1863-1945) usou o conceito de biosfera para desenvolver uma teoria da coevolução da vida e de seu ambiente material não-vivo. Quando garoto, Vernadsky fora muito influenciado pelo tio, o filósofo Maximovitch Korolenko, passando a acreditar que a Terra era um organismo vivo, e talvez isso tenha levado Vernadsky a encarar a vida como uma "força geológica", devido à sua capacidade de mover a matéria de modos que a geologia, sozinha, não conseguiria. Para Vernadsky, os pássaros não passavam de resíduos voadores de fósforo e outros elementos químicos, e a tecnologia humana era uma parte importante da natureza porque aumentava o fluxo de matéria e materiais por meio da geologia da Terra. Vernadsky achava que os menores seres vivos – as bactérias – tinham a maior influência na química e geologia de nosso planeta. Esses micróbios podiam alterar a crosta da Terra, mas, nas palavras da escritora Connie Barlow, "só criaturas multicelulares são capazes de mover a matéria de um modo que o vento e a água se recusam a fazer". Vernadsky não tinha qualquer noção de que a Terra pudesse ser auto-reguladora, mas cunhou o termo "biogeoquímica" e suas idéias deram origem ao conceito russo do ecossistema, conhecido como biogeocenose.

Lovelock, contudo, foi o primeiro a levar a idéia de uma Terra auto-reguladora muito além das especulações preliminares de seus predecessores e foi o primeiro cientista a escrever livros e ensaios científicos sobre o tema de Gaia. Foi num ensaio científico de 1968, antes de seu passeio crucial com William Golding, que Lovelock mencionou pela primeira vez a Terra como um sistema auto-regulador. O primeiro estudo em que Gaia foi explicitamente usada como denominação da Terra auto-reguladora foi publicado em 1972. Outros ensaios sobre Gaia foram escritos com a ajuda de Lynn Margulis no início dos anos setenta e, nesses ensaios, Lovelock e Margulis fizeram declarações corajosas como "...a vida, ou biosfera, regula ou mantém o clima e a composição atmosférica num nível ótimo para si mesma". Lovelock chamou essa formulação inicial de sua idéia de *hipótese de Gaia*, porque era uma proposta experimental que, naquele estágio, tinha pouquíssimos dados ou escoras teóricas a corroborá-la. Ao sugerir que o biota estava "encarregado" do ambiente global, Lovelock e Margulis tinham virado a sabedoria científica convencional de cabeça para baixo, pois pelo que dizia respeito à corrente principal da ciência, a vida estava longe de estar no controle – não passava, de fato, de uma cidadã de segunda classe num navio comandado inteiramente pelas forças aleatórias da geologia, física e química.

Nessa visão clássica, os seres vivos tinham de se adaptar às condições ambientais estabelecidas para eles por essas grandes forças ou serem condenados ao desaparecimento – não tinham nada a dizer sobre o rumo do navio. Mais tarde, quando novos dados se tornaram disponíveis, e após Lovelock ter desenvolvido meios de fazer um modelo matemático de Gaia, a hipótese de Gaia evoluiu para a *teoria de Gaia*. A idéia-chave da teoria é esplendidamente holística e não-hierárquica: sugere que é *o sistema gaiano como um todo* que faz a regulação, que a soma de todas as complexas realimentações entre vida, atmosfera, rochas e água dá origem a Gaia, a evolucionária, auto-regulada entidade planetária que tem mantido condições habitáveis na superfície do nosso planeta por vastos períodos de tempo geológico.

Esse é um desvio radical tanto do ponto de vista dominante, que põe os processos não-biológicos no controle da Terra, quanto da hipótese de Gaia, que tinha deixado a vida como encarregada. A teoria de Gaia sugere que a vida e o ambiente não-vivo estão *estreitamente acoplados*, como parceiros num bom casamento. Isso significa que o que acontece a um parceiro acontece com o outro e sugere que todas as rochas na superfície da Terra, toda a atmosfera e as águas foram profundamente alteradas pela vida e vice-versa (figura 3). A auto-regulação que brota dessa união estreita é uma propriedade emergente, que não poderia ter sido prognosticada a partir do conhecimento da biologia, geologia, física ou química como disciplinas separadas. Gaia evolui como uma totalidade e, como uma colméia ou uma colônia de cupins, é um superorganismo, que para Lovelock é "um conjunto de componentes vivos e não-vivos que atuam como um único sistema auto-regulador". Assim a atmosfera é tanto produto da vida quanto um pêlo de gato ou a casca de uma árvore.

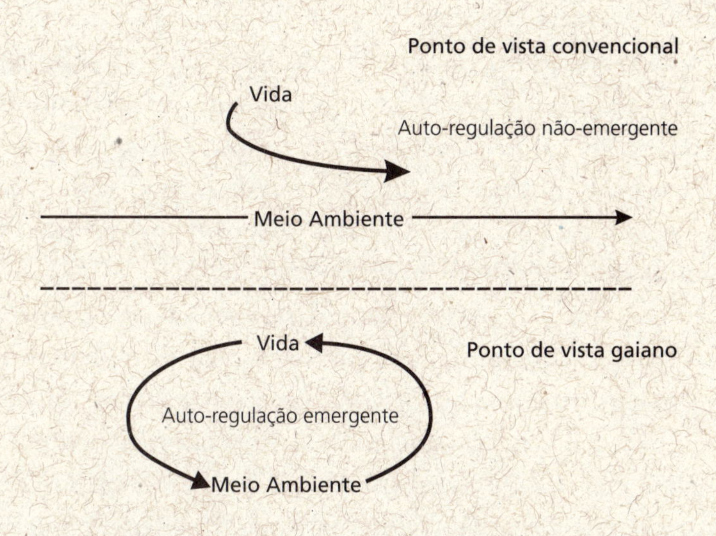

Figura 3: Pontos de vista não-gaianos e gaianos sobre a relação entre vida e meio ambiente.

Não é de surpreender que a ortodoxia científica tenha reagido violentamente contra a hipótese de Lovelock, declarando que ela sugeria que algum tipo de misterioso propósito global manteve toda a biosfera em condições habitáveis durante vastos períodos de tempo. Para a ciência predominante, sugerir que os fenômenos naturais têm esse tipo de propósito é invocar a grande heresia da *teleologia*, a noção de que a natureza é mais que um grande mecanismo, que há uma misteriosa premeditação em ação no mundo, equipando-o com os atributos de intencionalidade, mente e alma.

De uma perspectiva estritamente determinista, essa crítica era perfeitamente válida e foi bem recebida por Lovelock porque o incitava a levar avante sua busca de uma sólida fundação científica para Gaia. Muitos cientistas, especialmente biólogos evolucionistas, cerraram fileiras contra Gaia com uma veemência e desprezo fortemente sugestivos de uma reação irracional contra uma idéia com o potencial de ameaçar seriamente dogmas mecanicistas estabelecidos e fronteiras disciplinares. Os cientistas opuseram-se a Gaia porque bem acertadamente perceberam, talvez de forma inconsciente, que a idéia implicava uma visão teleológica do mundo, que, se aceita, colocaria em questão a crença fundamental de que podemos explorar esta nossa velha Terra "morta" sem restrição e com total impunidade. Evidentemente, os cientistas não podiam ser vistos desaprovando Gaia a partir de bases tão intrinsecamente não-científicas; precisavam encontrar bons argumentos racionais para descartar Gaia como má ciência. Os argumentos foram devidamente encontrados e articulados.

Houve três críticas principais lançadas contra as primeiras intuições gaianas de Lovelock, quando ele as expôs inicialmente na hipótese de Gaia. Richard Dawkins, o famoso biólogo evolucionista de Oxford, objetou com o argumento de que Gaia não pode estar viva porque não há como um superorganismo planetário passar a existir por meio do processo normal da seleção natural, que Darwin e Wallace julgavam dar origem a todas as belas e complexas formas de vida que vemos à nossa volta. A teoria de Darwin sugere que, para que a seleção natural funcione, é absolutamente indispensável que os pais tenham filhos que difiram uns dos outros e que esses filhos variados passem a competir por recursos escassos para que só os mais bem adaptados sobrevivam pelo tempo suficiente para transmitir seus dotes genéticos à próxima geração. O argumento de Dawkins era que Gaia não podia ter surgido dessa maneira, já que é claramente absurdo pensar que a seleção natural pudesse ter operado entre uma variedade de planetas distintos, todos brotando de um único pai planetário.

Uma crítica mais importante veio do eminente biólogo evolucionista W. Ford Doolittle, que, admitindo por amor à discussão que a auto-regulação planetária realmente existe, achava impossível ver como a seleção natural, operando por meio de indivíduos egoístas, preocupados apenas com sua própria sobrevivência em hábitats e ambientes locais, poderia dar origem à auto-regulação no nível do planeta inteiro. Para Doolittle, a auto-regulação, se de fato existia, era mais uma questão de feliz acaso que conseqüência inevitável das relações entre seres vivos e seus entornos não-vivos.

Por fim, houve o argumento apresentado pelo climatologista Stephen Schneider, que mostrou que a vida e o ambiente não-vivo exercem, com toda a probabilidade, influência mútua um sobre o outro, mas apenas sob a forma de uma vaga dança coevolutiva. Para Schneider, a estreita união entre biota e meio ambiente não existe, portanto não pode haver uma tendência inerente para o surgimento de auto-regulação planetária.

Estas críticas forneceram a Lovelock uma irritação estimulante que o incitou a desenvolver os modelos matemáticos incrivelmente originais de Gaia, que daqui a pouco vamos explorar. Mas primeiro vamos dar uma olhada nas provas de uma Terra auto-reguladora.

As Provas de Gaia

Há de fato boa evidência científica de que nossa Terra realmente tem uma notável capacidade de manter condições habitáveis, apesar de muitas forças externas e internas que poderiam facilmente ter destruído a vida no decorrer dos seus 3.500 milhões (3,5 bilhões) de anos de existência. Observe com cuidado o gráfico da figura 4, mostrando que a temperatura média de Gaia nunca foi quente demais ou fria demais para a vida, apesar de alguns períodos mais quentes e alguns mais frios. Esse histórico de temperatura relativamente uniforme nos propõe um considerável quebra-cabeça científico, por causa do modo como nosso Sol evoluiu e se modificou durante a existência de Gaia.

Os astrofísicos demonstraram, além de qualquer dúvida razoável, que nosso Sol foi gradualmente banhando Gaia com cada vez mais energia durante o tempo geológico, à medida que uma quantidade cada vez maior de hidrogênio se fundia em hélio no profundo interior do Sol. Hoje o Sol é cerca de 25% mais brilhante do que era há uns 3,5 bilhões de anos atrás, quando a vida apareceu pela primeira vez no planeta e, no entanto, a temperatura de Gaia nunca foi quente demais ou fria demais para a vida. Os dados da figura 4 vêm da ciência *ortodoxa* e são certamente uma excelente evidência a favor de Gaia. Pensar que sua temperatura relativamente estável poderia ter sido mantida durante esses imensos períodos por mero acaso é o equivalente a uma altamente anticientífica crença em milagres. Uma atitude mais racional seria admitir que os dados sugerem fortemente uma tendência inata à auto-regulação planetária, para então perguntar como isso pode ter acontecido. O fato de Gaia ter sido capaz de manter condições habitáveis apesar da pressão externa de um Sol sempre mais brilhante significa que ela está de fato em certo sentido viva, porque a auto-regulação

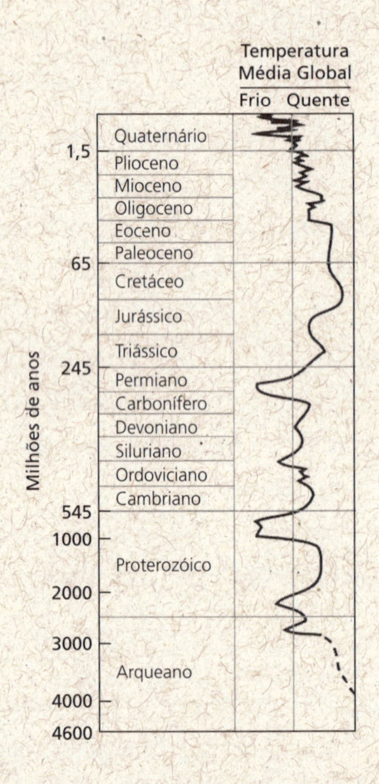

Figura 4: Temperatura de Gaia no decorrer do tempo geológico.
(*Extraído de K.C. Condie e R.E. Sloan, Origin and Evolution of Earth: Principles of Historical Geology, Prentice-Hall, 1998)*

é uma propriedade de todos os seres vivos ou de seus artefatos. Você e eu não somos diferentes de Gaia, porque somos capazes de manter nossa temperatura corporal dentro de limites muito estreitos apesar de um amplo leque de temperaturas externas. Temos uma série de métodos para fazer isso, que operam inconscientemente. Quando está quente lá fora, produzimos calor, que uma brisa que passa evapora, levando um pouco do nosso calor excessivo com ela. Quando está frio, desviamos o fluxo sanguíneo de extremidades naquele momento secundárias, como os dedos dos pés e das mãos, para órgãos internos vitais, como o fígado e os intestinos, e trememos para gerar um calor extra.

A mensagem de uma Terra auto-regulada também foi encontrada por cientistas trabalhando na Antártida, que extraíram amostras de gelo do continente gelado contendo bolhas de ar capturadas por redemoinhos de neve uns 700.000 anos atrás (a figura 5 mostra uma parte desse registro). Analisando o ar contido nestas bolhas ao longo do comprimento da amostra foi possível descobrir como o dióxido de carbono e a temperatura variaram durante esse vasto período de tempo.

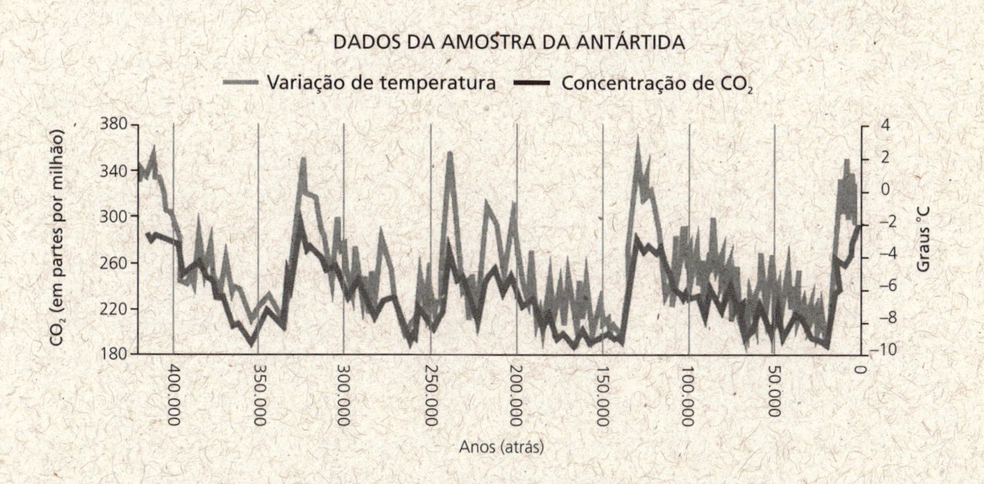

Figura 5: Temperatura de Gaia nos últimos 400.000 anos, a partir dos dados da amostra de gelo de Vostok.

Repare que houve um ritmo regular nos traçados da temperatura e dióxido de carbono, como uma batida de coração ou uma pulsação, com breves períodos de calor, como aquele em que nossa civilização tem florescido, a cada 100.000 anos. Uma alteração mínima na quantidade de luz solar alcançando a Terra parece definir o ritmo devido aos efeitos amplificadores de complexas realimentações internas. Observe a estreita conexão entre dióxido de carbono e temperatura, além de outro fato surpreendente: durante cada período de frio, a quantidade de dióxido de carbono jamais caiu abaixo de 180 ppm (partes por milhão) e nunca excedeu 300 ppm durante os períodos quentes. Mesmo os céticos da ciência agora reconhecem que isso é um vigoroso indício de uma Terra auto-reguladora, pois na ausência de estrita regulação teríamos de esperar que as máximas e mínimas variassem muito mais errática e imprevisivelmente. Gaia tem se revelado por meio de bolhas de ar antigo.

Outro vigoroso indício a favor de Gaia veio do estudo dos vestígios de vida em rochas de cerca de 550 milhões de anos atrás, período de sua história durante o qual houve vida multicelular com partes de corpos suficientemente duras para serem preservadas como fósseis. Os resultados desse trabalho são mostrados na figura 6, onde podemos ver cinco extinções em massa durante as quais a diversidade da vida declinou muito rapidamente, às vezes para níveis alarmantemente baixos, como na extinção do permiano, há 250 milhões de anos, quando cerca de 95% de todas as formas de vida fossilizáveis desapareceram dos rasos oceanos da Terra.

A última extinção em massa aconteceu há cerca de 65 milhões de anos, quando um meteorito de uns 10 quilômetros de diâmetro atingiu a Terra na região de Yucatán, costa caribenha do México, seguido por uma imensa enchente de basalto na Índia. As opiniões dentro da comunidade científica estão divididas sobre o que causou as outras quatro extinções em massa. A maioria dos peritos acredita em impactos de meteoritos ou alterações no nível do mar e na temperatura provocadas pelas forças maciças da placa tectônica; outros acreditam que um excesso de interconexão e complexidade no interior dos ecossistemas desencadeou essas maciças perdas globais de biodiversidade. Repare, no entanto, num fato notável: após cada extin-

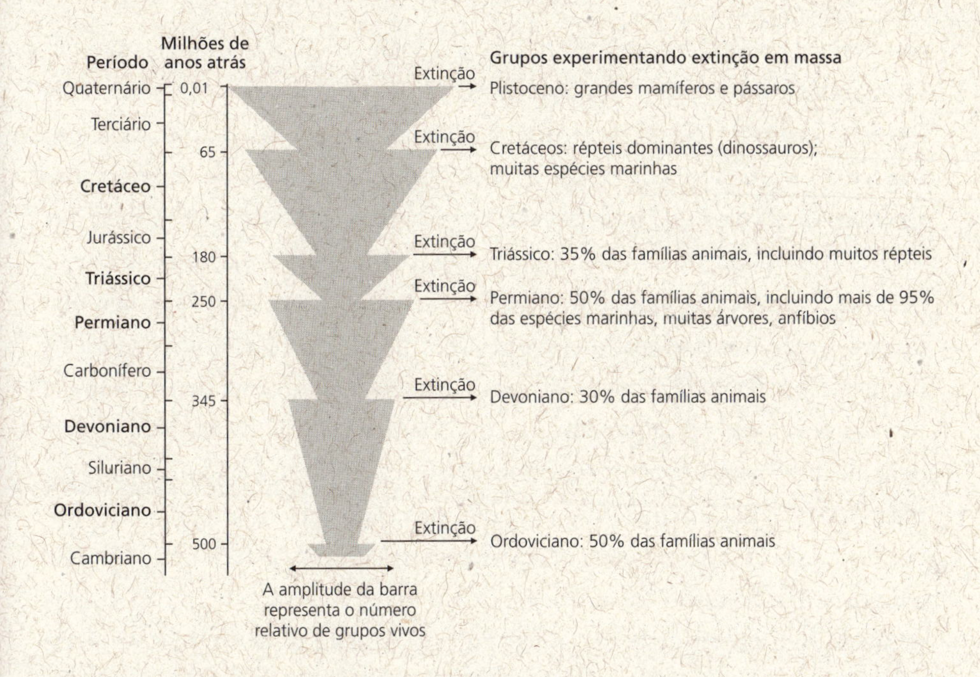

Figura 6: Diversidade e extinção nos últimos 500 milhões de anos (*extraído de Richard B. Primack, Primer of Conservation Biology, Sinauer Associates Incorporated, 2004*).

ção em massa o planeta levou de 5 a 10 milhões de anos para voltar a se encher de vida diversificada. Essa capacidade de se recuperar de extinções em massa é uma forte evidência a favor de Gaia.

Modelando Gaia: O Mundo das Margaridas e Mais Além

Os indícios a favor de Gaia não convenceram os Doolittles deste mundo – como dissemos mais atrás, eles queriam que lhes mostrassem como a seleção natural, agindo sobre indivíduos localmente egoístas, poderia dar origem à auto-regulação no nível planetário. Lovelock sabia que tinha de elaborar um modelo matemático de uma biosfera estreitamente acoplada, por meio de realimentação, a seu ambiente não-vivo, um modelo que demonstrasse o surgimento espontâneo da auto-regulação. Isso representava um considerável desafio científico. Seria obviamente impossível fazer um modelo das interações de cerca de 30 milhões de espécies em nosso planeta, interações entre elas próprias e com as rochas, a atmosfera e os oceanos – a complexidade era simplesmente vasta demais para ser objeto de consideração. Lovelock sabia que tinha de reduzir Gaia a um padrão básico que pudesse representar as realimentações do mundo real sem ser tão simples a ponto de perder toda a conexão com a realidade. Por cerca de um ano ele refletiu sobre esse quebra-cabeça, sem fazer qualquer progresso. Talvez, pensou, os críticos tivessem mesmo razão; talvez a existência de Gaia jamais pudesse ser convincentemente demonstrada com rigor científico. Talvez Gaia estivesse destinada a permanecer para sempre nos reinos da poesia e da filosofia. Se assim fosse, a idéia de uma Terra viva talvez jamais tivesse preenchido a necessidade que nossa cultura voltada para a ciência criou de uma integração com a natureza que satisfaça nossa razão, assim como nossa intuição, sensação e sentimento. Como Lovelock ponderava, talvez houvesse mais coisas em jogo que a sobrevivência de um conceito científico obscuro e vago, que só interessaria a especialistas em suas torres de marfim. Talvez não fosse demasiado melodramático sugerir que, enquanto Lovelock se atracava com esse problema, o futuro da nossa própria cultura, e de Gaia como nós a conhecemos, pendia na balança.

A Realimentação

Um dos conceitos mais importantes para criar uma compreensão racional de Gaia é a noção de realimentação [*feedback*], que foi formalmente desenvolvida como ciência da cibernética por Norbert-Weiner e outros nas décadas de 1940 e 1950, mas cujas origens, muito mais remotas, remontam a invenções como o regulador da máquina a vapor, de James Watt, os reguladores usados para controlar a velocidade de moinhos de vento e as válvulas de flutuação usadas para regular a velocidade das clepsidras gregas e romanas. A própria palavra *realimentação* é evocativa da noção de que a natureza não passa de uma coleção determinística de complexas partes em interação, por isso prefiro soprar um tom de animismo sobre a noção, pensando nos circuitos de realimentação como *círculos de participação* – como manifestações dos modos em que a profunda, espantosa sensibilidade da natureza se organiza em relações significativas que trazem a constância ou a mudança. Mas abandonar a terminologia da cibernética em favor de uma linguagem mais participativa pode ser difícil para leitores impregnados da linguagem da ciência. Por conseguinte, continuo a usar a expressão "circuitos de realimentação", mas vou pedir que você não esqueça que eles são apenas a maneira da razão descrever o misterioso, animado *tai chi* da vida, a incessante dança da existência.

Um sistema com realimentação é um sistema em que uma mudança num de seus componentes se propaga ao redor de um circuito de componentes inter-relacionados até que, por fim, o componente original experimenta uma nova mudança. Circuitos de realimentação podem ser negativos ou positivos. Numa realimentação negativa, a mudança inicial é contrariada, enquanto numa realimentação positiva a mudança inicial é amplificada.

Primeiro vamos observar um sistema com uma realimentação negativa simples (figura 7):

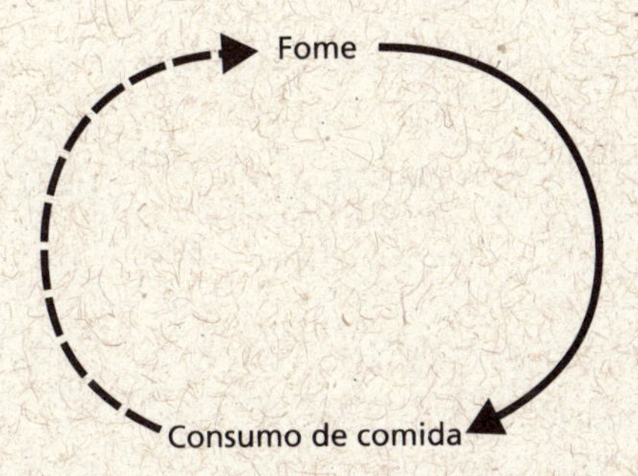

Figura 7[5]: Um sistema com realimentação negativa simples.

5. As figuras 7, 9 e 12 foram extraídas de *An Introduction to Systems Thinking, Stella Research Software, 1997.*

Aqui temos apenas duas "partes" ou componentes que interagem, a saber, a fome e o consumo de comida. Os teóricos de sistemas elaboraram uma notação muito simples, mas altamente eficiente para descrever a realimentação, e nós a estaremos usando até o final deste livro em nossas explorações de Gaia. Observe que a fome e o consumo de comida estão ligados com setas, o que denota *acoplamentos*. As setas são de dois tipos: contínuas e tracejadas. Uma seta contínua denota um *acoplamento direto*, em que um aumento no componente no início da seta causa um aumento no componente na ponta da seta, e vice-versa. Inversamente, uma seta tracejada denota um *acoplamento inverso*, em que um aumento no componente no início da seta causa um *decréscimo* no componente da ponta, e vice-versa (figura 8).

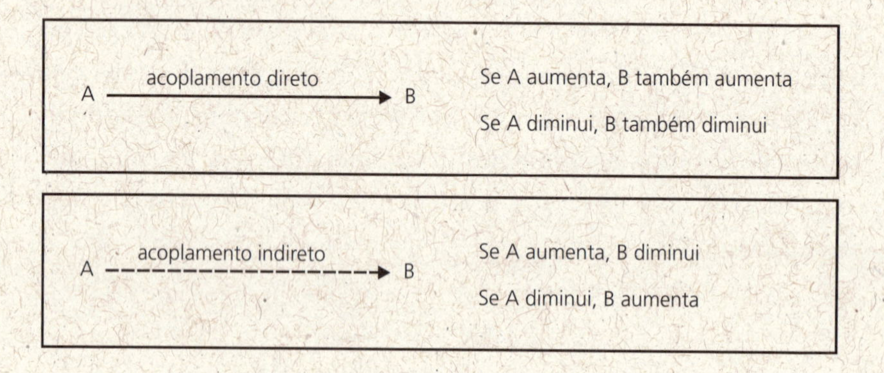

Figura 8: Dois tipos de acoplamentos.

Em nossa realimentação negativa simples, se a fome aumenta, o consumo de comida aumenta, o que reduz a fome. A realimentação, portanto, contrariou um aumento inicial na fome, desencadeando o consumo de comida. Vamos rodar pelo circuito mais algumas vezes para explorar seu comportamento a longo prazo. Agora que a fome foi reduzida, o consumo de comida vai baixar, o que vai acabar aumentando a fome, trazendo-nos de volta à situação inicial. Não importa por quanto tempo rodemos pelo circuito, a fome e o consumo de comida vão oscilar em torno de valores médios e jamais vão aumentar ou diminuir sem limite. Esse circuito, como todas as realimentações negativas, é auto-regulador.

A outra relação cibernética básica é a realimentação positiva (figura 9). Eis um diagrama de um sistema simples dessa espécie:

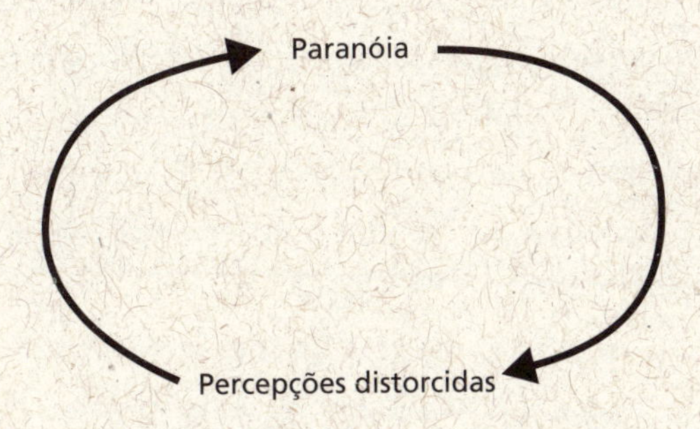

Figura 9: Um sistema com realimentação positiva simples.

Nesse exemplo, só existem setas contínuas. Isso significa que, se minhas percepções ficam distorcidas, minha paranóia cresce, o que por sua vez dá o retorno aumentando minhas percepções distorcidas, e assim por diante. O resultado é que tanto a paranóia quanto as percepções distorcidas crescem sem limite. Isso é um clássico ciclo "vicioso", já que o sistema não possui tendência para a auto-regulação. Imagine que minhas percepções distorcidas me causem tamanha angústia que resolvo falar da minha situação com um amigo íntimo ou, quem sabe, prefiro consultar um terapeuta. De um modo ou de outro, se a ajuda tem êxito em reduzir as percepções distorcidas, minha paranóia será reduzida, o que terá o efeito de reduzir minhas percepções distorcidas. Agora a mudança está na direção oposta – em vez de um crescimento ilimitado, temos um decréscimo potencialmente ilimitado –, um "ciclo virtuoso" que me leva a níveis crescentes de sanidade e bem-estar. Observe que não há auto-regulação emergente na realimentação positiva; há somente mudança constante, para mais e mais ou para menos e menos.

Um modo tecnicamente inadequado – mas ainda assim eficiente – de se lembrar como as realimentações negativas e positivas se comportam é imaginar que o sinal de um sistema reflete sua *atitude* para com a mudança. Um sistema em realimentação negativa, quando exposto à mudança, é "negativo" com relação a ela, preferindo continuar onde está. Um sistema em realimentação positiva, por outro lado, adora mudar, é extremamente "positivo" com relação a isso. Há um método simples e empírico que nos será muito útil para decidir se um circuito de realimentação está em realimentação negativa ou positiva: simplesmente conte o número de acoplamentos inversos, isto é, de setas tracejadas. Se for um número ímpar, a realimentação é negativa, se for um número par, ou absolutamente nenhum, então a realimentação é positiva.

Na realidade, nem realimentações negativas nem positivas podem funcionar sem sensores que detectem desvios mínimos de um ponto determinado. Esses desvios são amplificados antes que o sinal seja mandado de volta ao componente original. Em Gaia, grande parte da amplificação acontece devido à surpreendente capacidade que todos os seres vivos têm para o crescimento exponencial. Um exemplo clássico vem do mundo das bactérias, em que divisões desenfreadas de uma pequena população inicial gerariam, numa questão de dias, um tal número de novas células que sua massa seria igual à da Terra. Em Gaia a receptividade extremamente delicada dos seres vivos a seus entornos age como um sensor ambiental para o planeta como um todo. Teóricos dos sistemas geralmente denotam um amplificador por meio de um triângulo invertido, no qual a seta indo na direção dele denota o sinal de entrada e a seta saindo denota o resultado amplificado (figura 10):

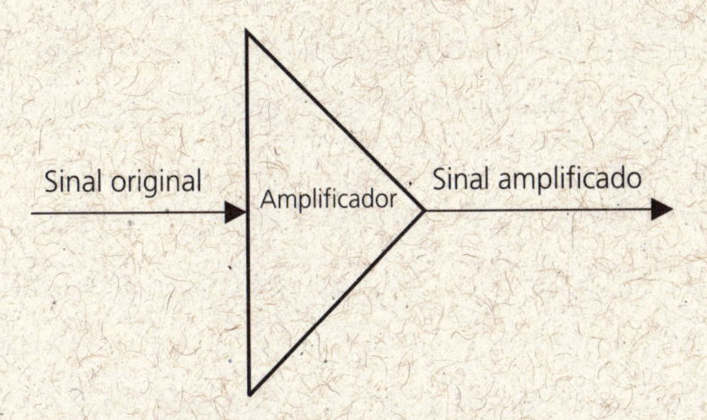

Figura 10: Um amplificador simples.

Usando essa notação, uma realimentação gaiana seria desenhada assim (figura 11):

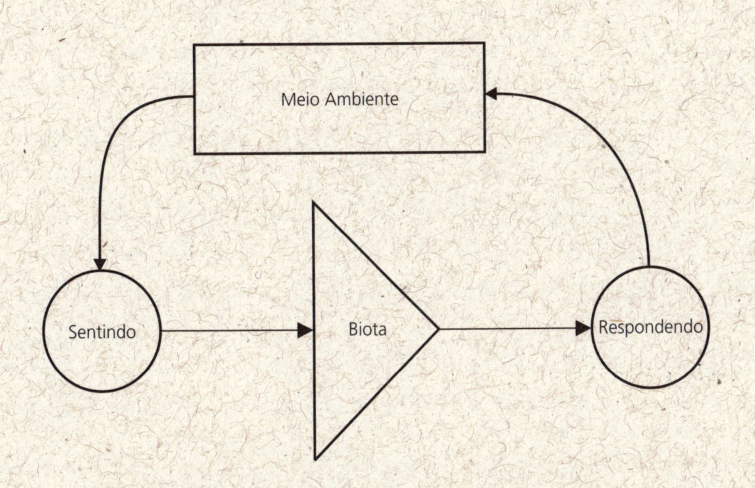

Figura 11: Amplificação com realimentação.

A física e a química do meio ambiente influenciam os seres vivos (a seta para baixo), que usam suas delicadas aptidões sensoriais para decidir até que ponto o mundo exterior se desviou daquele ótimo para seu florescimento. Eles respondem amplificando a diferença (o triângulo) por meio da realimentação ativa, levando assim o ambiente a um estado mais proveitoso para seu crescimento e bem-estar (a seta para cima). Tentar desenhar complexos diagramas de realimentação com essa notação deixaria as coisas muito incômodas, por isso peço que você se lembre que sensores e amplificadores como esses estão "escondidos" dentro de muitos dos componentes dos diagramas de realimentação gaiana com que estaremos trabalhando. A amplificação mediada pela vida torna as realimentações nos modelos gaianos muito mais responsivas e imprevisíveis que aquelas dos modelos convencionais da Terra, que tratam a vida como uma simples "caixa preta" em que pouca sensibilidade e amplificação tem lugar.

É possível gerar sistemas muito complexos que incluem realimentações tanto positivas quanto negativas, e isso é o que os cientistas encarregados de criar modelos de clima futuro tentam fazer em seus supercomputadores. Vamos olhar agora, como ilustração, para um modelo mais complexo, que une realimentações positivas e negativas (figura 12).

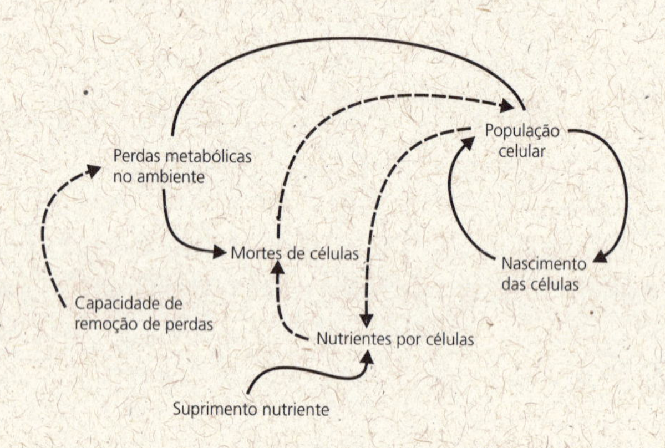

Figura 12: Um sistema complexo com realimentações tanto positivas quanto negativas.

Esse exemplo destaca que as relações entre os muitos componentes de sistemas complexos são verdadeiros pratos de espaguete. O que torna um tumor tão potencialmente letal é a realimentação positiva, que pode levar a descontrolado crescimento exponencial. Mas há duas realimentações negativas que podem restringir ou mesmo remover o tumor se forem fortes o bastante. Se o tumor recebe um suprimento fixo de nutrientes dos tecidos ao seu redor, mais células tumorosas vão morrer de fome sempre que o tumor tentar crescer, reduzindo assim a população celular do tumor. Do mesmo modo, se há uma limitada mas constante capacidade de remover as toxinas fabricadas pelo tumor, quando ele cresce, um maior número de suas próprias células vão morrer de auto-envenenamento, o que reduzirá o tamanho do tumor. Como o sistema se comporta vai depender inteiramente das relações quantitativas entre essas três realimentações.

Sempre que olhamos para o mundo biológico, encontramos esse tipo de realimentação espantosamente complexa, seja dentro da fisiologia de organismos individuais, nas interações ecológicas dentro de ecossistemas ou, ainda, no meio das interações entre rochas, atmosfera, oceanos e os seres vivos que constituem Gaia. Tais sistemas complexos podem se comportar de modos imprevisíveis. O comportamento preciso vai depender não apenas de que relações estão presentes, mas também de suas forças relativas. Invariavelmente, estarão presentes relações não-lineares e, sendo assim, o sistema vai exibir uma variedade de comportamentos, de previsíveis a caóticos, mas suficientemente complexos para que até mesmo um sistema que tenha relações lineares possa dar origem a comportamentos de todos os tipos. Posto de forma simples: numa relação linear, a resposta de um componente varia em proporção direta a uma mudança que ele experimenta, o que não acontece num sistema não-linear. Um bom exemplo de não-linearidade é a bolsa de valores, onde uma leve alteração na confiança do consumidor pode se propagar muito rapidamente através do sistema para causar mudança rápida e inesperada. É também possível que existam pontos extremos, em que um pequeno distúrbio desencadeie uma mudança súbita e inesperada. Pegue um lápis e coloque-o paralelamente à beira de uma mesa, não muito longe da beira. Agora você dá ao lápis um leve empurrão na direção da beira e nada de sensacional acontece: o lápis se moveu um pouco mas, exatamente como você esperava, continua na mesa. Agora dê outro empurrãozinho, e outro. De novo você observa uma resposta previsível. Por fim, é claro, outro empurrão leve, igual a todos os anteriores, faz o lápis cruzar um abrupto ponto extremo. Ele cai pela beirada e entra num novo "estado estável" no chão. Sistemas não-lineares estão crivados de pontos extremos, mas freqüentemente um sistema é tão complexo que é impossível saber exatamente quando toparemos com eles.

O Mundo das Margaridas

Estamos agora bem preparados para retornar a Lovelock e sua luta para criar um convincente modelo cibernético de um planeta auto-regulador. No dia de Natal de 1981, quando Lovelock avaliava os argumentos de seus críticos sem chegar a uma conclusão, uma estranha coincidência lhe deu o fio condutor que estava procurando. Em sua escrivaninha havia um exemplar aberto da revista *Nature*, uma das mais respeitadas revistas de ciência. No momento em que ia guardá-la, Lovelock passou casualmente os olhos por um certo artigo. Para sua surpresa, ele descrevia algumas equações de fácil compreensão para o crescimento da banana-de-são-tomé, uma planta silvestre inglesa comum, em pastagens e campinas. Enquanto examinava o texto, um lampejo de inspiração saltou para sua mente. Brotou em sua consciência a visualização de um planeta com apenas duas espécies – margaridas de pétalas claras e margaridas de pétalas escuras – representando a vasta biodiversidade do nosso planeta. As margaridas do modelo cresceriam de acordo com as equações do artigo da *Nature* e competiriam por espaço na superfície do planeta, satisfazendo assim a exigência dos biólogos evolucionistas de que a competição fosse parte de Gaia. Mas a mudança inovadora que Lovelock fez em seu modelo ia sinalizar uma explícita realimentação matemática entre vida – as margaridas – e seu meio ambiente não-vivo – a temperatura da superfície do planeta.

Aqui precisamos de uma digressão para explorar o conceito de *albedo* (do latim *alba*, significando branco) que, numa escala indo de zero a um, os cientistas usam como medida de quanta energia solar é refletida por uma superfície. Quando exposta ao sol, uma superfície de alto albedo (clara) reflete a maior parte da energia solar que a atinge sem que ocorra qualquer transferência de energia, enquanto uma superfície de baixo albedo (escura) aquece porque absorve energia solar. O calor então se irradia para o ar ao redor, aquecendo a vizinhança imediata e, por fim, o planeta inteiro.

No Mundo das Margaridas, as margaridas escuras se aquecem a si próprias e ao planeta absorvendo energia do Sol, que irradiam para seus arredores como calor, enquanto as margaridas claras se esfriam a si próprias e a seu mundo refletindo a energia solar de volta para o espaço. Lovelock construiu esses acoplamentos entre vida e o ambiente não-vivo usando equações bem conhecidas da termodinâmica, o ramo da física que trata dos fluxos de energia. Também incluído no cálculo da temperatura da superfície do planeta estava o albedo do solo nu, que era definido, de modo realista, como um cinza uniforme. Ele então modelou o estrito acoplamento entre o ambiente não-vivo do planeta (a temperatura da superfície) e o crescimento das espécies de margaridas, dando ambos a mesma resposta realista, em forma de sino, à temperatura da superfície do planeta. Ambos se desenvolviam melhor, como as plantas reais, a 22,5°C e absolutamente não se desenvolviam a menos de 4°C ou acima dos 40°C. Finalmente, como acontece com a Terra real, Lovelock modelou o Sol aumentando gradualmente sua emissão de energia à medida que o tempo passava. A figura 13 dá uma idéia de como o Mundo das Margaridas funciona. No interesse da simplicidade, ela se concentra nas margaridas brancas, como se só elas regulassem a temperatura da superfície do planeta.

O que Lovelock fizera tinha sido criar um modelo com seis equações conhecidas e testadas da física e da biologia para representar uma *realimentação* simples, mas não obstante realista, entre a vida e seu ambiente. Ao fazê-lo, havia criado um novo modo de construir um modelo da Terra como um sistema integrado de vida e clima. O Mundo das Margaridas era um lance corajoso e inusitado – ninguém jamais havia tentado isso, apesar da advertência feita em 1925 por Alfred Lotka, que lançou as bases teóricas da ecologia da população, de que as espécies não deviam ser modeladas sem referência ao ambiente não-vivo. Ao se preparar para reproduzir pela primeira vez o modelo em seu computador, Lovelock fazia apenas uma vaga idéia do que podia acontecer. O Mundo das Margaridas era um tiro no escuro – se fracassasse, Gaia podia perfeitamente ter definhado na

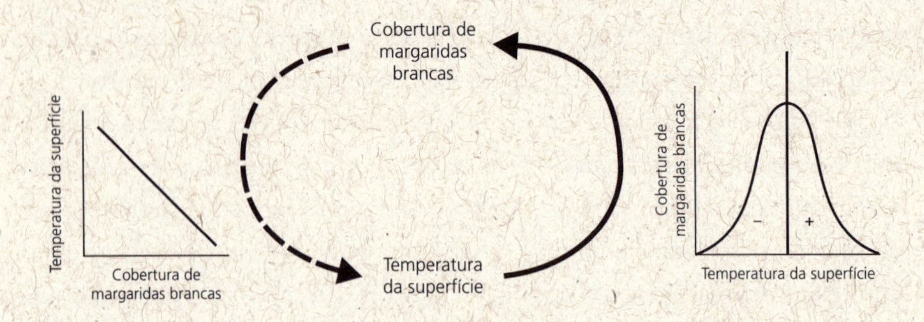

Figura 13: Realimentações entre margaridas brancas e a temperatura da superfície do planeta delas. À esquerda está o efeito da cobertura de margaridas brancas sobre a temperatura da superfície. É um acoplamento inverso: para uma luminosidade solar constante, à medida que a cobertura de margaridas brancas aumenta, a temperatura da superfície diminui. À direita está o efeito em forma de sino da temperatura da superfície sobre a cobertura de margaridas brancas: à esquerda da temperatura de crescimento ótima (o regime de realimentação negativa) o acoplamento é direto; à direita dela (o regime de realimentação positiva) o acoplamento é inverso. O brilho do Sol (não mostrado) determina em parte que regime de realimentação se aplica.

obscuridade concedida a conceitos científicos curiosos, mas hoje irrelevantes, como a teoria do flogisto.

Acontece que o Mundo das Margaridas apresentou um resultado sensacional (figura 14). Quando o Sol jovem, fresco, brilhou sobre o Mundo das Margaridas, as margaridas escuras e claras começaram a crescer assim que o solo nu tornou-se quente o bastante para favorecer a germinação. Sob o sol fresco, as margaridas escuras se aqueceram, chegando mais perto da temperatura de crescimento ótima e assim se espalharam, tirando do páreo as margaridas claras, que esfriaram e foram escasseando. As margaridas escuras cresceram explosivamente nas áridas extensões do planeta graças à realimentação positiva, escurecendo toda a superfície e, enquanto se propagavam, foram aquecendo o mundo de forma exponencialmente rápida. Com o passar do tempo, o Mundo das Margaridas entrou num período longo e estável de realimentação negativa. As margaridas claras voltaram a prosperar cada vez mais, porque sob uma luz do Sol que ficava mais brilhante levavam uma ligeira vantagem sobre as margaridas escuras, já que eram capazes de se esfriarem, chegando mais perto da temperatura de crescimento ótima. Quando o Sol alcançou sua meia-idade, havia igual número de margaridas escuras e claras. Quando o brilho do Sol aumentou ainda mais, as margaridas escuras foram lentamente desaparecendo, pois se aqueciam muito acima da temperatura para o crescimento ótimo, abrindo espaço para extensões cada vez maiores das margaridas claras mais bem adaptadas.

O que espantou e deliciou Lovelock foi, antes de mais nada, a fina linha vermelha no monitor do computador, que traçava a temperatura global do planeta enquanto o Sol aumentava seu dispêndio de energia. A linha revelava duas incríveis propriedades emergentes: primeiro, a temperatura global do planeta modelo permanecera notavelmente constante durante um vasto período de tempo, apesar das alterações nas populações de margaridas e de um Sol cada vez mais brilhante e, segundo, a temperatura tinha se fixado num valor logo abaixo do ótimo para o crescimento das margaridas.

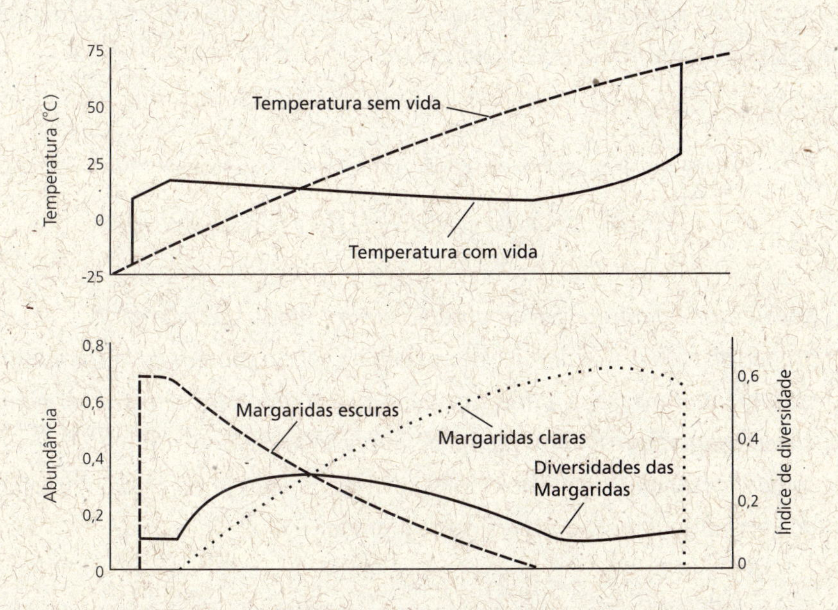

Figura 14: O Mundo das Margaridas original.

Mas finalmente, sob um Sol velho e excessivamente brilhante, o mundo foi inteiramente coberto por margaridas claras, a tal ponto que seria impossível ele se tornar mais claro. O Sol, continuando com sua produção inexoravelmente crescente de energia, finalmente aqueceu o agora totalmente branco Mundo das Margaridas acima da temperatura ótima para o desenvolvimento das margaridas. Lovelock observava, fascinado, como as margaridas brancas, agora em realimentação positiva, começavam a murchar de forma exponencialmente rápida, deixando mais e mais solo nu exposto ao sol. A temperatura do planeta rapidamente se elevou com a extinção das margaridas brancas, até atingir a alta temperatura estéril determinada unicamente pela interação entre o solo nu e a energia do Sol. O Mundo das Margaridas tinha morrido.

Lovelock descobrira que as realimentações entre as margaridas e o ambiente não-vivo havia permitido que o Mundo das Margaridas mantivesse sua temperatura de superfície próxima do ótimo durante um vasto período de tempo, sem a necessidade de uma misteriosa entidade teleológica desencarnada gerenciando o planeta nos bastidores. Lovelock tinha demonstrado que a auto-regulação emergente em toda a superfície de um planeta era uma clara possibilidade no mundo real.

VISUALIZANDO O MUNDO DAS MARGARIDAS

Você é um viajante espacial observando o Mundo das Margaridas de uma grande distância. Do conforto de sua cabine você o contempla flutuando graciosamente no espaço, antes que quaisquer margaridas tenham germinado em sua superfície. É do tamanho de um grande melão e a superfície é uma sombra cinza uniforme. Você também vê seu Sol nas proximidades, irradiando energia solar para a superfície do planeta.

Sua possibilidade de viajar no tempo permite que você veja a evolução do Mundo das Margaridas imensamente acelerada, de modo que 3,5 bilhões de anos transcorrem em alguns momentos. Logo, enquanto o Sol brilha, você repara como todo o planeta escurece à medida que as margaridas escuras germinam e se propagam.

Então, quando o Sol fica mais quente, você observa o planeta se iluminando enquanto margaridas brancas germinam entre suas escuras competidoras. Você vê o planeta se tornando gradualmente mais claro, cada vez mais claro, acompanhando o Sol mais forte, até que finalmente o mundo inteiro fica todo branco, brilhando como pérola sob a intensa energia solar.

Então, quando o Sol aumenta um pouquinho mais, você vê as margaridas brancas rapidamente desaparecerem, levadas à extinção pela intensa energia do Sol.

O Mundo das Margaridas está morto e voltou a ser uma sombra cinza uniforme.

O Mundo das Margaridas tornou-se a base matemática para a criação de modelos mais sofisticados de Gaia, como a nova geração de modelos de previsão do clima a longo prazo que estão sendo feitos no Hadley Centre e em outros lugares. Como o Mundo das Margaridas, esses modelos têm quatro propriedades básicas: eles incluem organismos que exploram oportunidades de crescimento exponencial; há seleção natural para assegurar que só os organismos mais bem-sucedidos transmitam seus traços à nova geração; o ambiente físico impõe restrições ao crescimento dos organismos; e, por fim, os organismos também afetam profundamente seu ambiente físico. Essas quatro condições são a "receita para um sistema gaiano" de Lovelock.

O Mundo das Margaridas exibe muitos traços interessantes. Sua regulação emergente da temperatura da superfície resiste de maneira notável a vários tipos de perturbação, incluindo pragas que aniquilam uma grande proporção das margaridas e repentinas reduções temporárias na intensidade do sol. Outro traço interessante do modelo que pode ter implicações perturbadoras para a verdadeira Gaia é o que acontece no momento em que o Mundo das Margaridas morre de calor excessivo. Pouco antes que a vida desapareça, as margaridas claras enfrentam pequenos incrementos de energia solar aumentando sua cobertura do pouco que resta de solo nu. Mas sob um Sol muito brilhante, sem mais solo nu disponível, um pequeno incremento na energia solar extingue a vida com súbita rapidez. Um evento similar tem lugar em versões mais complexas do modelo em que as margaridas ocupam um planeta tridimensional, esférico. Parece que pequenos distúrbios em momentos críticos na vida de um sistema auto-regulador podem desencadear inesperadas e súbitas mudanças para configurações totalmente novas do sistema. Seria possível que um simples aumento extra de poluição ou destruição de hábitat pudessem desencadear uma mudança igualmente dramática na direção de um novo e potencialmente inóspito regime climático em nossa Terra real?

O movimento seguinte de Lovelock com o Mundo das Margaridas foi reproduzir o modelo com muitas espécies de margaridas, cada uma com um albedo ligeiramente diferente numa escala de quase puro negro a puro branco. Mais uma vez, o modelo regulava belamente a temperatura. Quando acrescentou coelhos que comiam as margaridas e raposas que comiam os coelhos, ele esperou ver violentas flutuações de temperatura, mas para sua imensa surpresa descobriu que aquele mundo mais complexo ecologicamente era notavelmente estável. Meu próprio trabalho sobre o Mundo das Margaridas, que conduzi tendo Lovelock como guia e mentor, implicou usar o modelo para explorar a questão muito discutida em ecologia de saber se comunidades ecológicas mais complexas – aquelas com mais espécies e mais interconexões entre espécies – são mais capazes de se recuperar de distúrbios que as comunidades simples. Essa área da ecologia, conhecida como o "debate da complexidade-estabilidade", tem estado no centro da preocupação dos ecologistas desde a década de 1950, quando os ecologistas pioneiros Charles Elton e Robert MacArthur sugeriram que comunidades mais complexas deviam ser mais estáveis. Seu raciocínio estava baseado em várias séries de indícios, incluindo o fato de que ilhas com menos espécies pareciam ser mais vulneráveis a espécies invasoras do que áreas continentais ricas em espécies, de que monoculturas agrícolas são mais vulneráveis a deflagrações de pestes e de que há uma nítida falta de erupções de insetos em comunidades tropicais ricas em espécies comparativamente a comunidades boreais e temperadas.

Essa foi a sabedoria aceita durante muitos anos, até que o matemático ecologista australiano Robert May publicou a primeira análise matemática desse problema. May virou as idéias de Elton e MacArthur, e de toda a ecologia científica, pelo avesso, mostrando que comunidades mais complexas eram muito mais propensas a entrar em colapso do que as simples. Novas construções de modelos pelos sucessores de May pouco fizeram para derrubar esses resultados nada intuitivos e a controvérsia reinou por cerca de trinta anos. No início de meu trabalho com o Mundo das Margaridas, percebi que ela fornecia um interessante padrão para explorar essa questão pela simples razão de que ninguém, em toda a história dos sessenta anos da ecologia da população, tentara tratar o debate da complexidade-estabilidade modelando as realimentações entre a vida e seu ambiente não-vivo, no sentido em que Lovelock tinha desenvolvido.

Com a ajuda de Lovelock, criei uma nova versão do Mundo das Margaridas povoado por 23 espécies de margaridas ao longo de um gradiente paulatinamente crescente de albedo, de claro a escuro, e então introduzi três espécies herbívoras que, ao contrário dos primeiros comedores de margaridas de Lovelock, comportavam-se mais como verdadeiros predadores, em geral ignorando presas raras e alimentando-se principalmente da espécie mais comum de margaridas. Manipulei a complexidade de minhas cadeias alimentares alterando o número de espécies de margaridas comidas por cada herbívoro. Nas cadeias alimentares mais simples, cada margarida estava reservada apenas a um herbívoro aleatoriamente selecionado dentre os três herbívoros que podiam ser seus predadores, enquanto na cadeia alimentar mais complexa cada margarida era comida por todos os três herbívoros. Estava montado o palco para uma exploração gaiana do debate da complexidade-estabilidade.

Num dia nublado de inverno, enquanto trabalhava em meu computador no Schumacher College em Devon, programei a mais complexa cadeia alimentar e impus um controle, impedindo os herbívoros de comer quaisquer margaridas até quase um quarto da trajetória do programa. Sem nenhuma ação predatória, o modelo rapidamente assumiu sua estabilidade habitual, com populações constantes das duas espécies dominantes de margaridas e temperatura global constante. Então liberei os herbívoros, que, atacando da forma mais cega que as equações permitiam, seguiram seu destino matemático e dizimaram as duas abundantes espécies de margaridas, abrindo assim espaço para as muitas outras espécies anteriormente presentes apenas como sementes no solo fértil. Os herbívoros tinham abolido uma tirania floral da minoria, substituindo-a por um aumento maciço e permanente na diversidade das margaridas quando espécies de todos os albedos floresceram, cada uma com uma fartura baixa, mas constante, sem nenhuma abertamente dominante. A coisa assombrosa foi que nada disso teve praticamente qualquer efeito na temperatura global do planeta, que se apresentava como uma linha horizontal estável na tela do meu computador, aparentemente alheia às convulsões e sublevações que aconteciam entre as populações de margaridas e herbívoros.

Então programei uma cadeia alimentar de baixa complexidade, em que cada espécie de margaridas só era comida por um único herbívoro selecionado ao acaso. Como antes, comecei mantendo os herbívoros sob controle e vi que as duas espécies de margaridas alcançaram de novo uma disseminação alta e constante e a temperatura global atingiu um nível constante. Então os herbívoros foram liberados. Para meu completo espanto, a estabilidade desapareceu, substituída por selvagens oscilações rítmicas de temperatura, margaridas e herbívoros. Esses efeitos foram repetidos para a maioria das luminosidades solares e padrões casuais de conexidade. Realimentações estreitamente acopladas entre complexas comunidades biológicas e o ambiente não-vivo estabilizaram tanto o clima global quanto a dinâmica da população em meu ecossistema gaiano modelo (figura 15). Em todos esses experimentos, adicionar um carnívoro comedor de herbívoro reprimia as margaridas dominantes e restaurava a estabilidade. Esse

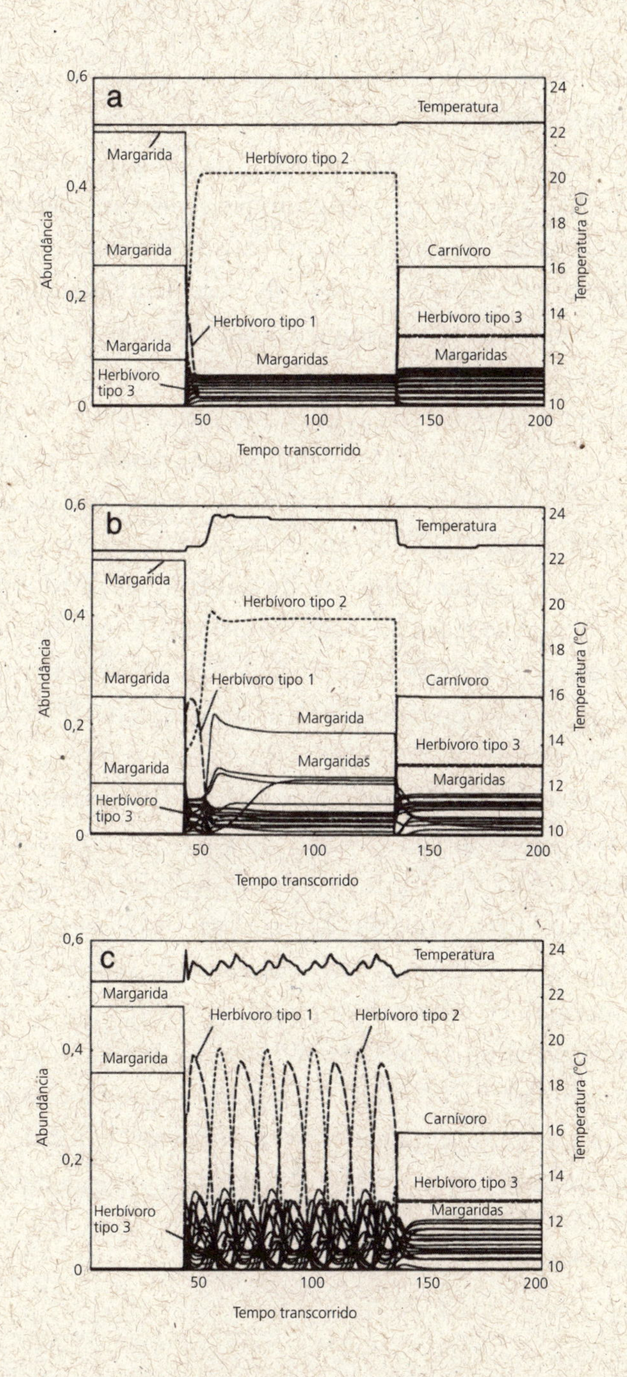

Figura 15: O Mundo das Margaridas Ecológico com a: alta complexidade, b: complexidade intermediária; c: baixa complexidade.

tipo de trabalho com o modelo, combinado com uma extensa evidência do campo, dá suporte às primeiras intuições de Elton e MacArthur de que comunidades mais complexas são de fato, em geral, mais estáveis.

Outros ecologistas teóricos, intrigados pela crescente aceitação do pensamento gaiano na ciência, e particularmente na climatologia, começaram a fazer seus próprios modelos em que vida e ambiente interagem. Um dos mais eminentes era nada menos que o falecido William Hamilton, que foi responsável pela criação das noções teóricas mais tarde popularizadas por seu colega Richard Dawkins sob a rubrica do "gene egoísta". Hamilton, em colaboração com o ecologista Peter Henderson, desenvolveu um modelo chamado "Mundo da Barragem", ambientado num vale escarpado pelo qual flui um rio tumultuoso com um escoadouro estreito em que crescem algas nutritivas. Uma segunda espécie, de construtores de barragens, se enraíza nos sedimentos ao redor do escoadouro e se alimenta das algas. Quando os construtores de barragem se multiplicam, a barragem cresce, assim como o lago atrás dela, criando uma grande variedade de novos hábitats para todo tipo de criaturas que se entrelaçam numa complexa comunidade ecológica emergente à medida que vão sendo paulatinamente adicionadas. Algumas destas novas espécies são demolidoras de barragens, que mascam a barragem para extrair o nutritivo material aglutinante orgânico que as mantém unidas. Outros comem as demolidoras de barragens e por sua vez são comidos por seus próprios predadores. Assim há potencial para a represa crescer e diminuir diversas vezes com o correr do tempo, e ela freqüentemente o faz, mas é muito mais provável que o sistema inteiro acabe num estado estável com uma represa alta e um grande lago, quando os elos entre os organismos e seu ambiente não-vivo (a barragem) se tornarem mais estreitos e mais difusos. Como no Mundo das Margaridas, o estreito acoplamento entre seres vivos e seu ambiente material leva à estabilidade.

CAPÍTULO 4

A Vida e os Elementos

Os Átomos como Seres

De modo a aprofundar a compreensão da vida do nosso planeta precisamos explorar os ciclos dos elementos químicos, pois se eles não tivessem começado a ganhar forma em organismos não haveria Gaia para se falar. Então o que são exatamente os elementos químicos? Demócrito tinha razão – o mundo material é realmente constituído de átomos, mas, como vimos, os átomos não são entidades mortas, mecânicas; são seres participativos com características aparentadas às nossas, embora as dos átomos sejam muito mais consistentes que a natureza humana, que é maleável, freqüentemente imprevisível e muito dependente das circunstâncias. Coloque a mesma pessoa no mesmo ambiente hoje e amanhã, e um dia ela pode sentir-se bem, no outro pode ficar triste. De acordo com a ciência dominante, personalidades atômicas são muito mais coerentes – um átomo de oxigênio *sempre* vai se comportar da mesma maneira quando encontrar o mesmo ambiente químico e físico, não importa em que lugar do universo o encontro aconteça. Cada pessoa (e de fato cada mamífero, pássaro, réptil e possivelmente inseto) tem uma característica única – não há dois beija-flores que se comportem exatamente da mesma maneira, mas se considera que cada átomo de oxigênio tem exatamente a mesma resposta, a mesma característica em toda parte, de uma ponta à outra do universo.

Isto não significa que os átomos ou os prótons, nêutrons e elétrons que os constituem não passem de entidades totalmente isoladas, independentes, existindo por si mesmas, interagindo como bolas de bilhar de maneiras totalmente previsíveis. A física moderna nos mostra que nada no universo existe em esplêndido isolamento – tudo depende para sua própria existência de suas relações com todas as outras coisas. Quando um átomo de hidrogênio se liga a um átomo de oxigênio, revela-se na relação dos dois aspectos das personalidades do hidrogênio e do oxigênio que não estão presentes no oxigênio e no hidrogênio tomados isoladamente. Essa combinação particular, conhecida como íon hidroxil, é gasosa sob a temperatura ambiente e é extremamente boa para escovar os poluentes para fora da atmosfera. Contudo, quando *dois* átomos de hidrogênio se ligam a um átomo de oxigênio, um conjunto totalmente diferente de qualidades dá origem a um novo domínio emergente com todas aquelas propriedades extraordinárias e revigorantes da água com que estamos tão familiarizados. Assim, os átomos têm liberdade, mas muito menos liberdade que nós. Se pensarmos desse modo no assunto, podemos extrair duas conclusões importantes. Em primeiro lugar, não parece haver mais campo para imaginar que as muitas pequenas "liberdades" da matéria possam produzir o alto nível de liberdade que é parte tão importante da consciência humana. Nas palavras do filósofo J. McDaniel, "nossas próprias experiências subjetivas são formas altamente desenvolvidas do que havia no início na matéria submicroscópica", e " 'matéria' e 'mente' não passam de nomes para diferentes tipos de situações reais de experiência". Nas palavras do filósofo Christian De Quincey, "a matéria retine com a experiência" e "a matéria *sente* em suas mais profundas raízes". Em segundo lugar, não podemos mais tratar a matéria com desrespeito, porque ela é, afinal, em certo sentido, *senciente*, em virtude de ter uma ação criativa e uma aptidão para a experiência que exige nossa consideração ética. Compreendemos a profunda sabedoria da raiz etimológica da palavra "matéria", que vem do latim para "mãe" (*mater*) e "matrix" ou útero.

Na filosofia ocidental, a idéia de que a matéria é senciente é às vezes mencionada como "pampsiquismo". As diferenças entre o pampsiquismo e o novo animismo que consideramos no princípio não estão claramente definidas, mas se pode aproximadamente dizer que o pampsiquismo está mais preocupado em explorar as implicações cognitivas ou racionais da idéia de que o mundo é, nas palavras de Thomas Berry, uma "comunhão de sujeitos", ao passo que o novo animismo coloca mais ênfase em avaliar como devemos nos comportar com relação a esses sujeitos nos apegando mais explicitamente às percepções dos povos indígenas.

Se essa abordagem for correta, então, em contraste com a visão predominante, podemos conceber a matéria como inerentemente criativa. A matéria cai, de modo improvisado, dentro de certos padrões de relacionamento, mais ou menos como um artista explora novos domínios de existência e de interação. Para os animistas, matéria e psique são indissolúveis, pois a psique do mundo reside nada mais nada menos que na própria matéria. Assim, os grandes arquétipos de Gaia e da *anima mundi* que ocupam lugar tão importante na alma humana poderiam perfeitamente ser imaginados não em algum reino abstrato longe deste mundo mas, de um modo não desprovido de um certo mistério, nas próprias moléculas e átomos que constituem nosso corpo palpável, sensível. Talvez a psique se torne visível quando as relações entre uma comunidade de agentes em interação são suficientemente poderosas e complexas para instigá-la a sair de dentro da própria matriz da materialidade. Se é verdade que a psique é de fato revelada no meio mesmo da relação, então Gaia pode muito bem ser um domínio em que a presença dos seres vivos acelera e intensifica de tal forma as interações planetárias entre átomos, rochas, atmosfera e água que a Terra literalmente desperta e começa a se experimentar como viva e senciente.

Assim, o pampsiquismo e o novo animismo nos ensinam que a química não precisa mais ser pensada de modo meramente mecânico, como se as "substâncias químicas" não fossem mais que engrenagens mortas, estáticas. As propriedades químicas são extraordinariamente fluidas – são o modo de diferentes aspectos das naturezas internas dos elementos se revelarem em diferentes contextos e circunstâncias, exatamente como nosso próprio comportamento depende até certo ponto do cenário social em que nos encontramos. Mas devemos ter cuidado quando falamos de "átomos". O perigo, aludido acima, é que comecemos a pensar neles como coisas que existam isoladas de tudo mais, embora interajam uns com os outros.

Há muitos tipos diferentes de átomos, cada um com diferentes personalidades químicas. São chamados de *elementos*, porque antigamente se imaginava que fossem tijolos de tudo que existe à nossa volta, incluindo nossos próprios corpos e, é claro, a Terra. No século passado se descobriu que os átomos, afinal, não são de fato fundamentais, mas que são eles próprios divisíveis em três "partículas": o elétron, o próton e o nêutron. Coube ao físico Neils Bohr fornecer-nos um modelo hoje superado, mas não obstante útil, de como essas partículas estão combinadas dentro dos átomos e como elas interagem umas com as outras. Os átomos, disse ele, são como sistemas solares em miniatura. No centro, no lugar do Sol, está o núcleo, que é composto de prótons com carga positiva e nêutrons sem carga. Em volta do núcleo estão os elétrons de carga negativa, orbitando ao seu redor como planetas ao redor do Sol. Prótons e nêutrons são pesados e constituem a maior parte da massa de um átomo, enquanto os elétrons são quase absolutamente sem massa, mas todos os átomos são, em 99,99%, espaço vazio. Todas as partículas piscam para dentro e para fora da existência segundo alguns físicos quânticos, entrando no que o cosmologista Brian Swimme chama de "Abismo que Tudo Nutre" – o vácuo quântico ou campo de energia do ponto zero, quando elas brevemente deixam de existir.

Apesar da imensa diferença entre a massa dos dois, a carga negativa de um elétron anula exatamente a carga positiva de um próton. Bohr chama atenção para outro fato assombroso – que os números de prótons e elétrons em átomos elementares puros sejam sempre iguais, de modo que a carga total nesses átomos é zero. A ciência parece deixar passar sem comentários um fato extraordinário: a simples existência de "positivo" e "negativo". Que mistério é esse de cargas iguais se repelirem e diferentes se atraírem? O fato de que essas duas polaridades tenham sempre de tentar estar perto uma da outra para se "anularem" mutuamente ou para se "complementarem" – não sabemos qual das duas opções – nos dá toda a biologia e química, e muita coisa da física. O francês diz que "*le contraire se touche*" e Aristóteles dizia que duas forças misteriosas governam o universo – atração e repulsão. Ele via nisto a ação da *anima mundi*, a inexorável interioridade que jaz no centro da matéria-energia. Realmente não conseguimos nos sair muito melhor que Aristóteles quando tentamos chegar ao fundo disto, pois não nos leva a lugar algum reduzir cargas positivas e negativas a algo mais "fundamental"; se a pessoa se aventura por esse tipo de fútil reducionismo, acaba numa situação extremamente insatisfatória de regressão infinita. Atração e repulsão têm algo a ver com a inteligência, com a "alma" do próprio universo – são a manifestação no mesmo nível da matéria/energia da natureza participativa de elétrons e prótons, talvez não diferente em princípio das atrações e repulsões que nós, humanos, sentimos uns com relação aos outros.

Por conseguinte os átomos, como os seres humanos, estão continuamente tentando encontrar satisfação. Nós a encontramos de inúmeras maneiras, as mais variadas e complexas. Para mim, não há nada melhor do que caminhar ao ar livre numa paisagem agreste, desimpedida, rica de vida selvagem, banhada de sol, longe de estradas e da algazarra da cultura moderna. Para outros, o melhor pode ser ficar horas num estádio fechado repleto de gente, gritando para encorajar onze homens de calção a pôr uma bola dentro da rede mais vezes que um bando oposto de onze homens. Para um átomo, as coisas parecem ser muito mais simples e mais consistentes: *todos* eles encontram satisfação arranjando as coisas de modo a ter o número certo de elétrons orbitando seus núcleos.

Bohr sugeriu que os elétrons de um átomo são dispostos num conjunto de órbitas concêntricas. A órbita mais interna pode sustentar um máximo de dois elétrons, a que vem a seguir, oito, a que vem além dessa, outros oito, a próxima, 18, depois 32, e assim por diante em direção às órbitas externas com as quais não precisamos aqui nos preocupar. Os elétrons em órbitas mais próximas do núcleo têm menos energia do que aqueles mais afastados. A totalidade da química, e a totalidade da vida, dependem do simples fato de que cada átomo é radicalmente compelido a fazer o possível para acabar com uma órbita externa completa. Os átomos não se satisfazem enquanto não alcançam isso e, é claro, os átomos não podem fazer isso sozinhos; têm de interagir um com o outro para compartilhar ou trocar elétrons externos e, ao fazê-lo, criam a atordoante variedade de *moléculas* ou comunidades de átomos que vemos nos mundos da química, física e biologia. Cada molécula está num domínio emergente, com propriedades não redutíveis àquelas de seus átomos constituintes. A água é um bom exemplo. Com duas partes de hidrogênio e uma parte de oxigênio, seu ponto de fusão, dinâmica dos fluidos, expansão em congelamento e assim por diante não podem ser inteiramente previstos a partir de um conhecimento do oxigênio e do hidrogênio separadamente.

Os Elementos de Gaia

Os elementos mais importantes para a vida e para Gaia são apenas seis: carbono, hidrogênio, nitrogênio, oxigênio, fósforo e enxofre, lembrados entre as pessoas do ramo pelo acrônimo CHNOPS. Vamos ver como o modelo de Bohr nos ajuda a compreender as personalidades desses seis seres químicos. O carbono tem uma órbita interna completa com dois elétrons, mas a próxima e mais externa órbita é incompleta, com apenas quatro (figura 16). Para atingir a perfeição, o carbono precisa de outros quatro elétrons e os encontra compartilhando os que estão nas órbitas externas de outros átomos, especialmente outros carbonos, formando o que os químicos chamam de ligações *covalentes*. Quando isso acontece, ambos os átomos alcançam um satisfatório estado de repouso. O fato de o carbono precisar de quatro elétrons transforma-o num ser químico altamente cooperativo e intensamente social. É o sólido, confiável sueco do mundo químico, não concebendo nada melhor do que compartilhar cada elétron com um átomo de carbono equivalente, o que significa que ele pode se ligar a quatro carbonos vizinhos para formar grandes cadeias, anéis e cadeias de anéis em que multidões de átomos de carbono, bem como átomos de oxigênio, nitrogênio, fósforo e outros átomos associados encontram satisfação coletiva nas enormes moléculas de vida, com freqüência complexamente convolutas, como açúcares, proteínas e DNA. Essas uniões entre átomos de carbono são a base da vida como a conhecemos; sem elas Gaia não poderia existir e nosso planeta seria tão desprovido de seres vivos quanto nosso vizinho mais próximo, a Lua.

A essência do carbono é a centralidade. Ele ocupa um lugar crucial na comunidade de elementos em virtude de sua meio-completa camada externa de elétrons (figura 16) e também ocupa um lugar central na atividade de Gaia: o dióxido de carbono e o metano atmosféricos ajudam a ajustar a temperatura global, compostos de carbono dissolvidos regulam a acidez dos oceanos e, como vamos ver, o soterramento do carbono orgânico ajuda a regular o volume de oxigênio do ar. O ponto-chave acerca da temperatura global é este: qualquer molécula de gás no ar que contenha dois ou mais átomos retarda a fuga para o espaço do calor desprendido pela Terra depois que ela foi aquecida pela luz do Sol. O carbono está presente em pelo menos dois desses *gases de estufa*: dióxido de carbono (CO_2, figura 17) e metano (CH_4). O vapor de água (H_2O) é outro potente gás de estufa. O acréscimo desses e de outros gases de estufa ao ar eleva a temperatura global; sua remoção a diminui.

De modo a compreender de que maneira os elementos contribuem para Gaia, precisamos aprender mais uma regra de etiqueta social atômica,

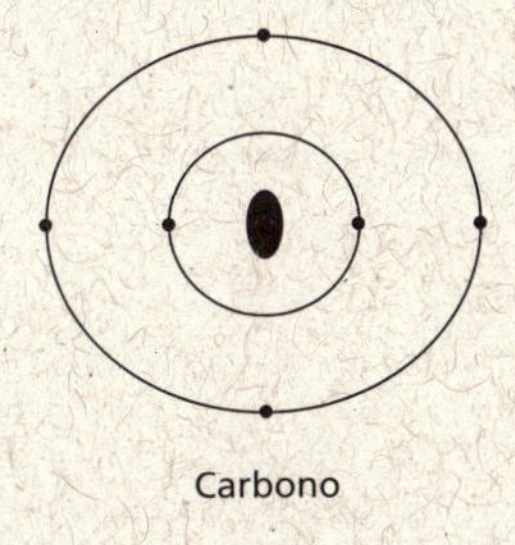

Figura 16: Um átomo de carbono com seus quatro elétrons externos.

a saber: em vez de compartilhar elétrons numa ligação covalente, um átomo tem a possibilidade de ceder um ou mais elétrons externos se houver um átomo disponível que possa usá-los para completar sua própria órbita externa. Esse tipo de união atômica é conhecido pelos químicos como ligação *iônica* e acontece quando o átomo doador tende a ter menos do que quatro elétrons externos. Por outro lado, diz a regra, se um átomo tem mais de quatro elétrons externos, ele tenderá a aceitar elétrons adicionais de outros átomos quando se ligar ionicamente. Um bom exemplo é o sal comum, cloreto de sódio. O átomo de sódio tem um único elétron externo, que é de bom grado cedido a um átomo de cloreto que só precisa de um elétron para completar sua órbita externa. Ao trocar o elétron, ambos os parceiros encontram repouso, mas agora as atrações entre cargas positivas e negativas entram em jogo. Tendo perdido um elétron, o átomo de sódio tem agora um próton em seu núcleo sem uma carga negativa equivalente para equilibrá-lo, tornando-se assim um ser que atrai cargas negativas. Enquanto isso, o átomo de cloreto, ao receber o elétron, tornou-se um íon cloreto e agora tem uma carga negativa total. O sódio e o cloreto, como átomos carregados (que os químicos chamam *íons*), experimentam uma nova agitação – devem ficar perto um do outro para que suas cargas possam interagir, uma atração que se manifesta, sob as condições certas, como os cristais que nos são familiares como sal de cozinha.

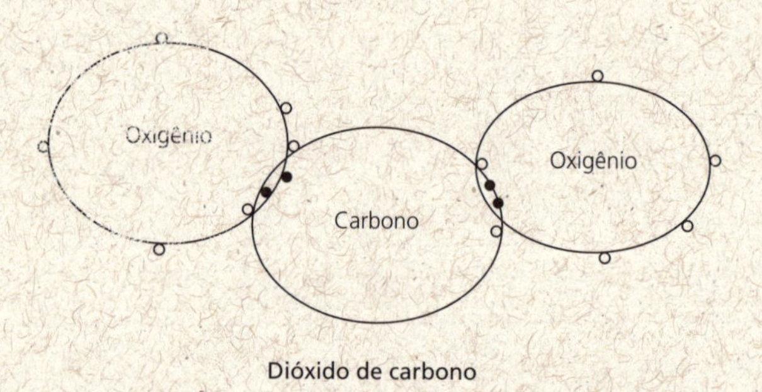

Figura 17: Satisfação mútua para átomos de carbono e oxigênio nas ligações covalentes da molécula de dióxido de carbono.

O hidrogênio (figura 18) é o átomo mais abundante do universo: 88% de todos os átomos são hidrogênio e de fato o hidrogênio é o átomo primordial do qual todos os outros se derivaram por meio da fusão no intenso calor e pressão dentro das estrelas e das explosões de supernovas. É o mais simples e o mais leve de todos os átomos: em sua forma mais básica tem apenas um próton no núcleo, que lhe proporciona a leveza que desafia a gravidade, e um elétron em sua única órbita. Os íons de hidrogênio são os íons mais quimicamente reativos que existem e também os menores. O hidrogênio procura satisfação encontrando outro elétron para sua órbita única, que só possui dois. Isso significa que dois átomos de hidrogênio de bom grado se ligam um ao outro de modo covalente para formar H_2 – uma molécula de hidrogênio –, mas o hidrogênio também se liga facilmente a outros seres elementares como carbono, fósforo ou oxigênio, e é um componente importante dos seres vivos. O hidrogênio é uma criatura etérea, impertinente, que gostaria simplesmente de escapar de vez do nosso planeta, retornando ao seu domínio ancestral no espaço cósmico como gás hidrogênio, e o campo gravitacional de Gaia não é forte o bastante para impedi-lo de sair flutuando para o espaço cósmico. Se a fuga chegasse mesmo a acontecer, perderíamos toda a nossa água e o planeta ficaria completamente seco. Pode ter sido exatamente isso que aconteceu em Vênus, mas a vida em nosso planeta tem vários meios de recapturar o hidrogênio em liberdade, combinando-o com oxigênio antes que ele possa escapar.

O nitrogênio trava sua mais estável relação consigo mesmo. Tem uma órbita interna completa, mas sente a falta de três elétrons exteriores. Isso

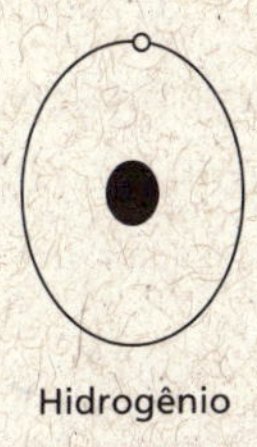

Figura 18: Um átomo de hidrogênio com seu único elétron.

significa que dois átomos de nitrogênio criam uma tripla ligação covalente que requer uma grande dose de energia para se romper; dois átomos de nitrogênio unidos desse modo são como gêmeos virtualmente inseparáveis e o gás nitrogênio é assim altamente não-reativo. Num processo inventado pelo químico alemão Haber, o gás nitrogênio é forçado a reagir com hidrogênio para produzir amônia, mas isso só pode ser feito na presença de um catalisador, a temperaturas de 500°C e uma pressão 1000 vezes maior que a pressão atmosférica normal. Talvez o nitrogênio sofra quando é forçado a se separar sob essas condições extremas; ele pode se sentir mais à vontade quando as bactérias executam essa operação, pois elas são as únicas formas de vida que podem realizar esse feito extraordinário a temperaturas habituais. Trabalhando em parceria com plantas como trevos e legumes, que alojam os micróbios em nódulos especiais da raiz, elas decompõem o nitrogênio protegido das ardentes e potencialmente destrutivas atenções do oxigênio. É essencial que o nitrogênio realmente permaneça unido como gás nitrogênio molecular (N_2), pois, sendo o gás mais abundante na atmosfera (78%), seu peso coletivo na superfície da Terra produz a pressão certa para o efeito estufa que regula a temperatura da Terra, embora qualquer nitrogênio extra possa asfixiar a vida que respira oxigênio. O nitrogênio atmosférico também dilui o oxigênio, que é assim dissuadido de envolver tudo que entrar em seu caminho numa espetacular combustão global. O nitrogênio é um nutriente essencial para toda a vida e é de importância crucial para a formação do DNA, da hemoglobina em nosso sangue e dos aminoácidos, que podem se associar graças ao nitrogênio, formando moléculas de proteínas de tamanho potencialmente vasto. O nitrogênio, evidentemente, também é a base da dinamite e do TNT. Esses compostos são tão celebremente explosivos porque o nitrogênio, à menor oportunidade, se combina consigo mesmo, liberando no processo vastas somas de energia.

O oxigênio (figura 19) é o terceiro elemento mais abundante no universo depois do hidrogênio e do hélio, mas é o elemento mais abundante na crosta da Terra. Em estrelas muito grandes – muito maiores que nosso Sol – os núcleos do oxigênio podem se fundir para dar origem ao silício, fósforo e enxofre, todos eles tendo mais prótons que o oxigênio e também uma órbita extra de elétrons para equilibrar a carga positiva extra. Ter uma órbita interna completa, mas apenas seis elétrons em sua camada externa, torna o oxigênio apaixonadamente faminto de elétrons – na realidade tão faminto que pode encontrar satisfação ligando-se de modo covalente a praticamente todo elemento conhecido. Só o hélio, neônio, argônio e criptônio estão imunes a suas abrasadoras atenções, porque esses "gases nobres" desfrutam de órbitas externas completas e se mantêm, portanto, serenamente distantes do tumulto do melodrama cotidiano da vida química. Os átomos de oxigênio gostam muito de se ligar covalentemente um com o outro, mas ao fazê-lo uma curiosa anomalia química se torna visível: dois elétrons de cada órbita externa se recusam a participar da escaramuça e permanecem sem par. Quando o oxigênio se liquefaz a temperaturas muito baixas, esses elétrons em liberdade transformam o oxigênio num excelente condutor de eletricidade. O oxigênio é o italiano apaixonado do mundo químico – sua ânsia de reunir elétrons é tão vigorosa que ele pode literalmente consumir pelo fogo as complexas moléculas da vida, liberando quantidades copiosas de energia solar originalmente contidas pela fotossíntese. A respiração, sem a qual a vida multicelular, como é a nossa, seria impossível, usa o oxigênio para consumir moléculas de alimento de um modo gradual, controlado, e armazena a energia em moléculas especiais, como a ATP, rica em fósforo. Como vimos mais atrás, o oxigênio abundante, juntamente com gases combustíveis como o metano na atmosfera de um pla-

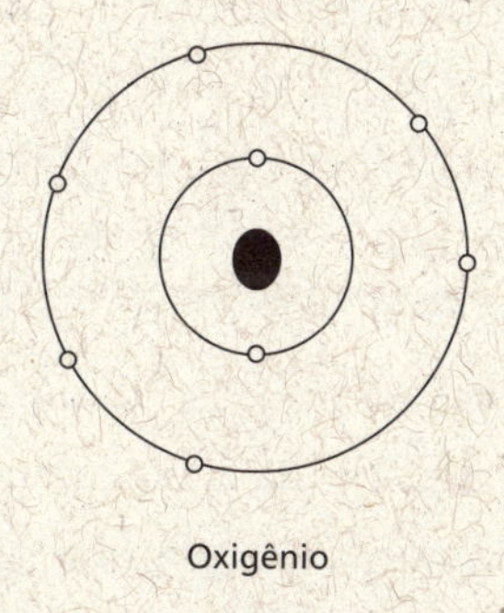

Figura 19: Um átomo de oxigênio com seus seis elétrons externos.

neta, são um sinal certo de que a vida está presente, pois só a vida pode liberar vastas quantidades desses gases no ar.

Tão apaixonado é o oxigênio na busca de elétrons que, uma vez dentro da célula, suas reações dão origem a radicais livres extremamente tóxicos que podem interferir no DNA, causando envelhecimento e até mesmo câncer. Radicais livres são átomos que acabam com um elétron perdido quando os fracos laços em que eles foram envolvidos se rompem, especialmente depois de terem experimentado as ardentes atenções do oxigênio. Os radicais livres então se sentem impelidos a capturar elétrons das moléculas das vizinhanças, criando assim novos radicais livres que freqüentemente provocam um efeito cascata potencialmente muitíssimo prejudicial. As células inventaram um exército de enzimas para liquidar esses seres químicos moleques, mas um pequeno número escapa da captura para levar a cabo a demolição do material genético – um processo que finalmente vai matar a maioria de nós. Então, como todos os nutrientes que são essenciais à vida, e até mesmo a própria energia solar, o oxigênio é ao mesmo tempo um doador de vida e um agente da morte.

O fósforo como elemento isolado jamais é encontrado na natureza. Foi coletado pela primeira vez em sua forma pura por Henning Brandt, em 1669, da urina, talvez da sua própria, que ele fez evaporar obtendo um resíduo que aqueceu até a incandescência. Ele coletou e condensou o vapor resultante, terminando com um pó branco que brilhava intensamente no escuro e irrompia espontaneamente em chamas quando exposto ao ar. Essas propriedades deram ao fósforo seu nome, das palavras gregas *phos* (luz) e *phorus* (portando); por conseguinte ele é o "portador da luz" do mundo químico. Nos seres vivos, o fósforo está envolvido em portar a luz de modos mais sutis: primeiramente por meio de seu envolvimento crucial na estocagem e liberação de energia, em última análise derivada do Sol, que acende a luz da sensibilidade na própria vida; e em segundo lugar como a fonte última da extraordinária luz da bioluminescência, tão bem manifestada por algumas algas planctônicas e criaturas das profundezas do oceano. Alguns falam do fósforo como "nutriente problema" de Gaia por causa de sua escassez (é o décimo primeiro elemento mais freqüente na crosta da

Terra) e devido à dificuldade de fazê-lo passar dos sedimentos marinhos, onde é farto, para a terra e a superfície do oceano, onde é escasso; a proeza torna-se particularmente difícil porque não há molécula gasosa na natureza selvagem que atue como agente dessa transferência.

O fósforo tem suas duas órbitas internas primorosamente repletas de elétrons, mas sua órbita externa, a terceira, tem a falta de três. O fósforo se liga a carbono e nitrogênio para criar a molécula ATP, que é a importantíssima molécula aceitadora de energia presente em todo ser vivo, de micróbio a elefante. Nós, humanos, processamos um assombroso quilo de ATP por hora, em cada dia da nossa vida. Ele é também encontrado na molécula de DNA, e nos vertebrados ocorre mais comumente no osso, ligado a átomos de cálcio e oxigênio como fosfato de cálcio. Como o oxigênio, o fósforo é um ser químico apaixonado. Quando os dois elementos se encontravam nus no ar, as chamas que chocaram Brandt davam testemunho da ardente e explosiva atração que sentiam um pelo outro. O resultado de seu caso abrasador é o íon fosfato, no qual o fósforo está ligado a quatro átomos de oxigênio.

O enxofre, como o oxigênio, possui uma terceira órbita, externa, que tem falta de dois elétrons. Para chegar ao enxofre, pegue o oxigênio, complete sua segunda órbita externa e adicione uma terceira, mas deixando faltar dois elétrons. O enxofre, como o oxigênio, procura assim dois elétrons para se sentir inteiro, mas de um modo menos frenético; ele tem um caráter mais maduro (e mais sóbrio) porque suas duas órbitas internas estão satisfatoriamente completas. É essencial para a vida porque é um componente-chave do aminoácido metionina, sem o qual a bioquímica humana não pode ser mantida. O enxofre compartilha um pouco da paixão do oxigênio, mas, sendo mais moderado em seus relacionamentos, é capaz de formar longos anéis e cadeias, mais ou menos como os do carbono, e de se ligar a outros átomos sob uma grande variedade de formas. Estranhamente, em suas variadas formas gasosas, o enxofre está freqüentemente associado a odores que são ofensivos ao nariz humano.

Muitos outros elementos são cruciais para Gaia e desses são de grande importância o cálcio, o ferro e o silício. Um átomo de cálcio tem quatro órbitas de elétrons, três delas completas, mas sua órbita externa tem apenas dois elétrons, o que faz com que ele de muito bom grado se envolva em ligações iônicas onde cede esses elétrons, deixando para trás um íon cálcio que transporta uma dupla carga positiva. É isso que torna o cálcio tão atraente para íons negativamente carregados. O cálcio tem sido chamado de mensageiro da célula, porque é mais ou menos como aqueles empreendedores carismáticos do mundo humano com um talento eloqüente para a promoção de redes. Está envolvido em praticamente todo processo celular, da divisão celular à fecundação e à contração muscular, e sem esse átomo tipo Hermes a fantástica coordenação do metabolismo da célula seria impossível. Mas cálcio em excesso pode matar, por isso as células têm de despender energia para mantê-lo numa concentração suficientemente baixa para um funcionamento ótimo.

O ferro, como o cálcio, tem três órbitas de elétrons completas, mas oito elétrons externos em vez de dois. Isso significa que o ferro precisa procurar dez elétrons para ficar completo e faz isso de muitos modos diferentes. Tem uma inclinação particular pelo oxigênio: o ferro está situado no centro da molécula de hemoglobina, onde se liga com o oxigênio dos pulmões, liberando-o para células onde a tensão do oxigênio é baixa. Ele também se liga ao oxigênio de duas formas importantes: como hematita (Fe_2O_3), comum em praias de areia vulcânica preta, e magnetita (Fe_3O_4). Esses dois compostos de ferro desempenharam um importante papel na fixação da concentração de oxigênio na primitiva atmosfera da Terra.

O silício, como o carbono, precisa de quatro elétrons para completar sua órbita externa, mas, ao contrário do carbono, tem uma órbita interna extra com oito elétrons. O silício compartilha algumas das características do carbono – é um ser altamente social que gosta de formar longas cadeias com outros átomos de silício, e adora fazê-lo como íon silicato $(SiO_4)^{-4}$, em que um átomo de silício se liga a quatro átomos de oxigênio. Os íons silicato podem se ligar de um número espantosamente grande de maneiras, uma das quais ocorre quando os quatro átomos de oxigênio são compartilhados, dando origem à sílica (SiO_2), que pode se organizar na configuração em espiral, altamente ordenada, dos cristais de quartzo. Os continentes e o leito marinho são constituídos de rochas de silicato de cálcio, que podem assumir muitas formas complexas, mas que consistem basicamente de um oxigênio silícico sustentado por muitos outros átomos, incluindo o cálcio iônico, mantido dentro dele pelas forças ubíquas da atração elétrica. Os continentes são constituídos de granito e o leito marinho de basalto, ambos, como veremos mais tarde, crucialmente importantes para regular a temperatura da superfície de Gaia.

A Origem dos Elementos

Acabamos de aprender algumas coisas básicas sobre as personalidades dos grandes seres elementares cruciais para Gaia, mas de onde eles vieram? Essa pergunta é relevante porque, ao nos levar para o reino da cosmologia, ela nos ajuda a compreender não apenas as origens do nosso planeta, mas também a pensar na sua existência em relação ao universo como uma entidade em evolução, auto-organizada. Nossa resposta à pergunta é: "vieram do Big Bang". Nesse misterioso evento, que aconteceu há cerca de 15 bilhões de anos, a energia, a matéria, o espaço e o tempo saem do nada num instante primordial da criação. O impressionante nisto é que o universo não apareceu de súbito num espaço preexistente, porque o próprio espaço foi criado juntamente com a energia primordial, que ainda podemos detectar como "irradiação cósmica de fundo". À medida que se espalhava, a bola de fogo gradualmente esfriava, até que, após os primeiros quinze minutos, a energia se condensou nos primeiros elétrons, e depois, com um novo esfriamento, em nêutrons e prótons. O universo nascente se espalhou quando o novo espaço passou a existir entre essas partículas elementares recentemente formadas e, por fim, nos quinze minutos seguintes, o esfriamento foi suficiente para permitir a coalescência destas partículas no hidrogênio, o primeiro ser elementar nascido do universo e, até os dias de hoje, o mais freqüente de todos os elementos.

O Big Bang não produziu nenhum dos elementos mais pesados, fora algum hélio e lítio, vizinhos imediatos do hidrogênio na tabela periódica.

Os elementos mais pesados foram forjados muito mais tarde, quando átomos de hidrogênio avançaram juntos pela atração gravitacional para formar as estrelas, que coalesceram quando o universo esfriou ainda mais. Finalmente algumas destas massas se tornaram tão grandes que as pressões em seus centros foram suficientemente fortes para fundir os núcleos do hidrogênio em hélio, liberando imensa soma de energia, parte dela como luz visível. Desse modo as estrelas nasceram e o universo inteiro se iluminou com seu brilho. A coisa assombrosa é que as condições que levam ao nascimento das estrelas são muito delicadamente equilibradas. Se a atração gravitacional entre pequenos pedaços de matéria tivesse sido um pouco maior ou menor do que realmente é, a existência das estrelas como nós as conhecemos não teria sido possível e sem elas os elementos, o sistema solar e a vida que nosso planeta sustenta não poderiam ter surgido.

Durante os primeiros bilhões de anos, todas as estrelas que enchiam o universo queimavam hidrogênio, mas quando algumas das estrelas maiores envelheceram, transformando-se em gigantes vermelhos durante os últimos 10% de seu tempo de vida, elementos mais pesados foram formados em seus centros quentes, imensamente densos. Durante grande parte de suas vidas essas estrelas queimaram hidrogênio, mas então, quando morreram, as pressões e temperaturas atingiram níveis tão altos no interior delas que elementos mais pesados foram formados a um ritmo cada vez mais rápido. Os átomos de carbono eram criados quando grupos de três núcleos de hélio se fundiam, gerando núcleos de carbono com seis prótons e seis nêutrons, acompanhados por vastas liberações de energia. Então, com as estrelas envelhecendo ainda mais, os elementos mais densos como o sódio, o magnésio e o oxigênio nasceram quando alguns dos núcleos de carbono se fundiram, até que a seqüência chegou ao ferro, após o que a criação de novos elementos só não se deteve nas estrelas realmente muito grandes. Assim que a fase do ferro foi atingida no interior desses gigantes estelares, o ritmo da criação elementar ficou frenético e, nos últimos poucos segundos da vida deles, um colapso gravitacional para o interior gerou energia suficiente para desencadear maciças explosões de supernovas que mandaram enormes quantidades de hidrogênio, e somas menores dos seres químicos mais pesados como carbono, oxigênio, fósforo e enxofre, em rodopio para as remotas extensões do espaço interestelar. Algumas destas nuvens de seres atômicos coalesceram em novas estrelas, dando origem a outras explosões de supernovas e à elementos mais recentemente sintetizados – um processo que continua até os dias de hoje. Assim, muitos dos seres químicos que agora constituem a Terra, e de fato todo o nosso sistema solar, viveram em várias estrelas antes de passarem a habitar em nós e nas rochas, atmosfera e oceano do nosso planeta.

O Nascimento do nosso Sistema Solar

Às vezes uma nuvem de material expelida por uma supernova se condensa numa nuvem nebular de poeira e isso pode, no momento certo, originar um sistema solar. Uma tal nuvem, nas remotas extensões de uma galáxia conhecida como Via Láctea, tornou-se o sistema solar em que Gaia reside. A nuvem de matéria interestelar que acabou se transformando em nossa Terra tinha a combinação certa de elementos para dar origem a um planeta vivo. Espantosos 99% da massa da nuvem nebular eram hidrogênio, com os elementos mais pesados não ultrapassando 1%. Contudo, entre esses relativamente raros seres químicos havia um número suficiente de materiais radioativos, como potássio, urânio e tório radioativos, para suprir o interior da Terra com uma fonte de energia suficiente para acionar os movimentos das placas tectônicas; havia também carbono, oxigênio, hidrogênio, enxofre e nitrogênio, que são essenciais à vida, além de outros elementos como ferro, magnésio de cálcio e oxigênio, que formaram a crosta da Terra e seu profundo interior rochoso.

No centro da nuvem nebular havia um proto-Sol e, em volta dele, um disco achatado de poeira interestelar que gradualmente se organizou em faixas e, depois, em pequenos grãos de areia dentro de cada faixa, enquanto um número cada vez maior de partículas de poeira colidia. Em qualquer dada faixa esses diminutos grãos de areia, por meio da atração gravitacional e por simples colisão entre eles, foram gradualmente se unindo para formar blocos cada vez maiores de matéria, até que por fim toda a matéria foi arrastada para um planeta, que ficou orbitando a trajetória onde as faixas de poeira tinham estado. Todos os planetas do nosso sistema solar reuniram-se da mesma maneira, mas os quatro primeiros, Mercúrio, Vênus, Terra e Marte, são rochosos; os próximos quatro (Júpiter, Saturno, Urano e Netuno) são gasosos. Plutão, o último, é também principalmente rocha.

Foi uma sorte que a nuvem nebular que acabou formando a Terra fosse pobre em carbono e água, pois um excesso de carbono teria significado tanto dióxido de carbono na atmosfera que a temperatura da superfície da Terra teria sido, desde o princípio, muito alta. As altas temperaturas teriam evaporado toda a abundante água para a atmosfera, levando a temperatura a subir ainda mais porque o vapor de água é por si mesmo um poderoso gás de estufa. Com toda a sua água na atmosfera, a Terra teria enfrentado uma inevitável e completa dessecação. Luz solar de alta energia no topo da atmosfera desfaria os laços entre hidrogênio e oxigênio como um conjunto de espadas cortando manteiga, e os átomos de hidrogênio recentemente liberados seriam, então, avidamente atirados no espaço porque o hidrogênio (um ser com basicamente apenas um próton e um elétron) é tão leve que a gravidade da Terra não consegue impedir que ele escape para o vazio ao redor. O oxigênio restante, privado do hidrogênio, teria satisfeito sua fome de elétrons reagindo com os gases de enxofre dos vulcões para produzir ácido sulfúrico. Sem absolutamente qualquer hidrogênio e sem oxigênio em liberdade, a água jamais poderia ter sido reconstituída. Foi esse o destino enfrentado por Vênus, nosso vizinho mais próximo na direção do Sol, onde a temperatura da superfície é alta o bastante para derreter chumbo e a acidez é suficiente para corroer até mesmo o mais resistente dos materiais. Mas as coisas em nosso planeta eram diferentes: seus níveis de carbono e água, inicialmente baixos, foram suplementados na medida certa por impactos de meteoritos e cometas vindos das remotas extensões do sistema solar, onde esses elementos eram muito mais abundantes.

Nosso planeta nascente foi especial sob muitos outros aspectos. A órbita da Terra mantinha exatamente a distância certa do Sol para permitir que a água em estado líquido permanecesse em sua superfície, e sua massa fornecia a quantidade certa de atração gravitacional para conservar a atmosfera e o oceano num abraço protetor ao seu redor. O próprio Sol fornecia uma quantidade relativamente constante de energia, sem demasiada esterilizante radiação ultravioleta. A configuração e as massas dos outros planetas do sistema solar estavam igualmente bem sintonizadas para que as mútuas influências gravitacionais entre eles e entre eles e a Terra produzissem a duradoura propriedade emergente de estabilidade na órbita da Terra. Tivesse qualquer uma das massas dos planetas sido apenas ligeiramente diferente, a órbita do nosso planeta podia perfeitamente ter sido caótica, tornando impossível a evolução de uma Gaia com vida multicelular complexa. A Lua foi criada quando um estilhaço interplanetário do tamanho de Marte atingiu a Terra cerca de 4,5 bilhões de anos atrás. O impacto liberou tanta energia que ambos os planetas se derreteram até os seus núcleos, enviando uma grande massa de fragmentos derretidos para o espaço, fragmentos que mais tarde se condensaram em nosso mais próximo vizinho planetário. Nossa Lua é criticamente importante para a complexidade viva do nosso planeta, pois seu intenso abraço gravitacional contribui para estabilizar a inclinação axial do nosso planeta, que de outro modo oscilaria caoticamente. O campo gravitacional de um grande planeta do tamanho de Júpiter é também necessário para desviar os asteróides – grandes pedaços de rocha interestelar – da Terra, embora a imensa gravidade de Júpiter ocasionalmente acabe mandando asteróides e cometas em nossa direção. No passado muito distante, cerca de 4 bilhões de anos atrás, quando nosso planeta estava se formando, alguns desses cometas (que eram então muito mais abundantes) podem ter provido a Terra de uma tão necessária fonte de água.

De tudo isso se pode concluir que foi preciso mais para fazer Gaia do que a simples presença dos seres químicos certos nas proporções certas num protoplaneta que se condensava, pois o contexto mais amplo do sistema solar era também importante. Mas mesmo isso não foi o bastante: o contexto galáctico também era crucial. Gaia se desenvolveu na Via Láctea, uma galáxia com um número suficiente de elementos pesados e com a forma certa para suportar um sistema solar viável. Além disso, Gaia vive exatamente na *parte* certa da galáxia, a salvo dos esterilizantes raios gama que emanam quando estrelas supermaciças entram em colapso. É como se a matéria estivesse esperando o aparecimento das condições certas antes de poder explorar as possibilidades latentes dentro de si mesma para o surgimento de um planeta auto-regulado, capaz de evolução, abrigando uma profusão de vida. A matéria ansiava para experimentar-se a si própria desdobrando-se na plenitude do estado vivo. Foi por puro acaso que as condições certas apareceram tanto tempo atrás em nossa parte da galáxia? Pode haver uma diferença entre acaso e sorte? Talvez o acaso também envolva determinismo, enquanto a "sorte" poderia sugerir a ação de um indeterminado princípio animador dentro de todas as coisas. Se assim for, a sorte desempenhara seu papel ao definir as condições certas e a bola giratória de rocha que ia se transformar em Gaia agora estava pronta para dar seu próximo passo: o aparecimento da vida.

MERGULHANDO NO TEMPO PROFUNDO

Encontre um lugar onde você possa relaxar e se sentir confortável, talvez sua morada em Gaia. Respire fundo algumas vezes e quando estiver pronto imagine que está parado, sob um céu estrelado, na beira de um poço, o poço do tempo profundo.

Espreitando dentro do poço, você vê um universo de estrelas girando num convidativo espaço tingido de preto, muito parecido com o do céu acima de você.

Sentindo uma curiosidade intensa, você ultrapassa a beirada do poço e se solta em direção a seu centro com uma completa sensação de segurança e confiança. Você flutua suavemente no abraço envolvente do meio tingido de preto do poço.

Devagar, você flutua um pouco mais para baixo e, de repente, vê Gaia do espaço como ela era pouco antes da revolução industrial, com seu manto rodo-

piante de nuvens brancas, o vasto oceano azul e os continentes espalhados por toda a superfície de seu lustroso corpo esférico. Grandes biomas cobrem a terra de uma vegetação rica, variada. Como um pássaro, você voa através da cada bioma, sentindo a incrível abundância de seres vivos que vivem em cada um deles. Como um peixe, você mergulha no oceano e sente a espantosa diversidade da vida nesse grande reino aquático.

Você passa a compreender que Gaia abriga hoje mais espécies que nunca. Você sente como ela é sublimemente sofisticada ao manejar os elementos químicos e fica assombrado com sua ilimitada habilidade para lidar com o Sol brilhante. Você repara como as teias de relações que entrelaçam suas formas de vida e suas rochas, atmosfera e água nunca estiveram tão estreitamente acopladas quanto agora. Está claro para você que Gaia atingiu o ponto mais alto de sua evolução.

Agora mergulhe mais fundo no poço do tempo, de volta a 100 milhões de anos atrás, aos dias da Era dos Répteis. Você vê novamente Gaia do espaço, mas agora seus continentes estão mais próximos uns dos outros e o oceano Atlântico é muito menor. Mergulhando na vegetação, você fica atônito ao ver como ela mudou. Há bromélias gigantes com folhas imensas, parecidas com centopéias, altas cicadáceas e plantas primitivas florindo. Entre as bromélias, gigantescos dinossauros andam de um lado para o outro com uma incrível desenvoltura e, no solo, você avista formigas e cupins de aparência familiar. No ar, pequenas libélulas se agitam e disparam.

Mergulhando mais fundo no poço do tempo, você chega a 250 milhões de anos atrás – a Era dos Anfíbios. Do espaço, você vê apenas um único continente espalhando-se de um dos lados da superfície de Gaia, alcançando altas latitudes de ambos os lados do equador, luxuriante com o crescimento da flora. Agora há árvores altas que lembram palmeiras, outras chamadas cavalinhas, também altas e cheias de pontas, e samambaias com sementes expostas. Você avista enormes anfíbios que parecem salamandras e répteis primitivos que põem ovos de casca dura na areia quente das amplas praias de rio. Libélulas gigantes se arremessam pelo ar e baratas fogem em disparada por entre a vegetação apodrecida.

Você mergulha mais fundo no abraço aveludado do poço, desfrutando a sensação de penetrar no tempo, como se estivesse caindo adormecido num sonho exuberante e multifacetado, até chegar a 500 milhões de anos atrás, quando alguns dos primeiros seres multicelulares de Gaia fizeram seu aparecimento. Você repara como agora ela é diferente quando vista do espaço. Os continentes estão se agrupando e a vegetação luxuriante que havia na terra firme se foi, pois agora só uma mancha rala de crostas e teias microbianas cobre as rochas. Mergulhando no mar raso na borda do continente você vê uma multidão de trilobitas de carapaça, escorpiões marinhos e estranhas estrelas-do-mar com braços em espiral. Esponjas esquadrinham a nutritiva água do mar e microscópicos radiolários com esqueleto de sílica caçam fitoplânctons, estendendo seus protuberantes pseudópodes para o mar cheio de luz.

Você se despede desse mundo quase familiar e mergulha cada vez mais fundo no tempo, caindo agora como uma folha de outono que rodopia devagar, por muito mais tempo que antes, até chegar a 1.800 milhões de anos atrás. Os continentes menores ainda estão cobertos por teias bacterianas que dissolvem rochas e há grandes depósitos vermelhos na terra, indicando que ainda há oxigênio em liberdade no ar. Mergulhando nos mares rasos das plataformas continentais, a princípio você não vê qualquer tipo de vida. Encolhendo, no entanto, até o tamanho de um pontinho e depois ficando ainda mil vezes menor, você encontra uma multidão de minúsculos seres unicelulares, cada qual possuindo um glóbulo esférico, o núcleo, que contém seu material genético. Você também vê uma multidão de seres ainda menores em forma de salsichas e saca-rolhas: as bactérias.

Continuando pequeno, você mergulha ainda mais fundo, chegando a 3.500 milhões de anos atrás. Vista do espaço, Gaia não é mais uma jóia azul, pois agora há um pouco do precioso oxigênio na atmosfera. O mar é esverdeado, refletindo um céu rosado, dominado pelo metano. Acabou a fartura dos continentes; você vê apenas uma tintura de ilhas vulcânicas pontilhando no mar, no qual você cai como o mais diminuto cisco de poeira. Aí, nas extensões superiores e iluminadas das águas você só avista bactérias – foram-se os seres nucleados maiores do mundo anterior. Algumas bactérias são verdes e transpiram pequenas bolhas de gás – oxigênio – que é rapidamente devorado pelo ferro faminto de oxigênio e pelos compostos de enxofre. Grandes colônias de bactérias, os estromatólitos, secretam seus domos de greda onde quer que as águas sejam suficientemente rasas para suportá-los.

Agora você cai nos mais profundos recessos do tempo, até chegar a 4.600 milhões de anos atrás, muito antes de Gaia existir, quando a Terra era uma bola de rocha há pouco formada. Flutuando no espaço, você vê cometas e meteoritos enormes bombardeando o planeta nascente, abastecendo-o de água e outros ingredientes essenciais para seu futuro como mãe da vida. Espantado, você observa um planeta maciço do tamanho do vizinho Marte cair estrondosamente na Terra, derretendo ambos e pondo em órbita fragmentos de rocha derretida que finalmente se aglutinam na Lua.

Um melodioso canto de pássaro vindo das áreas superiores do poço quebra o encanto, chamando-o de volta para nosso próprio tempo. Rapidamente você nada para cima através do tecido aveludado, preto-azulado do tempo em direção à boca do poço e retorna ao vasto céu noturno do momento presente.

CAPÍTULO 5

Jornadas do Carbono

O Carbono a Longo Prazo

Já examinamos algumas evidências a favor de Gaia – lembre o traçado de geólogo de sua temperatura, que tem permanecido dentro de limites habitáveis durante os 3,5 bilhões de anos de manutenção da vida em nosso planeta, apesar de excursões ocasionais para períodos mais quentes e mais frios. Lembre também que o Sol cada vez mais brilhante, combinado a emissões contínuas do dióxido de carbono dos vulcões, devia ter resultado, muitos milhões de anos atrás, numa infernal superestufa global, capaz de eliminar a vida; hoje, no entanto, desfrutamos de uma bem confortável temperatura média global de cerca de 15°C. Por quê? A resposta envolve uma combinação maravilhosamente holística e deliciosamente gaiana de biologia (vida), geologia (rochas), física (transferência de energia) e química (interações entre os seres químicos), trabalhando juntas para regular a temperatura de Gaia por sobre um leque de escalas de tempo, numa dança interminável de realimentação negativa.

Vamos repassar a história de como isso acontece num prazo bem longo, durante mais ou menos um milhão de anos. Pode-se contar essa história na linguagem incrivelmente seca da ciência convencional, em que tudo é tratado como se fosse apenas matéria morta observada de longe por um intelecto humano extremamente isento, ou pode-se narrá-la reconhecendo nossa inexorável inserção em Gaia e nossa íntima conexão com os atributos ativos dentro de cada partícula de matéria. A secura objetivista domina inteiramente o texto científico convencional, seja do gênero popular ou técnico, por isso vou recorrer a uma ostensiva versão animista desta – e de outras histórias gaianas usando deliberadamente a personificação como um dispositivo para ajudar a soprar novamente vida no que, de outro modo, poderia ser um relato meio tedioso, que só conseguiria estimular a imaginação de um punhado de especialistas encerrados em suas torres de marfim.

Permita então que eu comece na escala ultramicroscópica apresentando você à *Emiliania huxleyii* (figura 20), uma alga marinha unicelular que vive na superfície dos oceanos frios como membro da comunidade fitoplâncton. *Emiliania* é minúscula, com 4/1000 de um milímetro (4 mícrons) de diâmetro, por isso as estruturas em forma de roda que você vê na figura são ainda mais diminutas – você precisa de um microscópio eletrônico para ver os detalhes sutis revelados na foto.

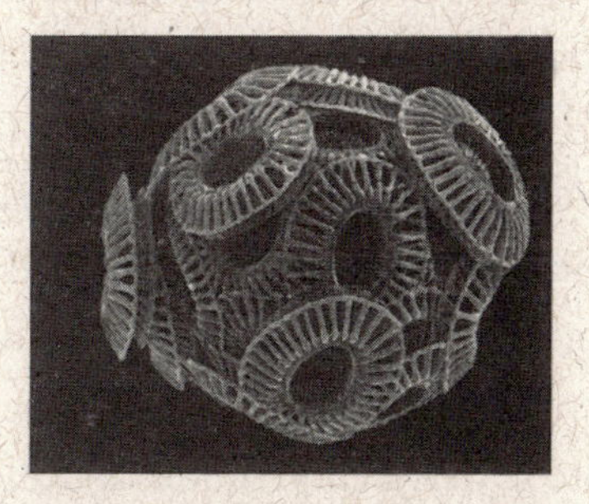

Figura 20: A cocolitófora *Emiliania huxleyii*, com suas placas de greda *(foto © Steve Gschmeissner / Science Photo Library).*

Emiliania pertence a um grupo de algas celebradas por um nome deliciosamente romântico: elas são *cocolitóforas*, o que quer dizer "portadoras de pequenos grãos pedregosos". Os grãos em questão, as estruturas em forma de roda ou cocolitos, são feitos de um dos mais importantes seres moleculares de Gaia: o carbonato de cálcio ou *calcita* – uma combinação de três dos elementos nascidos da explosão da supernova que levou a Gaia: cálcio, carbono e oxigênio. A calcita se manifesta como dois tipos muito parecidos de rocha, que se distinguem principalmente por diferenças de densidade: a greda leve e porosa e o muito mais denso calcário. *Emiliania* é uma fotossintetizadora unicelular e é uma mestra em usar a energia do Sol para converter dióxido de carbono e água em açúcares e oxigênio. Mas ela também é perita em outra complexa arte bioquímica – a precipitação de greda dentro de profundas câmaras intracelulares em cocolitos primorosamente trabalhados, que, quando completas, são excretadas para rodear a célula de uma camada branca de placas de greda. Os químicos registram a fórmula da calcita (os grãos pedregosos de greda carregados por essas pequenas criaturas) da seguinte maneira:

$$CaCO_3$$

Isto significa que uma única molécula de greda contém um átomo de cálcio, um átomo de carbono e três átomos de oxigênio. Como logo vamos descobrir, é a presença do átomo de carbono que dá à greda sua importância para a regulação a longo prazo da temperatura de Gaia.

Agora vamos passar da microescala da história para a escala espacial muito mais vasta envolvendo movimentos da crosta da Terra e a imensamente poderosa atividade dos vulcões, que vomitam dióxido de carbono – o gás de estufa – juntamente com grandes quantidades de lava, um tipo de rocha intimamente relacionado ao basalto e ao granito. O basalto é a mãe de todas as rochas. Jorra nas cristas no meio do oceano de Gaia, quente e elástico, como chocolate se derretendo vindo do fundo da Terra. O granito nasce sob temperaturas e pressões superaltas bem abaixo das bordas continentais, quando o basalto é cozido com a água ou quando os depósitos de greda e sílica se recombinam. O basalto e o granito (conhecidos dos cientistas como rochas de silicato de cálcio) contêm muito cálcio, oxigênio e silício, que se auto-organizam ao resfriar em treliças cristalinas tridimensionais de apurada precisão e regularidade. Encerrados na treliça de rocha como princesas cativas num castelo antigo estão íons cálcio positivamente carregados que, jamais perdendo a esperança de experimentar alguma coisa diferente do entorpecimento de uma existência cristalina, anseiam por escapar da prisão da treliça que os tem mantido cativos freqüentemente há milhões de anos. Existe apenas um meio capaz de assegurar a escapada do cálcio: o cálcio tem de embarcar num casamento químico com o carbono, seu príncipe, pretendente e noivo que, cavalgando a atmosfera como parte de uma molécula de dióxido de carbono, rebusca tudo para encontrar sua princesa encarcerada na rocha. Quando uma molécula de dióxido de carbono finalmente encontra o basalto ou o granito, o casamento pode enfim acontecer, mas só depois de terem sido superados alguns complexos desafios.

Primeiro, uma molécula de água de uma chuvarada tem de dissolver uma molécula de dióxido de carbono para produzir o ácido carbônico que imediatamente se dissocia em dois novos seres químicos: um íon bicarbonato, em que o átomo de carbono está ligado a um átomo de hidrogênio e três átomos de oxigênio, e íons hidrogênio positivamente carregados. Os íons hidrogênio assim liberados, não passando de prótons, são suficientemente pequenos para viajar com facilidade entre os seres químicos muito maiores como o cálcio, o silício e o oxigênio que mantêm a treliça de rocha estreitamente unida devido ao modo como suas cargas positivas e negativas interagem e se auto-organizam. Vastas hordas dos minúsculos íons hidrogênio, positivamente carregados, insinuam-se para a rocha. Como formigas, passam através de diminutas fendas nas paredes do castelo de granito e se agrupam ao redor dos íons oxigênio e íons silício negativamente carregados, neutralizando as atrações elétricas que mantêm a rocha unida, de modo que o que antigamente era granito ou basalto sólidos, intransponíveis, se dissolve lentamente como um torrão molhado de açúcar.

Quando a rocha se desintegra, o carbono da atmosfera, mantido preso nos íons bicarbonato, se combina com as princesas recentemente libertadas, os íons cálcio, fundindo-se num sagrado casamento químico para se tornarem *bicarbonato de cálcio*, que livremente falando é uma forma de greda solúvel em água que possui dentro dela dióxido de carbono removido do ar. Há um cálculo preciso aqui: cada íon cálcio que a erosão liberou da rocha se liga a dois átomos de carbono da atmosfera. Os participantes desses casamentos químicos estão tão ávidos de se combinar uns com os outros que mesmo uma simples gota de chuva caindo na superfície nua da menor pedra de basalto ou granito é suficiente para iniciar muitas uniões químicas, quando os íons cálcio são por fim libertados de suas prisões rochosas para se associarem a seus ardentes pretendentes carbonos puxados da atmosfera. Esse processo, conhecido pela corrente principal da ciência como *erosão do silicato de cálcio*, remove o dióxido de carbono do ar, esfriando assim a Terra.

A solução de bicarbonato de cálcio começa a se espalhar pelo solo devido aos aguaceiros e, finalmente, chega a rios que a carregam para o mar, onde as cocolitóforas, se estão presentes, a precipitam como greda sólida dentro de seus corpos microscópicos. Outras criaturas marinhas também precipitam conchas de greda e carapaças corporais do bicarbonato de cálcio, entre elas crustáceos como caranguejos e cracas, e alguns moluscos, como mexilhões, ostras e sibas, cujos esqueletos de greda em forma de losango podem freqüentemente ser encontrados arremessados em praias pelo mundo afora.

Ao precipitar greda contendo dióxido de carbono tirado da atmosfera, esses seres têm um forte efeito refrigerante no planeta inteiro. Mas é o microscópico fitoplâncton flutuante formador de greda que tem entrado com a parte de leão desse efeito refrigerante durante aproximadamente os últimos 80 milhões de anos. Essas minúsculas algas se desenvolvem sobre vastas áreas dos oceanos frios do mundo. Quando morrem, uma "neve marinha" gredosa se deposita no fundo do mar, apertando e espremendo acumulações anteriores de esqueletos gredosos na sólida rocha de greda. Em muitas partes do mundo, esses depósitos de greda podem ser vistos sobre o nível do mar, onde têm sido erguidos pelos grandes movimentos da crosta de Gaia. Os famosos rochedos de greda conhecidos como as Sete

Irmãs, no sul da Inglaterra, são um maravilhoso exemplo. Esses rochedos são feitos quase inteiramente de um sem-número de microscópicos esqueletos de greda secretados principalmente pelas cocolitóforas. Quando você olha para esses rochedos ou, de fato, para qualquer outra greda ou calcário, você está, é claro, vendo rocha, mas se a coisa for vista através de olhos gaianos, o que está realmente na sua frente é atmosfera tornada sólida ou, mais especificamente, dióxido de carbono destilado da atmosfera e solidificado graças às irresistíveis atrações entre o dióxido de carbono e as princesas de cálcio que habitam no próprio coração das rochas de silicato de cálcio.

Mas esses grandes depósitos contêm mais do que greda. Mesmo uma olhada casual nas rochas das Sete Irmãs revelará um grande número de nódulos duros de sílex que resistem à erosão e são freqüentemente transportados através de grandes distâncias por marés e correntes. Esse sílex é feito da sílica e do oxigênio tirados pela erosão do granito e do basalto, ao mesmo tempo que o cálcio. Carregada para os rios como ácido silícico, a sílica alcança o mar, onde diatomáceas (figura 21), radiolários e esponjas a precipitam em conchas cristalinas primorosamente trabalhadas e espículas que caíram em grande quantidade nas sombrias profundezas do oceano, juntamente com as conchas de greda das cocolitóforas. Como os diminutos restos cristalinos desses seres se aglutinam em nódulos de sílex é ainda um tanto misterioso.

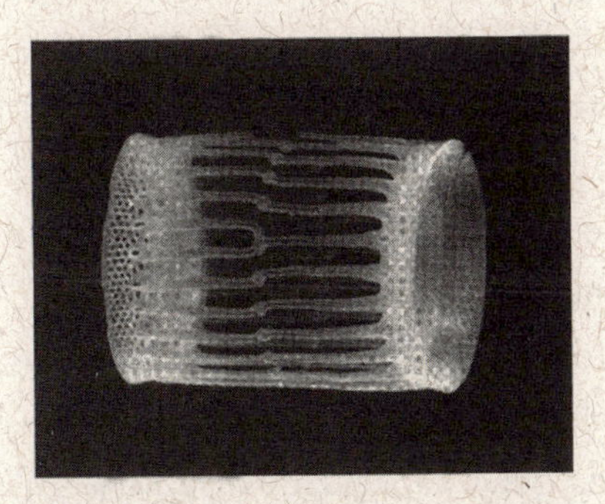

Figura 21: Uma diatomácea com seu exosqueleto de sílica finamente trabalhado *(foto © Steve Gschmeissner / Science Photo Library).*

O bicarbonato de cálcio da rocha em erosão é tão farto nos oceanos que as criaturas marinhas enfrentam o perigo muito real de morrer por incrustação de calcita, pois não há nada que o bicarbonato de cálcio goste mais do que se transmutar em calcita precipitando-se sobre qualquer superfície disponível – exatamente como ele faz nas cavernas de calcário. Um profundo conforto aguarda cada átomo de carbono, oxigênio, hidrogênio e cálcio quando eles se configuram como calcita – uma grande sensação de tranqüilidade e estabilidade para cada um deles na presença dos outros. Mas esses cômodos abraços familiares entre os seres químicos são, pelo que diz respeito às coisas vivas, tanto uma bênção quanto uma maldição: uma bênção porque o cálcio é essencial para a vida interior da célula e porque pode ser usado para fazer duras carapaças de proteção; mas uma maldição porque calcita em excesso significa morte por meio da incrustação ou do envenenamento dos mecanismos interiores da célula. Quase toda criatura que vive no mar enfrenta esses perigos, despendendo bastante energia para bombear para fora de suas células o excesso de cálcio e produzindo mucos complexos, repletos de moléculas de açúcar especialmente manufaturadas, que detêm vigorosamente a incrustação. Alguns organismos marinhos simplesmente secretam essas substâncias químicas na pele e na água do mar ao redor, mas outros, como os cocolitóforos, caranguejos e ouriços do mar, dominaram a arte de controlar a precipitação dentro de espaços intracelulares, onde os mucos açucarados especiais são usados para comandar a manufatura de um vasto conjunto de artefatos de calcário intricadamente trabalhados, como carapaças, rodas, espículas, bastões e estribos. Mesmo animais terrestres secretam esses mucos anticalcificação – nós os depositamos em nossos dentes para mantê-los livres de incrustações de calcita. Tão repleto está o oceano de bicarbonato de cálcio dissolvido da erosão de rochas que cada superfície individual se tornaria rapidamente incrustada de calcita se os mucos açucarados anticalcificação fossem de algum modo removidos.

O controle da calcificação por seres vivos tornou-se cada vez mais sutil e sofisticado à medida que a capacidade de auto-regulação de Gaia evoluiu e se intensificou no decorrer do tempo geológico. O tipo mais básico de calcificação acontece sem a intervenção da vida quando, na ausência de quaisquer inibidores químicos, a calcita se precipita da água para formar simples crostas marinhas ou as estalactites e estalagmites em cavernas de calcário. Mas no apogeu da infância de Gaia, cerca de 3 bilhões de anos atrás, as enormes colônias bacterianas (os estromatólitos) depositavam vastas plataformas crustáceas de calcita onde quer que precisassem crescer mais perto da luz doadora de vida na superfície do oceano. Então, de 600 milhões até cerca de 80 milhões de anos atrás, os principais seres calcificadores eram os corais, os moluscos e os crustáceos. Desde então o ponto principal da calcificação intensificada pela vida deslocou-se das margens dos continentes para as bordas externas das plataformas continentais, com uma infinidade de diminutos seres flutuantes, como os cocolitóforos, pondo seus entulhos gredosos para repousar no leito marinho bem abaixo deles. Durante toda essa trajetória evolutiva, de crostas a cocolitóforos, Gaia se tornou cada vez mais perita em calcificação, de modo que hoje, mais do que em qualquer outra época anterior, quantidades muito maiores de greda são precipitadas do oceano por algas microscópicas, um desenvolvimento que tem permitido que Gaia se mantenha fria diante de um sol perigosamente brilhante. Mais uma vez, Gaia se revela como entidade ativa *em evolução.*

Até aqui só consideramos o papel da vida oceânica na grande jornada de greda de Gaia, mas a vida na terra também dá uma contribuição de importância vital para esfriar a Terra, intensificando grandemente a dissolução física e química de basalto e granito. Onde quer que a vida na terra cresça nestas rochas, ela usa uma variedade de meios físicos e químicos para extrair o rico lodo dos nutrientes que elas carregam. Ao fazê-lo, a vida acelera e intensifica o emaranhamento químico da água, do dióxido de carbono e do cálcio com o bicarbonato de cálcio, uma armadilha líquida para o dióxido de carbono que é finalmente depositado no fundo do mar pelas criaturas marinhas formadoras de greda, e também apressa a liberação de sílica, que termina nos corpos cristalinos das diatomáceas, esponjas e radiolários.

Como a vida na terra realiza essa erosão intensificada? Você é um íon cálcio encerrado na treliça cristalina de um enorme domo de granito e está sentado aqui, uns dez metros abaixo da superfície, há dez milhões de anos. Ao olhar através da treliça, você vê um grande pedaço de espaço vazio, mas você avista outros íons cálcio e inclusive outros seres químicos como oxigênio, silício e alumínio, todos em arranjos cristalinos regulares. É como pôr sua cabeça entre dois espelhos paralelos num restaurante chinês onde há algumas lanternas brancas acima de você. Olhe para um espelho ou outro, você vê cerradas fileiras de lanternas se curvando aparentemente para o infinito de um lado ou de outro. As lanternas brancas são seus pares íons cálcio. Você precisaria esperar um tempo muito longo para escapar se tivesse apenas rocha química se desgastando para auxiliá-lo. Mas a superfície de rocha dez metros acima de você está de fato formigando de incontáveis seres vivos num solo escuro, rico, que sustenta fungos, micróbios e plantas grandes como árvores e arbustos. Uma vasta raiz de árvore avança serpenteando para você através de um entalhe natural no granito. A raiz cinde fisicamente a rocha e em sua esteira vem um solo rico, preto, úmido, cheio de vida microbiana. Alguns desses micróbios são bactérias que secretam uma complexa molécula de açúcar que incha quando molhada, tirando pequenos grãos de granito das principais superfícies de rocha do túnel de raízes da árvore. Esses pequenos fragmentos de granito proporcionam uma área de superfície grandemente aumentada para a erosão e são banhados pelas exalações gasosas de bilhões dos abundantes micróbios que povoam o solo. Esses micróbios, como nós, usam o oxigênio do ar para extrair energia de moléculas de comida e expiram dióxido de carbono. Como resultado, o solo é muito mais rico desse gás do que o ar acima. As próprias raízes da árvore exalam dióxido de carbono enquanto usam oxigênio para queimar açúcares feitos por fotossíntese em folhas lá no alto, na atmosfera agitada. Além disso, o solo se torna maravilhosamente poroso graças às ações de muitas pequenas criaturas como os piolhos-de-planta, as centopéias e as minhocas, que o reviram como uma multidão de jardineiros, permitindo que a água da chuva se infiltre com facilidade para completar os casamentos químicos entre o cálcio e o dióxido de carbono nos minúsculos fragmentos de rocha.

A vida na terra firme é um grande ser esmagador de rochas, dissolvente de rochas. A erosão pode ser consideravelmente intensificada até mesmo por seres relativamente simples como os líquens e as bactérias que crescem na superfície da rocha, mas árvores e arbustos podem penetrar mais fundo na rocha, fazendo todo o processo acontecer muito mais rapidamente. Assim, em condições tropicais quentes e úmidas, a vida pode acelerar até 1000 vezes a erosão do granito e do basalto em comparação com uma superfície nua, sem vida. Se você for um íon cálcio no granito de uma floresta tropical, talvez só precise esperar um ano, em vez de mil, para dar início a seu casamento destinado ao mar com seus dois parceiros íons bicarbonato.

Mas há um grande perigo aqui: a erosão do granito e do basalto pode levar o planeta a entrar num estado de bola de gelo, de congelamento permanente, se demasiado dióxido de carbono da atmosfera se escoar como greda para o fundo do oceano. Então por que isso não aconteceu? Gaia como um todo evita esse destino glacial graças aos movimentos tectônicos de sua crosta, movimentos impelidos pelas grandes forças que residem bem no interior do seu corpo rochoso. Aqui há uma grande quantidade de material radioativo que sobrou da explosão da supernova que deu origem aos elementos do nosso planeta. Quando esses materiais radioativos se decompõem, uma vasta soma de calor passa para a rocha de basalto semiderretida dos arredores, que se levanta em grandes flocos como excesso de ar quente até alcançar os montanhosos espinhaços submarinos, alguns dos quais correm de norte para sul no meio dos oceanos Atlântico e Pacífico. Aqui o basalto que emergiu recentemente esfria e se esparrama das cristas quando novas rochas brotam atrás dele. Durante todo o tempo corpos de greda assentam nestas grandes placas em movimento de basalto do leito marinho, enquanto elas viajam lenta mas certamente para um continente. Em muitos locais, os corpos dos seres com carapaça de sílica – as diatomáceas e os radiolários – fixam-se no topo dos cadáveres de greda, protegendo-os dos poderes da acidez e da alta pressão das águas oceânicas profundas, dissolventes da greda. Os próprios continentes são meros passageiros nestas imensas lajes móveis de basalto, pois suas fundações graníticas são mais leves que as placas subjacentes que os carregam pelo mundo.

Quando finalmente encontra uma borda continental, o basalto do leito marinho suavemente se curva sob ele, carregando um pouco do excesso de carbonato de cálcio e sílica para as profundezas da Terra, mais ou menos como uma grande baleia mergulhando carrega para baixo as cracas que salpicam seu couro espesso e gordo. Quando o carbonato de cálcio, a sílica e o basalto mergulham nas profundezas abissais, eles se derretem sob temperaturas e pressões suficientemente poderosas para romper os laços entre cálcio e carbono na greda, e entre silício e oxigênio na sílica. E então acontecem duas transformações extraordinárias. A primeira é a liberação de dióxido de carbono que se ergue sob a beira do continente, irrompendo por fim em espetaculares erupções vulcânicas que devolvem grande volume de dióxido de carbono à atmosfera, enquanto despacham como melado pelas íngremes encostas vulcânicas veios de lava vermelha derretida. A segunda é a recriação do granito sob as margens continentais, enquanto o cálcio, o silício e o oxigênio, juntamente com muitos outros seres químicos, reconfiguram-se nas novas fundações rochosas dos continentes, compensando a perda de granito por causa da erosão das superfícies terrestres. Que perfeita reciclagem tanto do granito quanto do dióxido de carbono! Quem dera que nossas indústrias pudessem reciclar seus produtos de maneira tão primorosa (figura 22).

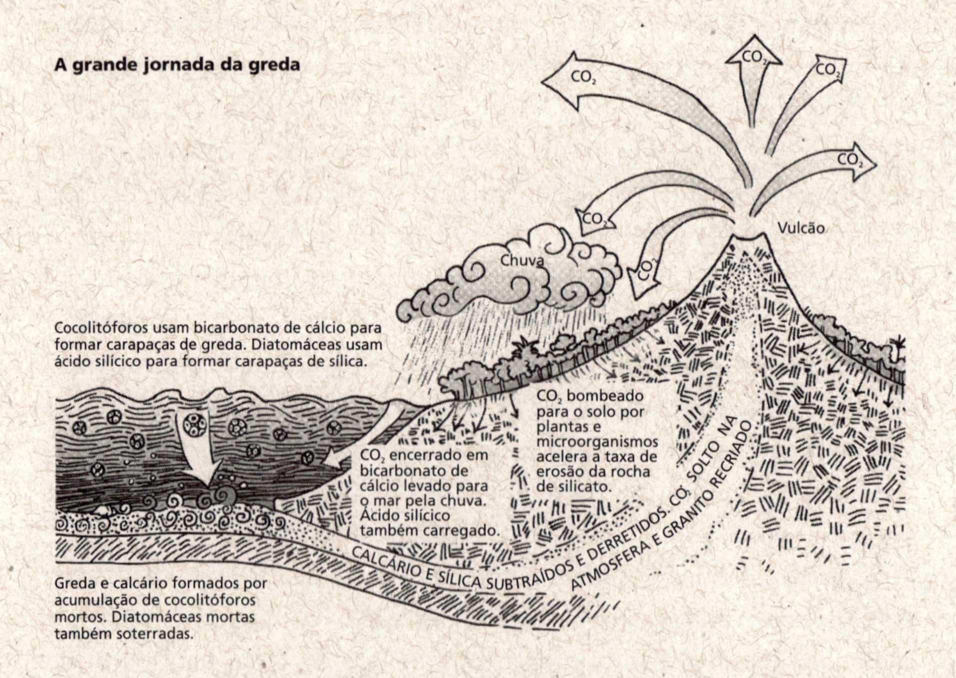

Figura 22: A jornada mais longa do carbono.

A tectônica da placa, impelida como é pela decomposição de materiais radioativos no fundo da Terra, parece ser totalmente independente da vida. Mas nada poderia estar mais longe da verdade, pois sem água não haveria placa tectônica e sem vida não haveria água. Moléculas de água invadem a matriz cristalina do basalto do leito marinho à medida que ele se afasta das cristas no meio do oceano, amolecendo-o a tal ponto que, no momento em que o basalto encontra a borda de um continente, ele nada mais quer do que penetrar mais ou menos como chocolate semiderretido. Mas uma vez no basalto, algumas das moléculas de água se fragmentam quando seus átomos de oxigênio sentem uma atração irresistível por alguns compostos essenciais portadores de ferro, deixando o hidrogênio, o mais leve de todos os seres químicos, livre para escapar para o espaço cósmico. A certa altura teria sido perdido tanto hidrogênio que Gaia morreria de dessecamento, um destino evitado graças ao trabalho de incontáveis bactérias nos sedimentos do oceano que produzem energia combinando oxigênio com o hidrogênio que escapa, recriando assim a água perdida e salvando o planeta. Mais uma vez curvamos a cabeça demonstrando gratidão às bactérias, as verdadeiras governantes do mundo. Além disso, segundo Don Anderson, o eminente geólogo americano, é concebível que a placa tectônica não pudesse existir sem o carbonato de cálcio depositado por seres vivos nas bordas das zonas de subtração, pois o grande peso desses sedimentos poderia estar amolecendo as rochas subjacentes, tornando-as suficientemente elásticas para mergulhar no fundo da Terra.

Vulcões, fontes de águas termais e terremotos são talvez as manifestações mais óbvias de atividade tectônica, mas podemos nos deparar de modos mais incomuns com as imensas energias agitadas bem debaixo da crosta da Terra, energias que mantêm suas placas em constante movimento. Certa vez, como membro de uma expedição zoológica à ilha caribenha de Dominica, fiz uma trilha com um amigo até as cataratas de Trafalgar, bem no fundo da floresta balsâmica. Contornamos com dificuldade a orla de muitas e enormes pedras arredondadas que se espalhavam ao longo das áreas mais baixas do vale e, felizmente, banhados pelas bênçãos da ampla floresta verde e do sol tropical, atingimos a pacífica solidão das cataratas. As quedas d'água eram convidativas e, quando entramos e nadamos sob as exuberantes cortinas de água cristalina, descobrimos uma estreita torrente geotérmica esguichando água quente, uma torrente como eu nunca havia encontrado. Era como se as experiências de suas longas jornadas através das rochas escuras, quentes, longe dos domínios do ar e da luz, de seu demorado contato com basalto semiderretido e granito de formação recente, permeassem minha pele como um óleo ricamente perfumado. Foi um calor carregado com um inesperado poder comunicativo. A água caindo informou meu corpo sensível do submundo rochoso que jazia sob nossos pés, muito abaixo do limiar da nossa consciência cotidiana; um reino, à sua própria maneira, tão animado e turbulento quanto o vento, a chuva e o oceano da parte do nosso mundo que existe à luz do dia.

Essa energia geotérmica é vitalmente importante, pois Gaia congelaria sem o retorno do dióxido de carbono da fusão e do derretimento do carbonato de cálcio e da sílica sob suas móveis placas rochosas. Mas e se demasiado dióxido de carbono retornar para a atmosfera por meio dos vulcões – será que Gaia não seria tostada até a morte por temperaturas altas demais para a vida suportar? Isso é de fato um perigo mortal, mas, como vimos, Gaia tem permanecido maravilhosamente eqüilibrada dentro de temperaturas toleráveis durante boa parte de sua longa vida. Como isso é possível? Parece que a lenta dança *tai chi* da realimentação negativa tem mantido a temperatura adequada para a vida, uma grande dança que envolve todos os seres vivos, rochas e gases que encontramos até agora, a dança da grande jornada gredosa do carbono através de Gaia.

Há sete realimentações negativas interligadas envolvidas nesse grande conjunto de danças auto-regulatórias (figura 23). Os vulcões têm a importante tarefa de abastecer o ar com novas legiões de moléculas de dióxido de carbono resultantes da fusão de greda e sílica no fundo da Terra. Observe, contudo, que essas grandes montanhas cônicas de lava estão livres para se comportar como quiserem, porque não há acoplamentos do resto da dança para controlar suas tempestuosas erupções. Assim a totalidade do mundo da superfície tem de se adaptar e responder à imensa agitação da rocha semiderretida bem no interior da Terra, da qual os vulcões são uma expressão.

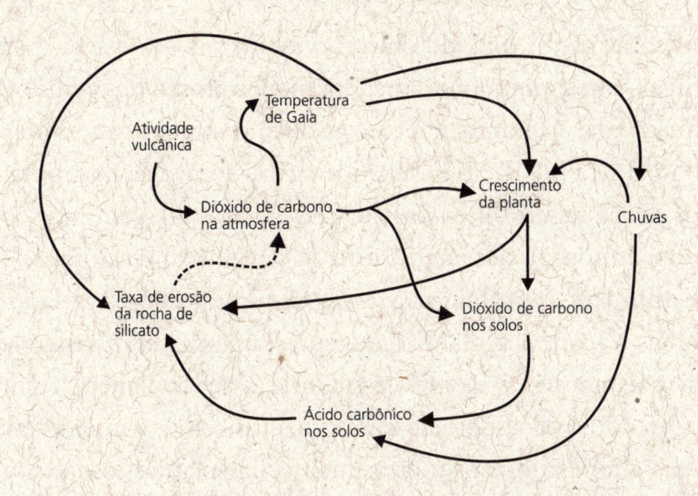

Figura 23: A jornada mais longa do carbono representada como um conjunto de realimentações que mantiveram a temperatura de Gaia dentro de limites habitáveis no decorrer do tempo geológico.

Vamos passear ao redor de uma destas realimentações. Antes de mais nada, dê mais uma olhada lá atrás, na figura 8, para se lembrar o que os dois tipos de seta (contínua e tracejada) significam. Agora imagine que grandes erupções vulcânicas vomitaram vastas somas de dióxido de carbono na atmosfera. O conjunto de Gaia aquece devido ao aumento do efeito estufa e, assim, mais água se evapora dos oceanos para o ar, finalmente se condensando como nuvens carregadas de chuva. Um pouco dessa chuva cai na terra onde a vegetação cresce sobre granito ou basalto. A água da chuva doadora de vida se filtra pelo solo para ser absorvida pelas plantas, que crescem melhor nas condições mais úmidas. Mais rocha é esfacelada e esmigalhada pelas raízes, fungos e bactérias, que respiram grandes quantidades de dióxido de carbono na extremamente aumentada área de superfície fornecida por uma miríade de fragmentos rochosos. Essa erosão de granito e basalto intensificada pela vida suga o dióxido de carbono da atmosfera e o envia para os rios como íons bicarbonato de cálcio, onde o carbono finalmente chega a depósitos de greda e calcário no leito do mar. Gaia está mais fria agora, com menos dióxido de carbono em sua atmosfera, por isso há menos chuva, e no mundo mais seco há menos erosão de granito e basalto assistida pela vida. A grande dança completa o círculo quando os vulcões aquecem o planeta por meio do dióxido de carbono que devolvem ao ar.

Vamos agora seguir outra jornada. As plantas crescem mais vigorosamente numa atmosfera rica em dióxido de carbono, um nutriente essencial que elas habilmente capturam através de minúsculos poros no lado inferior de suas folhas. Quando as plantas crescem, suas raízes se expandem no solo e erodem mais granito e basalto, esfriando assim o planeta. Agora outra jornada. Quando o dióxido de carbono na atmosfera aumenta, as temperaturas mais altas estimulam o crescimento das plantas, o que aumenta a taxa do granito e do basalto sofrendo erosão, esfriando assim o planeta. Vou deixá-lo reconstituir sozinho as jornadas restantes.

Agora, após essa razoavelmente detalhada exploração do terreno abstrato da cibernética e da auto-regulação gaianas, precisamos perguntar a nós mesmos como podemos usar essa abordagem para nos ancorarmos cada vez mais profundamente em nossa Terra ativa. Na verdade, há um risco de que a cibernética possa nos deixar com uma severa sensação de desconexão do mundo – que pode nos levar, nas palavras de David Abram, a acreditar num "mundo inteiramente *raso* visto de cima, *um mundo sem profundidade*, uma natureza de que não somos parte, mas que observamos de fora – como um Deus". Como evitamos isso? Acho útil converter os diagramas de realimentação em *histórias*, levando-os para o ar livre, em sentido literal ou pela imaginação, onde dissolvo as imagens do mundo-raso com suas várias setas e componentes numa experiência intuitiva das relações embutidas entre os temas vivos de que a história fala. Se a história se preocupa com a erosão do granito pela chuva e pela vegetação, eu gasto tempo com um penedo de granito, vivenciando meu caminho para as profundezas dessa rochosa matriz de silicato, e depois fazendo a mesma coisa com a chuva, com as árvores e o musgo, com rios e nuvens. Essa prática abre os sentidos e a intuição, permitindo que a pessoa se mova por meio das realimentações historiadas numa espécie de estado de sonho acordado, que produz uma rica colheita de sentido, importância e pertinência.

RESPIRANDO GREDA E GRANITO

Se puder, pegue um pedacinho de granito e um pedacinho de greda ou calcário. Se não puder encontrar essas pedras, imagine que está segurando uma em cada mão. As duas pedras representam todo o granito e toda a greda na superfície do nosso planeta. Procure ficar à vontade, dentro ou fora de casa, e tome consciência de estar respirando lentamente, naturalmente.

Concentrando-se agora apenas em suas inspirações, imagine que o dióxido de carbono está sendo tirado da atmosfera pela erosão, intensificada pela vida, do granito em sua mão. Imagine as raízes das árvores, os micróbios e os fungos esfacelando a rocha, cercando-a de água e dióxido de carbono, que é encerrado com cálcio numa solução gredosa de bicarbonato de cálcio arrastada para o mar para ser transformada em greda sólida pelos cocolitóforos. Veja suas carapaças de greda mergulhando no fundo do oceano e visualize amplos depósitos de greda e calcário depositados no leito marinho – a mesma greda ou calcário que você está segurando em sua outra mão. Tome consciência dessa pedra agora.

Concentrando-se agora apenas em suas expirações, veja como os sedimentos de greda são empurrados bem para baixo da Terra quando os movimentos das placas tectônicas dela os fazem colidir contra um continente. Sinta o dióxido de carbono sendo vomitado de vulcões quando a greda se derrete nas intensas temperaturas e pressões bem abaixo do continente. Quando sua expiração pára, você vira dióxido de carbono correndo pela atmosfera, aquecendo a Terra.

Sinta como a greda, com seu derretimento, tem contribuído para a produção de novo granito. Conectando-se mais uma vez com a presença do granito em sua mão, repita o ciclo até que ele flua natural e facilmente.

E quanto ao Sol cada vez mais brilhante? Por que sua dádiva cada vez mais generosa de energia não desarmou esses grandes circuitos de realimentação negativa, destinando Gaia a uma morte precoce pelo calor? A resposta parece envolver a expansão criativa da vida, desde seu primeiro aparecimento no planeta há cerca de 3,5 bilhões de anos, para o que é inovador. Desde esses primeiros tempos, em que as bactérias eram as únicas formas de vida, até hoje, quando Gaia formiga com uma enorme variedade de criaturas multicelulares e hospeda uma biodiversidade maior que nunca, a vida tem se tornado cada vez mais capaz de erodir as rochas e, portanto, de transferir dióxido de carbono do ar para a greda e o calcário. Nos primeiros tempos de Gaia, sob um sol frio, películas microbianas nas superfícies de granito, cada vez mais difundidas e eficientes, levavam a cabo a erosão. Nessa primeira fase de sua vida, Gaia precisou de uma atmosfera que pudesse manter o calor da superfície diante de um sol frio. Com apenas bactérias presentes numa área continental muito menor, havia muito menos erosão de rochas de silicato do que ocorre hoje. Mais tarde, há cerca de 2,5 bilhões de anos, quando as primeiras células nucleadas se espalharam pelos maiores continentes, a erosão aumentou. Ainda mais tarde, em torno de 400 milhões de anos atrás, sob um Sol consideravelmente mais brilhante, foi preciso uma erosão ainda mais eficiente para remover o dióxido de carbono da atmosfera. As plantas terrestres recentemente surgidas proporcionaram essa tão necessária amplificação da erosão porque seus altamente eficientes sistemas de raízes foram capazes de esmigalhar e dissolver as rochas com uma velocidade e eficiência jamais sonhada pelo reino microbiano.

Assim, quando Gaia evoluiu, a diversificação entre os seres vivos avançou de mãos dadas com uma maior eficácia na erosão das rochas e com uma mais efetiva redução do dióxido de carbono da atmosfera para a greda e o calcário. Durante toda essa dança evolutiva, a relação entre vida, rochas, atmosfera e oceanos se intensificou e aprofundou como um bom casamento, e Gaia apurou e aumentou sua capacidade de regular sua temperatura. Ela se tornou mais requintadamente responsável tanto pelo crescente brilho do Sol quanto pelas variadas quantidades de dióxido de carbono liberadas de vulcões, mais ou menos como um músico começa como um jovem e promissor intérprete e amadurece como verdadeiro virtuose. À medida que o tempo passou, mais e mais intérpretes sob a forma de espécies recentemente surgidas adicionaram suas vozes à sinfonia de Gaia, de modo que hoje a orquestra brota como nunca, cheia dos diferentes sons de uma rica variedade de músicos e instrumentos.

Mas Gaia nem sempre foi capaz de regular sua temperatura suave e facilmente ante o Sol cada vez mais brilhante. Na figura 24, o eixo horizontal mostra o tempo, correndo de cerca de 600 milhões de anos até agora, enquanto o eixo vertical mostra a temperatura correspondente de Gaia. Na curva "apenas o Sol", vemos como a temperatura teria aumentado à medida que o Sol brilhasse mais, se tivesse havido uma soma constante de dióxido de carbono na atmosfera. Mas essa constância, é claro, é uma ilusão – não passa de uma "Terra estática" matemática para os propósitos da comparação.

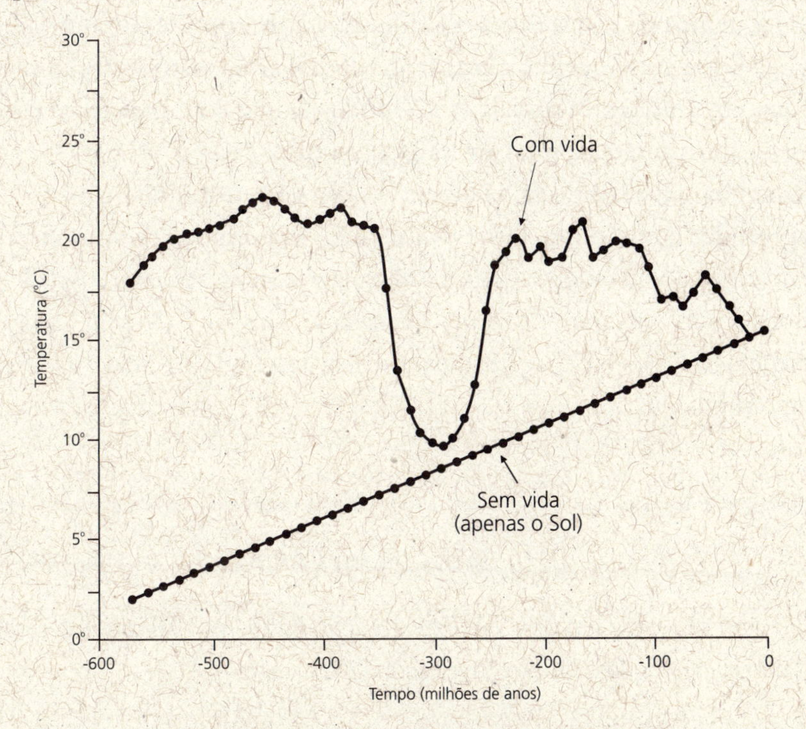

Figura 24: Temperatura global com e sem vida durante os últimos 600 milhões de anos.

A curva superior revela a temperatura real – mostra que houve um significativo esfriamento por volta de 300 milhões de anos atrás, na medida em que uma grande glaciação tomou conta do planeta. Esse evento, que marca uma importante transição na evolução de Gaia para uma maturidade maior, foi causado por um aumento maciço na erosão biologicamente assistida de granito e basalto quando plantas terrestres de raízes profundas se apoderaram das superfícies de terra firme do planeta. Gaia demorou cerca de 100 milhões de anos para se recuperar dessa perturbação auto-imposta. Por volta de 200 milhões de anos atrás, havia muito menos granito e basalto disponíveis para a erosão e, assim, mais uma vez o dióxido de carbono começou a se acumular na atmosfera. Surpreendentemente, as temperaturas antes e depois do resfriamento eram notavelmente similares. Antes do evento, uns 600 milhões de anos atrás, sob um Sol mais pálido, níveis mais altos de dióxido de carbono mantinham as temperaturas perfeitamente dentro de níveis toleráveis. Desde sua recuperação do resfriamento, Gaia lidou com o brilho aumentado do Sol armazenando seguramente carbono em sedimentos de calcita no fundo do mar e soterrando os corpos dos seres fotossintéticos ricos em carbono mortos.

Estamos trabalhando já há algum tempo com um modo cognitivo de compreender como nossa Terra viva regulou sua temperatura no decorrer do tempo geológico diante de um Sol cada vez mais brilhante. Agora está na hora de nos engajarmos numa forma mais intuitiva de penetrar nesse conhecimento, por meio de uma experiência ampliada do ciclo do carbono a longo prazo.

UMA JORNADA DO CARBONO

Vá para seu lugar em Gaia e preste atenção nas cores e sons que o cercam. Comece a jornada quando estiver calmo e relaxado.

Você é um átomo de carbono encerrado numa rocha de calcário no fundo do mar. Durante os últimos 300 milhões de anos você só experimentou a pressão fria e a aparente imobilidade da rocha sólida ao seu redor. Nada a não ser o antigo, pacífico silêncio da rocha. Nenhum movimento, nenhum som, nenhuma mudança, só o imenso repouso que o tragou durante um tempo além da memória. Relaxe com a sensação de imensa tranqüilidade que o cerca.

Você experimenta uma lenta sensação de afundamento quando o leito marinho que o carrega se aproxima vagarosamente da beira de um continente, arrastando-o para baixo, para as profundezas da Terra.

Sinta a temperatura e pressão aumentando enquanto você afunda para as profundezas escuras. Está tão quente agora que o calcário do qual você é parte começa a derreter, misturando-se com a sílica que o cerca.

Sinta o intenso calor e pressão. Os laços químicos que o prendem a seu átomo de cálcio vibram com uma torturante intensidade. Você é sacudido como uma ervilha numa caixa. O abalo agora é tão extremo que você percebe que está sendo libertado do calcário.

Você se sente desperto e exaltado. Você arde de ansiedade.

Sentindo-se incompleto, você rapidamente se liga a dois átomos de oxigênio que passam, recentemente libertados da carapaça cristalina de uma diatomácea se derretendo.

Prove o abraço apaixonado de seus dois amantes oxigênios. Vocês três são agora parte de um novo ser emergente – uma molécula de dióxido de carbono.

Agora a rocha ao seu redor, incandescente, derretida, flui rapidamente para cima. Você viaja cada vez mais rápido através de um corte extremamente largo na crosta de Gaia, quase ensurdecido pelo barulho enlouquecedor de gás e rocha subindo. O barulho se intensifica e, com ele, a turbulência lenta, incandescente, que o leva cada vez mais para cima, cada vez para mais perto de uma nova vida que você sabe que logo se abrirá para você.

A pressão está subindo atrás de você. Você está se movendo muito depressa. A pressão, o barulho e o calor são imensos e poderosos.

Você está bem no centro de uma possante erupção vulcânica. Uma impetuosa liberação de energia o atira para o ar juntamente com vastas quantidades de fumaça, cinza e lava incandescente.

Você vê o vulcão fumegante lá embaixo. Você já está bem alto na atmosfera, fustigado pela forte corrente de ar ascendente que o levou tão depressa para tão longe.

Durante todo o dia, o Sol esteve batendo. Você deriva pelo ar, aquecendo-o quando o calor da superfície de Gaia abala os laços que o unem a seus dois amantes oxigênios.

Grandes correntes de ar o carregam para o norte e, durante semanas, você paira bem alto sobre os mares e florestas. Você aproveita a deliciosa liberdade de viajar, maravilhado com as incríveis vistas de montanhas, florestas e oceanos, ainda ligado a seus amantes oxigênios. O planeta mudou muito desde a última vez em que você esteve aqui, uns 300 milhões de anos atrás, quando as primeiras criaturas de quatro membros rastejavam pela Terra.

Por fim uma grande rajada de ar o faz cair sobre um afloramento de granito dos dias atuais. Você rola, se aproximando cada vez mais do solo, e passa impetuosamente por um suculento matagal, repleto de perfumadas flores amarelas. Você roça num poro na parte de baixo de uma folha e é apanhado por uma diminuta inspiração, que o suga para o translúcido interior verde da folha. Privando o ar de uma molécula de dióxido de carbono, sua partida esfria a Terra.

Gigantescos seres moleculares o cercam e o levam para uma grande câmara verde no fundo da célula – o cloroplasto. Um clarão ofuscante de luz solar o sacode até o coração. Você é unido a outros átomos de carbono e hidrogênio. Os laços químicos recentemente forjados que o ligam a seus companheiros átomos conservam a energia do Sol. Agora você é parte de uma molécula de açúcar, dando início a uma nova jornada através de uma pacífica seiva verde.

Você sente um puxão para baixo, na direção das raízes da planta. Lentamente você se move através de tubos largos, sempre para baixo, puxado por um fluxo incessante mas delicado, que leva muitos outros seres moleculares junto com você.

Você alcança exatamente a ponta de um filamento de raiz crescendo e entra numa célula de crescimento. Por toda a parte à sua volta há uma atividade frenética, enquanto novas células de raiz são produzidas, empurrando a raiz sempre para mais longe em sua incessante busca de nutrientes. Sua raiz encontra uma fenda no granito sólido embaixo do solo. Ela força a fenda, dilatando a pedra e a fazendo rachar.

Mais uma vez amantes oxigênios o abraçam, dilacerando-o, liberando a energia solar que você conservou por tanto tempo. Agora, mais uma vez, você pertence a uma molécula de dióxido de carbono, expirada pela raiz no solo ao redor.

Tem chovido muito e o solo está encharcado. Você sente uma irresistível atração por uma molécula de água que passa e, juntos, vocês se tornam ácido carbônico, que instantaneamente libera um simples, minúsculo íon hidrogênio, o menor ser do mundo químico. As moléculas de ácido carbônico ao seu redor liberam uma vasta horda de íons hidrogênio para o solo.

Os íons hidrogênio dissolvem o granito, liberando cálcio e átomos de silício, há muito encarcerados na rocha. Você se sente irresistivelmente atraído para um dos átomos de cálcio que passa perto de você. Você se liga a ele para se transformar em greda líquida.

Você é puxado para baixo pelo fluxo de água no solo. Agora sua jornada de grande rio começa. Você ouve um som impetuoso, esguichante, e de repente entra no fluxo do rio quando ele tomba sobre grandes penedos e cai encachoeirado a caminho do mar.

Nas frias águas da superfície do mar, você é sugado para o abraço de uma alga marinha protegida por minúsculos discos de greda sólida. Você logo se torna parte de um desses discos.

A alga vive sua curta vida e morre. Você lentamente afunda para as profundezas do oceano, cultivando as recordações de sua breve jornada no ar lá em cima.

Mergulhando, mergulhando para as profundezas, você deixa para trás as regiões superiores do mar, iluminadas pelo Sol, e finalmente se assenta nos sedimentos de greda, na escuridão no fundo do oceano.

Lentamente você sente o peso dos depósitos de nova greda se acumulando sobre você e, devagar, sempre tão devagar, a pressão o comprime cada vez mais para o calcário. A grande jornada está completa e agora você tem de esperar outros 300 milhões de anos antes de explodir de novo para a atmosfera através de um vulcão.

O Carbono a Curto Prazo

As pessoas freqüentemente reagem à história da grande jornada de greda do carbono perguntando se o dióxido de carbono que estamos adicionando à atmosfera por meio da nossa queima maníaca de combustíveis fósseis não podia ser rapidamente removido desse modo. Infelizmente, o processo é lento demais para fazer qualquer diferença, por exemplo, no próximo século. Um átomo de carbono emitido para a atmosfera pela descarga do trem a diesel em que estou viajando hoje pode levar de meio milhão a um milhão de anos para se encontrar na greda ou calcário no fundo do oceano

– tempo de longe excessivo para ajudar de alguma forma a impedir a mudança climática.

E o que acontece então com as jornadas do dióxido de carbono bem mais a curto prazo? O carbono viaja por Gaia através de um conjunto de circuitos estabelecidos, cada qual operando em seu ritmo particular. Um átomo de carbono pode ser despachado para qualquer uma destas jornadas, dependendo de onde ele possa estar em momentos cruciais, e é muito provável que praticamente todos os átomos de carbono do planeta tenham experimentado como é passar por cada uma delas. Entre as mais curtas jornadas do carbono estão aquelas que não levam mais de um ano para se completar. O efeito global desse ciclo pode ser visto nos hoje famosos dados coletados pelo observatório de Mauna Loa, no Havaí (figura 25) – a primeira advertência de nosso sério impacto sobre o clima de Gaia.

No alto do vulcão de Mauna Loa, a pessoa encontra o ar misturado de todo o hemisfério norte, com pouquíssima contaminação de fontes locais. Os cientistas que analisaram esse ar encontraram uma oscilação regular, de novo um pouco parecida com a "respiração" que vimos nos dados da amostra de gelo de Vostok (figura 5), mas dessa vez com um ritmo anual. O que aciona esse ciclo? Se você é uma molécula de dióxido de carbono no ar em algum ponto das altas latitudes, é possível que você seja absorvido para uma planta terrestre através de um dos diminutos poros de respiração, ou estômatos, na parte inferior de uma folha durante a primavera ou verão, quando há bastante umidade, luz e calor para abastecer a fotossíntese. Logo você se torna parte de uma molécula de açúcar bem no fundo da folha. Então, no outono, sua folha é solta e cai no chão dando cambalhotas. Lá um micróbio do solo absorve a molécula de açúcar em que você se encontra. O pequeno micróbio usa o oxigênio para extrair energia dos laços químicos que ligam você a seus companheiros átomos de carbono, e você é mais uma vez unido a dois átomos de oxigênio e expelido para o ar através da semipermeável membrana do micróbio. Você foi extraído da atmosfera e volta de novo numa molécula de dióxido de carbono no prazo de apenas um ano.

No verão, a fotossíntese remove muito mais dióxido de carbono do que aquele que é liberado do solo por micróbios destruindo folhas mortas e

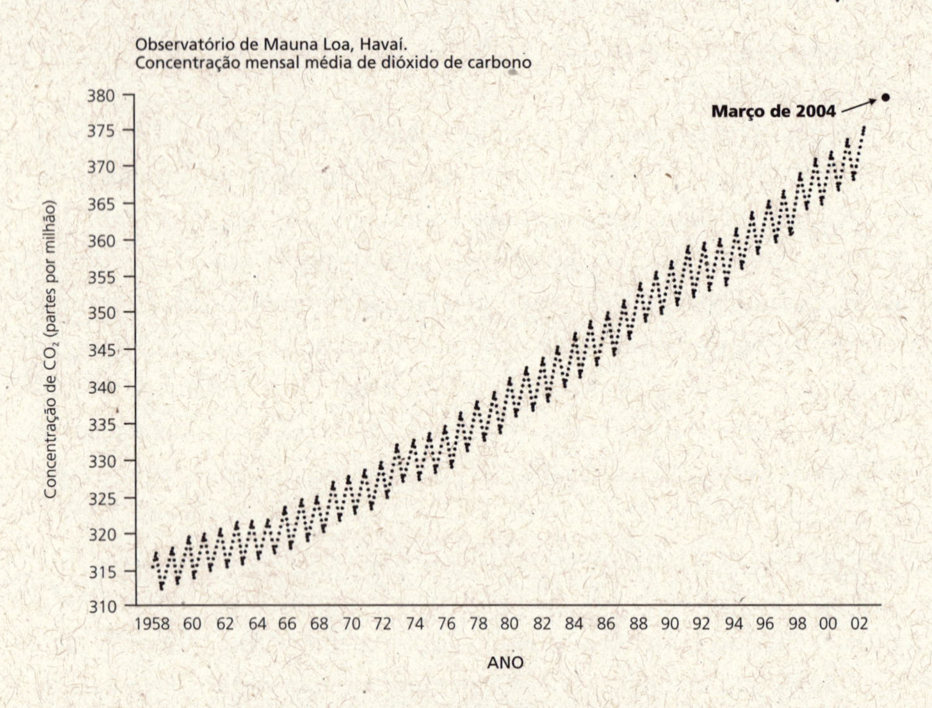

Figura 25: Os dados de Mauna Loa.

outro material orgânico, produzindo as depressões no gráfico de Mauna Loa. No outono e no inverno, a fotossíntese pára nas altas latitudes quando as plantas entram numa profunda letargia. Mas os micróbios do solo, apesar das baixas temperaturas, continuam seu trabalho de destruir o carbono orgânico e, assim, o dióxido de carbono sai do solo e flutua pelo ar, aparecendo como picos no gráfico. Essa respiração regular, anual, é mais marcada nas latitudes do norte porque há mais massa terrestre em que a vegetação pode crescer – no hemisfério sul há muito menos terra e assim a respiração é mais fraca. A tendência ascendente na concentração do dióxido de carbono deve-se inteiramente às nossas emissões desse gás.

Embora o solo seja um grande reservatório do carbono fixado pela fotossíntese, parece que o que acontece no solo pode, paradoxalmente, ajudar a aquecer Gaia se continuarmos a emitir carbono para a atmosfera em taxas muito altas. Modelos recentes do Hadley Centre no Reino Unido mostram que a atividade dos micróbios do solo aumenta dramaticamente quando o dióxido de carbono atmosférico está em cerca de 550 partes por milhão – uma situação que, com toda a probabilidade, alcançaremos dentro de algumas décadas se as emissões continuarem as mesmas. Níveis mais altos de dióxido de carbono no ar aumentam as temperaturas no solo, o que por sua vez estimula o crescimento e atividade dos micróbios do solo. Isso leva a um colapso maciço do carbono orgânico do solo e daí a um fluxo de carbono para a atmosfera que supera o influxo de carbono para o mundo verde a partir da fotossíntese. Aqui vemos um traço importante de sistemas não-lineares como o nosso planeta: o que era uma realimentação negativa pode facilmente se tornar uma perigosa realimentação positiva se o sistema é forçado além de um crítico ponto limite.

Até agora, observamos como o carbono se move para dentro e para fora dos solos e plantas terrestres, mas as jornadas do carbono através dos oceanos são também extremamente importantes. O oceano absorve cerca de 30% do dióxido de carbono atualmente emitido para a atmosfera pelos seres humanos. Os cientistas falam de três grandes "bombas" por meio das quais os oceanos removem dióxido de carbono do ar: a bomba da solubilidade, a bomba biológica e a bomba física. A bomba da solubilidade não envolve diretamente a vida – funciona simplesmente porque o dióxido de carbono se dissolve na água do mar. As ondas quebram na superfície do oceano e, quando elas se encrespam e entram em turbilhão, o dióxido de carbono da atmosfera é misturado com o oceano, assim como um padeiro amassando pão absorve ar da cozinha para sua criação. Como as moléculas de gás têm menos energia disponível para saltar de novo para o ar se a água está gelada, mais dióxido de carbono entra no oceano por meio dessa rota nas altas latitudes. De fato, o dióxido de carbono tem um grande talento para se dissolver na água – ele é duas vezes tão solúvel quanto o oxigênio a 20°C – uma propriedade que faz uma enorme diferença para a temperatura de Gaia. A superfície do oceano é como uma membrana através da qual o carbono se move entre o ar e o mar. Se o dióxido de carbono é acrescentado ao ar, há um fluxo para o oceano através da bomba de solubilidade; se parte do gás é removido do ar, ele flui do oceano até que, em ambos os casos, o equilíbrio é atingido.

A bomba biológica é dividida em duas: a "bomba biológica orgânica" e a "bomba biológica de carbonato", já conhecida de nós como a grande jornada de greda de Gaia. Vamos agora acompanhar a história de um átomo de carbono que experimenta uma jornada através da bomba biológica orgânica. Após ser exalado por um micróbio no solo, nosso átomo de carbono se encontra flutuando no ar sobre o oceano, ligado a dois irmãos oxigênios numa molécula de dióxido de carbono. De repente uma onda pega nossa molécula de dióxido de carbono, que se dissolve na água clara do oceano. Uma alga de passagem, fazendo a fotossíntese no Sol brilhante, a absorve, e logo o ágil metabolismo da célula liga nosso átomo de carbono a uma multidão de outros átomos na longa cadeia de uma vasta molécula de açúcar. Agora nosso átomo de carbono flutua no fascinante verde translúcido do corpo da alga, à espera de que o oxigênio force a molécula de açúcar, liberando a energia solar nela incorporada. Mas antes que isso aconteça, a alga é devorada por um predador minúsculo como uma ameba, conhecido como radiolário, que estende os pseudópodes engolidores através de minúsculas fendas em sua primorosa carapaça de sílica. Muitos outros predadores cruzam as águas da superfície: pequenos peixes, minúsculos carnívoros parecidos com camarões (os copépodes) flutuando a esmo e águas-vivas abrindo um rastro na água, com tentáculos compridos e ardentes, para suas presas ricas em açúcar. O próprio radiolário é comido por um copépode, que digere boa parte do carbono que estava no corpo da nossa alga, mas a específica molécula de açúcar em que nosso átomo de carbono por acaso se encontra escapa desse destino e é excretada na água numa pelota fecal juntamente com os restos de inúmeras outras algas. Quando a pesada pelota fecal afunda para as profundezas do oceano, o verde translúcido é aos poucos substituído por um verde escuro, depois por um azul carregado e, por fim, por escuridão de breu, quando nosso átomo de carbono alcança o abismo. Durante essa longa jornada para baixo, uma multidão de criaturas devoram a maior parte das pelotas fecais, liberando dióxido de carbono para o mar. Mas a pelota fecal que transportou nosso átomo de carbono para as profundezas é uma das poucas que sobrevivem e, por fim, ela pousa numa camada de lama macia no leito marinho. Mesmo aqui, há criaturas que comem e digerem pelotas fecais, mas nosso átomo de carbono escapa a esse destino, sendo gradualmente coberto do lodo e areia arrastados até lá por um rio que drena o continente vizinho. É agora um dentre a minúscula proporção de átomos de carbono a atingir os sedimentos profundos vindo do oceano de superfície através da bomba biológica orgânica. Só 1% da matéria orgânica na massa das pelotas fecais que afundam chega ao fundo do mar, e desta apenas 0,1% é enterrada nos sedimentos.

O fósforo e o nitrogênio das águas da superfície também são transportados para as profundezas do oceano pela bomba biológica, afetando grandemente a química e a ecologia do oceano de superfície e, como vamos mais tarde descobrir, o conteúdo de oxigênio da atmosfera. O carbono orgânico da terra firme, sob a forma de minúsculos fragmentos de folha e madeira não-digeridas, também abre seu caminho para os sedimentos do oceano, transportado pelos grandes rios do mundo. Cerca de 25% de todo o carbono orgânico que consegue chegar ao fundo do oceano fica lá de 100 a 1000 anos, mas a história do nosso átomo de carbono é diferente. Gradualmente ele experimenta uma pressão crescente à medida que cada vez mais sedimentos se acumulam sobre ele, até que, após milhões de anos, nosso átomo se torna parte de uma rocha sedimentar profundamente enterrada sob a superfície do sedimento. Aqui ele vai ficar, encerrado num rígido invólucro de sedimento quimicamente transformado e compactado, por talvez 200 milhões de anos. Estranhamente, a maioria do carbono orgânico do nosso planeta reside não em células vivas, mas existe como restos de seres outrora vivos, restos espalhados como confete nas rochas sedimentares do mundo. Esse "reservatório sedimentar de carbono orgânico" é enorme porque o que sai dele é muito pouco e porque tem havido tempo suficiente para vastas somas de carbono se acumularem nele, apesar de um influxo muito pequeno.

Finalmente nosso átomo de carbono sente a rocha ao seu redor sendo lentamente erguida, quando a placa oceânica que o trouxe colide com uma massa de terra continental. Quando as grandes forças enrugam a rocha contra o continente, nosso átomo de carbono se torna parte de uma magnífica cadeia de montanhas que condensa nuvens do ar úmido em seus flancos expostos ao vento. A chuva cai do céu e causa erosão na rocha, até que um dia uma pequena lasca se solta de uma face fina e nosso átomo de carbono sente o estimulante rodopiar da atmosfera ao seu redor pela primeira vez em centenas de milhões de anos. Uma molécula de oxigênio, com sua fome de elétrons, consome a molécula de açúcar que manteve nosso átomo de carbono num abraço aparentemente eterno do início ao fim dessa longa jornada, e ele retorna mais uma vez à atmosfera numa molécula de dióxido de carbono recentemente fabricada. Acha maravilhoso estar na atmosfera após uma ausência tão longa e, durante dez anos, nosso átomo de carbono passeia pelo mundo, evadindo-se de uma captura pela fotossíntese. Viajando no ar do mundo, vê os grandes oceanos e as grandes florestas, até que um dia um poro na parte inferior de uma folha de uma grande árvore amazônica o captura. Agora, por um tempo breve, ele vai experimentar os atributos de folha e madeira antes de continuar suas intermináveis explorações dentro do corpo da Terra.

Grandes *downwellings* de água do oceano rica em carbono nas altas latitudes constituem a terceira bomba – a bomba física (figura 26). Enquanto o sol se abate sobre oceanos tropicais sem nuvens, grandes línguas de águas quentes são carregadas para as altas latitudes por correntes fortes, como a Corrente do Golfo. Grande parte do calor deixa a água quando ela se afasta dos trópicos – parte dele é transferida diretamente para o ar ao redor e outra parte é carregada pela água que se evapora da superfície do mar. De um modo ou de outro, o calor que escapa deixa para trás água densa, gelada, salgada. No momento em que alcança a Groenlândia, a Corrente do Golfo está muito mais densa que a água ao redor e afunda, avançando em duas enormes ondas submarinas para o fundo do oceano. Um afundamento parecido ocorre em torno da Antártica. Somas significativas de carbono – como dióxido de carbono removido diretamente do ar e como os cadáveres ricos em carbono de toda uma legião de organismos marinhos – são arrastadas para as profundezas dos oceanos com as águas dos *downwellings*. Essa água profunda, fria, rica em carbono, flui ao longo do leito marinho por milhares de quilômetros até se ramificar no abismo do sudoeste do Atlântico, vindo à superfície muitas centenas de anos mais tarde no oceano Índico e na área centro-norte do Pacífico, soltando sua carga oculta de dióxido de carbono para o ar quando as águas aquecem mais uma vez sob o quente sol tropical. A água viaja pelos oceanos tropicais impelida principalmente pela força do vento, aquecendo enquanto avança, até completar sua jornada global como a grande Corrente do Golfo, que leva tanto calor para o nordeste do Atlântico. Se nosso planeta tivesse um equivalente de sangue fluindo, só poderia ser ela, pois esse vasto fluxo global de água distribui habilmente gases dissolvidos, calor do Sol e nutrientes vitais pelo grande corpo vivo esférico de Gaia.

Figura 26: A circulação thermohalina global nos oceanos do mundo (© *Science Photo Library*).

Mas essa circulação global de água do oceano é uma coisa delicada, altamente vulnerável a mudanças na densidade da água do mar nas regiões de *downwelling* ao redor da Groenlândia. Lá para o final da última idade do gelo, quando o mundo esquentou, enormes quantidades de água recém-saída do derretimento das calotas de gelo norte-americanas entraram no Atlântico norte, refrescando as quentes águas salgadas da Corrente do

Golfo a um ponto tal que sua imersão foi evitada. Como resultado, o *downwelling* se enfraqueceu ou parou por volta de 12.900 anos atrás, mergulhando a Europa e todo o Atlântico norte num dramático evento de resfriamento conhecido como *Younger Dryas*, que retardou em cerca de 1400 anos o início da corrente quente interglacial. Os efeitos desse resfriamento foram sentidos muito além da Europa. Ainda mais dramático foi o final desse período de frio intenso, no qual um abrupto aquecimento de cerca de 7°C ocorreu mais ou menos numa década. Aqui se encontra outra advertência para a sociedade contemporânea: parece provável que nossa guerra com a natureza esteja pronta a desencadear mudanças igualmente abruptas, catastróficas para nosso clima – com muito pouco aviso.

CAPÍTULO 6

Vida, Nuvens e Gaia

Enxofre e Albedo

Até agora vimos como a vida está profundamente envolvida na regulagem da temperatura de Gaia pelo seu impacto sobre os seres químicos gasosos que habitam sua atmosfera. Mas esse não é o único modo pelo qual a vida tem contribuído para a capacidade emergente de Gaia em manter um planeta habitável – ela tem também o poder de alterar sua sombra global ou albedo.

Os seres vivos fazem isso de dois modos principais. Em primeiro lugar, liberando substâncias químicas que semeiam grandes massas de densas nuvens brancas que refletem a energia do Sol de volta para o espaço antes que ela tenha tido a chance de aquecer a superfície da Terra. Em segundo, cobrindo vastas áreas de terra com vegetação escura ou clara, que respectivamente absorve ou reflete os raios do Sol, assim aquecendo ou esfriando o planeta. Até uma data razoavelmente recente, os cientistas acreditavam que uma dada comunidade ecológica simplesmente respondia às condições ambientais com que tivesse sido agraciada pelas grandes forças "não-vivas" do planeta, como as placas tectônicas, por isso foi realmente um choque para eles descobrir que isso é apenas parcialmente verdadeiro; pois de fato todas as comunidades ecológicas, tanto no oceano quanto em terra firme, afetam as temperaturas locais simplesmente alterando o albedo de sua superfície, assim como os habitantes das casas em desertos inundados de sol pintam as casas de branco para mantê-las agradavelmente frias no interior.

Essa imprevista capacidade da vida para alterar o albedo planetário tem relação com o ciclo global do enxofre. O enxofre é essencial para a vida – sem ele os aminoácidos que formam as proteínas não poderiam ser criados – mas é muito escasso no solo, sendo portanto um nutriente apenas ocasional para as plantas. No oceano, contudo, encontramos bastante enxofre, levado para lá pelos rios que o abastecem com o produto da erosão de rochas expostas ao ar. À primeira vista pode parecer existir uma contradição aqui: como é possível que o enxofre seja escasso no solo se sua fonte inicial é a erosão de rochas ricas em enxofre? A resposta é que a maioria do enxofre é carregada para o mar pelos rios antes que a vida na terra possa fincar suas raízes nele.

Gaia enfrenta o problema crítico de transportar o enxofre do oceano, onde ele é abundante, para a terra, onde é escasso; pois sem essa transferência vital, a vida terrestre seria impossível. James Lovelock previu que tinha de haver no oceano organismos envolvidos nesse processo, produzindo um gás carregado de enxofre que sopraria nos ventos do oceano para fertilizar a terra. Mas que gás poderia ser? Um candidato óbvio é o sulfeto de hidrogênio, o gás amado pelas crianças em suas primeiras brincadeiras com a química, devido a seu pungente odor de ovos podres. O sulfeto de hidrogênio, no entanto, não pode fazer o truque. Em primeiro lugar, não é produzido em quantidade suficiente e, em segundo, é rápida e apaixonadamente desorganizado pelos íons oxidrilos, os filhos aéreos do oxigênio, que o consideram irresistivelmente atraente.

Da próxima vez que você descer para o mar, respire fundo. O delicioso aroma penetrante, revigorante, com que seus sentidos se deparam é o gás sulfeto de dimetila, produzido pelas algas marinhas. O penetrante do aroma vem do enxofre no gás, que lhe dá um toque ligeiramente ácido. Durante uma longa viagem marítima, Lovelock encontrou muito SDM no ar sobre o oceano e cálculos feitos pelos colegas confirmaram mais tarde que o mar produz SDM mais do que suficiente para fechar o ciclo do enxofre.

Mas o SDM é importante não apenas como o gás que transporta o enxofre; ele também desempenha um papel vital ao semear nuvens que resfriam o planeta. Vista do espaço, a Terra parece uma bonita bola de gude azul raiada por um torvelinho de montanhas de vapor de água com brancura de pérola. Essas são as nuvens de Gaia, os silenciosos comandantes do céu. Em qualquer momento dado, boa parte de sua superfície está coberta por elas e algumas, geralmente as baixas, como os estratos marinhos, esfriam a Terra refletindo a luz do Sol para o espaço através de suas densas e brancas camadas superiores, enquanto outras, as que voam alto como os cirros, aquecem a Terra retardando o êxodo do calor irradiado da superfície.

Todos sabem que as nuvens aparecem quando o vapor de água do oceano e da terra firme se condensa no ar acima de nós, mas é preciso mais que apenas vapor de água para formar uma nuvem. As moléculas de água formigando ao redor como vapor de água não concebem nada melhor do que chegar bem perto umas das outras para formar uma nuvem, mas não podem fazer isso sozinhas – primeiro têm de se condensar em pequenas partículas no ar, conhecidas como núcleos de condensação de nuvens (NCN). Partículas de poeira sopradas da terra fazem bem esse trabalho, assim como borrifos de sal sugados pelos ventos da superfície do oceano, mas nenhum dos dois é suficientemente comum para explicar a farta brancura rodopiante que cobre nosso planeta.

Durante muito tempo ninguém sabia o que eram as misteriosas partículas semeadoras de nuvens ou de onde podiam estar vindo, mas Lovelock tinha uma forte intuição de que devia haver organismos diretamente envolvidos em sua produção. Finalmente, ele ajudou a fazer a descoberta de que algas marinhas como a *Emiliania huxleyii* – exatamente os mesmos seres que tanto contribuem para regular a temperatura de Gaia precipitando a greda – são atores fundamentais nesse processo.

O fato é que *Emiliania*, e na realidade muitas outras algas, assim como outras plantas marinhas, emitem SDM que penetra na atmosfera, onde atrai as ardentes atenções do oxigênio. Lembre de como o oxigênio, o italiano apaixonado do mundo químico, se realiza seduzindo os elétrons dos outros átomos ou moléculas, de modo a completar sua própria órbita externa de elétrons. O gás SDM é um grande alvo do ardor do oxigênio. Depois que ele suga os elétrons de que precisa desse ser molecular mais amplo, o que resta são, entre outras coisas, moléculas de aerossol de sulfato flutuando em liberdade no ar sobre o oceano. Essas moléculas têm muitas qualidades especiais, mas uma de importância capital para o clima da Terra é que o vapor de água as acha irresistivelmente atraentes, não vendo nada melhor do que se condensar em volta delas em densos bandos e cardumes, como uma multidão de peixes se apinhando ao redor de migalhas de pão atiradas num lago.

A condensação maciça desencadeada pelas moléculas do aerossol de sulfato derivado do SDM cria nuvens que esfriam a Terra, porque suas densas e brancas camadas superiores – familiares a quem quer que tenha viajado pelo ar – reflete a energia solar de volta para o espaço. Mas pode esse espantoso relacionamento entre algas e nuvens ajudar a regular a temperatura da Terra por meio de uma realimentação negativa em que os oceanos mais quentes estimulem o crescimento das algas, resultando em mais SDM, mais aerossol de sulfato, mais núcleos de condensação de nuvens e, portanto, mais nuvens esfriando o planeta? Essa realimentação, proposta por Lovelock e seus colegas Robert Charlson, Stephen Warren e Andi Andreae, em sua forma mais simples parece como mostrado na figura 27.

Nós agora sabemos que a sugestão é simplista demais e que a relação provavelmente se transfere de realimentação positiva para negativa dependendo das circunstâncias. Os detalhes precisos ainda não estão claros, mas o certo é que as algas no oceano são crucialmente importantes para gerar nuvens e, portanto, dão uma contribuição essencial ao clima global. Mas permanece um enigma adicional. Por que deviam as algas marinhas se pre-

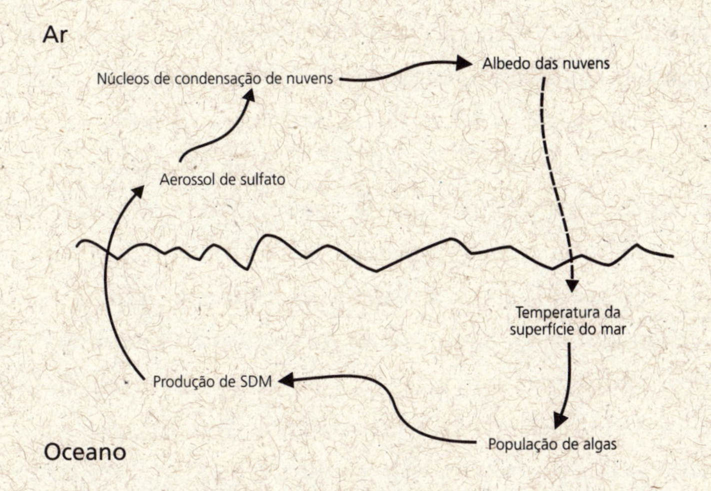

Figura 27: A sugerida realimentação negativa envolvendo algas marinhas e as nuvens que elas semeiam.

ocupar em gastar grandes quantidades de energia duramente conquistadas para criar o gás SDM? Os biólogos evolucionistas têm salientado que as algas não podem estar fazendo isso por razões altruístas – têm de estar tirando um benefício direto e imediato. Uma resposta a essa questão se encontra na natureza química da precursora do SDM, uma molécula muito mais complexa, propionato de dimetilsulfônio (PDMS).

Estamos dentro de uma célula cocolitófora flutuando nas águas iluminadas pelo sol da superfície do oceano. Por toda a parte à nossa volta, uma multidão de moléculas complexas e uma miríade de sódio, cálcio, cloreto e outros íons se engajam na dança extremamente ordenada, mas obviamente casual, do metabolismo. Há uma molécula muito simples que é essencial para fazer todo esse alvoroço metabólico continuar seguindo em frente – a água. Sem ela, tudo iria emperrando até parar, pois as cargas positivas e negativas que se acham espalhadas entre os residentes do mundo intracelular molecular atrairiam uma à outra para um entorpecimento caótico, viscoso. Mas as moléculas de água, cada uma delas combinando dois átomos de oxigênio com carga negativa e um átomo de hidrogênio com carga positiva, se reúnem e servem de escudo às cargas positivas e negativas de seus vizinhos moleculares, impedindo a viscosidade e permitindo que o metabolismo da célula flua suavemente.

Mas, de maneira bastante estranha, essas mesmas atrações entre moléculas de água e íons positivos e negativos na água do mar circundante, fora da célula, ameaçam a própria vida da nossa alga devido a uma força especial, conhecida pelos biólogos como *osmose*. Vamos nadar para perto da membrana celular da alga que envolve a célula inteira num abraço sinuoso, diáfano, como um balão. Repare que a membrana está salpicada de minúsculos poros. Se observar com atenção, você vai reparar como os movimentos casuais das moléculas de água fazem muitas delas deixarem nossa célula algácea através dos poros para entrar no mar, enquanto outras moléculas de água chegam à célula vindas da água do mar ao redor, também através dos poros. Se fôssemos capazes de pintar as moléculas de água dentro de nossa alga com uma tintura vermelha e aquelas na água do mar, em nossas cercanias imediatas, com uma tintura azul, rapidamente iríamos reparar que o número de moléculas de água vermelhas que acabam fora da célula é maior que o número de moléculas azuis que vêm do exterior para substituí-las. Em outras palavras, nossa célula perde mais água do que ganha do oceano circundante.

Por que isso aconteceria? Ao contrário da maioria das moléculas e íons, a água pode se mover livremente em qualquer uma das duas direções através da membrana celular semipermeável da nossa alga. Vamos pegar uma carona numa molécula de água de passagem que atravessa um poro e sai na água do mar ao redor. Olhamos para trás, para nossa célula pairando como um planeta gigante na vasta amplidão do mar, onde há muito mais íons que dentro dela. Como tantas outras moléculas de água no oceano, a nossa é atraída para esses íons mais abundantes, a tal ponto que um número menor de moléculas de água fica disponível para passar para nossa alga através de sua membrana celular. Mas dentro da célula existem menos íons e moléculas carregadas para atrair as moléculas de água e, assim, um maior número delas deixa a célula, com seus movimentos aleatórios atirando-as no mar através dos poros na membrana da célula. O resultado é que a célula inteira corre risco de morrer quando os íons não protegidos tornam viscoso o metabolismo da célula.

Nossa alga pode, até certo ponto, evitar a perda de água usando energia para bombear água do mar de volta para a célula, mas não pode trazer água suficiente para impedir que se crie uma situação desconfortável. E agora, por fim, chegamos ao papel da PDMS – uma molécula relativamente comprida com uma carga negativa num átomo de enxofre numa ponta e uma carga positiva num átomo de oxigênio na outra ponta. Essas duas cargas atraem íons livres que, de outra forma, poderiam causar grande dano à célula. A situação parece mais ou menos assim (figura 28):

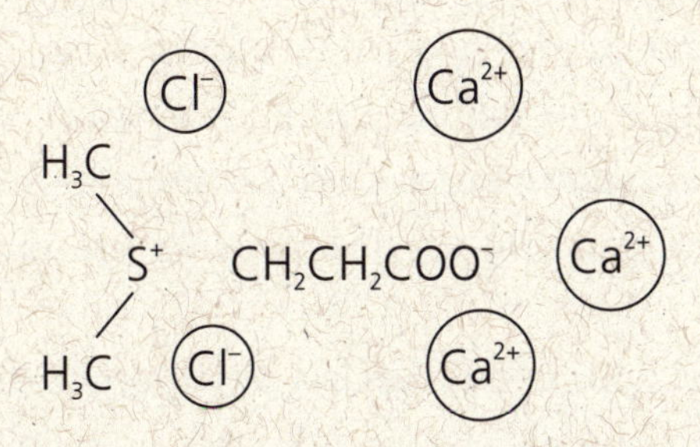

Figura 28: A molécula de PDMS, com íons (circundados) positivamente e negativamente carregados se agrupando ao redor.

Quando a célula algácea morre ou é comida por predadores, o PDMS rapidamente se degrada em gás SDM, portanto, nesse cenário, o SDM não é mais que um mero subproduto.

Acontece que podia haver outro benefício em criar o PDMS: proteção contra predadores. As algas fabricam uma enzima que decompõe o PDMS em SDM e ácido acrílico, uma molécula um tanto amarga, com gosto de podre, muito boa para deter pequenos peixes e carnívoros unicelulares planctônicos, como os radiolários que secretam sílica e adoram comer as algas; aqui, de novo, o SDM não é mais que um mero subproduto.

Produzir SDM poderia trazer algum benefício direto? Depois da comida e do sexo, a dispersão[6] é da maior importância para os seres vivos, incluindo nossas minúsculas algas oceânicas. Correntes oceânicas revolvem sedimentos do fundo do oceano e algas de todo tipo tiram proveito da bonança nutriente brotando das profundezas, até os nutrientes serem quase esgotados. A maioria das algas que emitem SDM, como nossas cocolitóforas, floresce em grande quantidade quando os nutrientes quase desaparecem, talvez porque experimente menos concorrência de outras espécies em águas pobres de nutrientes. Mas não demora muito para que os níveis de nutrientes se tornem tão baixos que o espectro da morte pela fome surge de forma nítida. Do ponto de vista de uma única célula cocolitófora, a situação parece desesperadora. A célula não tem capacidade física de nadar para um novo trecho de mar rico em nutrientes e, se é tempo de verão e uma cobertura de água quente formou-se na superfície do oceano, não há possibilidade de que as correntes tragam nutrientes frescos dos sedimentos abaixo. Mas as algas parecem ter desenvolvido um modo habilidoso de evitar o desastre.

Estamos de volta ao interior da nossa cocolitófora, que percebeu o fato de que os níveis de nutrientes na água do mar ao redor estão se tornando perigosamente baixos. De repente vemos enormes quantidades de enzimas digestivas do PDMS. Elas parecem estar saindo do nada para dar início à conversão *em massa* do PDMS em gás SDM e ácido acrílico. O gás SDM deixa rapidamente a célula através da membrana celular, viajando para o ar através do mar, e o ácido acrílico ajuda a deter seres predatórios de passagem. Como bilhões de minúsculas células algáceas respondem desse modo à crise nutriente, o ar sobre a floração recebe uma grande emissão de SDM, que desencadeia a condensação de vastas e densas nuvens brancas sobre o oceano. Quando as nuvens se formam, uma enorme quantidade de energia é liberada como calor, o que faz as nuvens subirem. As nuvens recentemente formadas literalmente se içam para cima, sugando o ar atrás delas, assim

6. Deslocamento de organismos, após a reprodução, para ampliar sua área de expansão. (N. do T.)

como o ar é sorvido para uma bomba de bicicleta quando o êmbolo é puxado para fora. As cocolitóforas começam a experimentar a ação das ondas quando as correntes de ar ascendentes agitam a superfície do oceano e, se por acaso nossa célula estiver próxima da superfície da água durante um forte fluxo para cima, ela encontra uma boa chance de ser sugada para o ar e para uma nuvem rapidamente ascendente. Que experiência deve ser para uma minúscula, submicroscópica partícula de vida marinha, que até então conhecera apenas uma existência aquática no oceano, ser tão de repente arrebatada para uma nuvem capaz de carregá-la por centenas de quilômetros antes de derramá-la, como chuva, numa nova região do oceano onde, com sorte, haverá uma fartura de nutrientes.

As mais férteis algas produtoras do SDM são de longe as menores, talvez porque o tamanho diminuto aumente suas chances de conseguir entrar numa nuvem. Essas algas menores também produzem espumas e limos que tornam ainda mais fácil seu transporte pelo ar e muitas têm um pigmento vermelho que as protege da abundante luz ultravioleta das grandes altitudes. Uma das surpreendentes propriedades do PDMS é que ele é um anticongelante, que trabalha em proveito da alga, pois ao subir a nuvem alcança regiões de baixa temperatura onde a água se congela, logo caindo na terra como chuva ou neve. Assim o PDMS pode ajudar as algas a sobreviverem não apenas à salinidade do oceano, mas também às temperaturas congelantes em nuvens que as próprias algas semearam.

CAVALGANDO AS NUVENS

Encontre um lugar confortável lá fora para observar as nuvens. Relaxe e olhe cuidadosamente para suas formas e texturas. Observe seus movimentos no céu e imagine miríades de micróbios cavalgando nas nuvens, desencadeando a chuva que os arrasta para novas pastagens. Imagine como seria ser um micróbio varrido para a nuvem por uma corrente ascendente de ar.

Agora encolha, fique cada vez menor até se tornar uma cocolitófora cercada por bilhões de outras cocolitóforas numa vasta floração flutuando na superfície do Atlântico norte, bem em frente à costa da Inglaterra. Sinta a friagem da água do mar que acaricia sua carapaça de greda. Repare no gosto penetrante do mar e em como ele o balança suavemente de um lado para o outro.

É o final da primavera e o crescente calor do Sol criou uma camada de água quente na superfície do mar que impede que as correntes lhe tragam nutrientes das profundezas lá embaixo. A fome lhe dói à medida que os nutrientes vão se esgotando.

Toda a floração, com você incluído, começa a transpirar bilhões de moléculas de sulfeto de dimetila semeadoras de nuvens para o ar lá em cima. Os ventos se agitam na superfície das águas quando as moléculas de sulfeto de dimetila desencadeiam a formação de densas nuvens sobre você.

De repente você se sente apanhado numa onda que se estende para o céu e é puxado numa corrente ascendente de ar. Cada vez mais para cima vai você, embalado pelos ventos, até atingir o centro mesmo de uma grande nuvem estrato marinho, que lentamente se move para o norte, na direção do pólo.

Você viaja dias em sua nuvem, sentindo como ela ajuda a manter a Terra fresca ao refletir a energia do Sol de volta para o espaço a partir de sua densa e branca superfície superior. Você olha para além de sua nuvem e vê toda uma multidão de nuvens similares se estendendo em todas as direções. Você se sente agradecido às moléculas anticongelamento bem no fundo do seu corpo unicelular, que o protegem do frio intenso.

Finalmente, após muitos dias, o vapor de água à sua volta começa a se condensar em chuva e você se vê rolando do céu para o mar numa gota de chuva. Você encontra o mar com uma suave batida na água, feliz mais uma vez por estar em cenários familiares. Você teve sorte, pois o trecho de mar em que pousou é rico em nutrientes, que as correntes trouxeram do fundo. Seu longo jejum está terminado e você festeja, feliz da vida, na nutritiva água do mar.

Não são apenas as algas flutuando na superfície do oceano que emitem SDM; foi recentemente descoberto que recifes de coral também fazem isso. Os corais são sedentários, animais que vivem em colônias, aparentados às anêmonas do mar e às águas-vivas. Secretam as hastes encouraçadas de greda que tornam os recifes de coral arquitetonicamente tão complexos, lugares tremendamente bonitos. Cada animal coral é de fato uma pequena anêmona do mar, que se alimenta capturando minúsculas criaturas planctônicas com tentáculos apimentados por células urticantes. Estreitamente comprimidas dentro das células dos animais corais estão algas e cianobactérias simbióticas, que abastecem seus anfitriões com as bênçãos açucaradas da fotossíntese, em troca de proteção e nutrientes. Experiências mostraram que esses seres simbióticos liberam SDM quando experimentam estresse devido a temperaturas crescentes ou excessiva luz ultravioleta. Prodigiosas quantidades desses agrupamentos de seres que semeiam substâncias químicas foram detectadas sobre a Grande Barreira de Coral da Austrália, levantando a excitante possibilidade de que os corais possam semear nuvens que esfriam seus arredores imediatos quando a água do mar se torna quente demais para ser confortável ou quando a radiação ultravioleta do Sol é demasiado intensa. Se assim for, teríamos prova viva de que os recifes de corais possam estar operando uma poderosa realimentação negativa que agiria contra os perigosos efeitos do aquecimento global.

As nuvens formigam de vida: estão cheias de micróbios de todos os tipos que as usam como gigantescos dispersores "ônibus". Alguns desses micróbios estão tão confortáveis em suas casas elevadas que têm sido encontrados se reproduzindo, de forma muito feliz, a muitas centenas de metros da superfície. Mas não são apenas os micróbios marinhos que semeiam nuvens; a vida na terra firme também o faz. Vamos dar uma olhada atenta nas brácteas pontiagudas de uma bromélia, uma espécie de abacaxi aéreo que vive nos galhos das árvores nas florestas tropicais da América do Sul e Central. As bromélias não são parasitas, não usam as raízes para sugar seiva doadora de vida de seus hospedeiros; usam-nas para envolver um galho num emaranhado cerrado, com laços muito apertados que mantêm a bromélia firmemente no lugar. As bromélias são meramente epífitos: usam a árvore apenas como suporte e devem, portanto, tirar toda a sua umidade e nutrientes da água da chuva. As bromélias são perfeitamente formadas para a coleta de água. Suas folhas espessas, polpudas, atuam como calhas na forma de lança que, juntas, constituem um conjunto de receptáculos tipo taça aninhados na base da planta, onde a água é reunida em laguinhos em miniatura habitados por complexas comunidades ecológicas, cada qual diferindo ligeiramente de bráctea em bráctea e de bromélia em bromélia. A água nesses laguinhos das bromélias está repleta de micróbios, muitos deles algas que fornecem comida fotossintética para toda a comunidade. De maneira bastante estranha, as algas vivem num meio um tanto semelhante à água do mar e enfrentam um desafio osmótico similar ao encontrado por suas parentas marinhas. As algas parecem resolver seus problemas osmóticos produzindo PDMS. Assim, grandes quantidades de SDM flutuam das bromélias para o ar sobre a floresta, onde o oxigênio as converte nos aerossóis de sulfato semeadores de nuvens. Não são apenas os micróbios das bromélias que semeiam nuvens; as árvores também o fazem, emitindo não SDM, mas complexos seres moleculares orgânicos chamados terpenos e isoprenos, que o oxigênio desorganiza em núcleos de condensação de nuvens de outro tipo.

A floresta inteira não apenas semeia suas próprias nuvens, mas também recicla a própria água que faz as nuvens capturando a água da chuva com suas raízes, antes de mandá-la para o ar através de incontáveis bilhões de poros microscópicos nas partes inferiores de suas folhas. A maioria das chuvas da Amazônia vem de fora de sua bacia, principalmente dos ventos úmidos e quentes do Atlântico, mas 25% da água da Amazônia é reciclada como chuva pela própria floresta. Isso é muito mais que na bacia do Mississipi, que só consegue reciclar 10% de sua água. A Amazônia é um organismo coletor de água muito eficiente: da água que cai sobre ela, cerca de metade retorna para o ar através das folhas, enquanto o resto alimenta sua extensa rede de rios e lagos cheios de meandros. As nuvens que a floresta semeia esfriam o planeta – são do denso tipo branco que rebate os raios de Sol de volta para o espaço. Quando as nuvens se condensam sobre a floresta Amazônica, é liberada uma vasta soma de energia – cerca de 40 vezes toda a energia usada pela humanidade num ano. Grande parte dessa energia é posta em circulação ao redor do globo em grandes ondas de ar e vai afetar os climas de regiões distantes como a América do Norte, a África do Sul, o Sudeste Asiático e partes da Europa.

Derrubar a floresta é uma catástrofe, não apenas para os milhões de espécies que vivem lá, mas também para o clima do mundo. Os últimos modelos do Hadley Centre na Grã-Bretanha prevêem que a Amazônia pode em breve degenerar numa savana tropical, mesmo sem a derrubada de uma só árvore. Por quê? A Amazônia parece funcionar melhor durante uma era glacial, quando as altas latitudes estão cobertas de gelo mas os trópicos são deliciosamente refrescantes e bem adequados às florestas semeadores de nuvens. Entre as eras glaciais, durante os quentes períodos interglaciais, o mundo inteiro aquece e a floresta mal consegue manter sua temperatura dentro de limites toleráveis produzindo freneticamente um denso toldo de nuvens. Mas em nossa época, com mais dióxido de carbono no ar e as mais altas temperaturas jamais vistas na Terra há mais de 400.000 anos, a floresta pode não agüentar mais. Logo ela pode passar a perder mais água por meio da evaporação do que consegue capturar, desencadeando chuvas por meio da formação de nuvens, e pode ir gradualmente secando até que seja atingido um limiar crítico. Ela entraria então, de maneira extremamente rápida, num processo de dessecamento, exatamente como as margaridas brancas quando o sol as impele para além de sua capacidade de regular a temperatura do Mundo das Margaridas. A savana que substitui a floresta tropical semeia menos nuvens, portanto a Terra inteira esquentaria quando um maciço gradiente de temperatura se formasse entre os trópicos e as altas latitudes, criando severas tempestades e furacões que causariam devastação na superfície da Terra como espíritos enfurecidos concentrados na vingança contra a insensatez da nossa espécie.

ENCONTRO NO CENTRO DO MUNDO

Cada habitante da floresta tropical contribui para a produção das nuvens pela floresta como um todo, por mais afastado das árvores, das algas que vivem nas bromélias e das nuvens que possa aparentemente estar. Na realidade, toda a teia planetária da vida assegura que o clima da floresta tropical permaneça suficientemente saudável para as árvores mandarem suas dádivas de água e seres químicos semeadores de nuvens para o ar.

Certa vez me foi permitido participar de uma experiência especial com um desses seres. Eu tinha me juntado a alguns amigos para uma expedição de seis semanas à remota região de Roraima, que faz divisa com a Venezuela na Amazônia brasileira. Conan Doyle ambientara seu livro O Mundo Perdido *entre as enormes montanhas de cristas achatadas (tepuis) dessa região. Tínhamos viajado cerca de duas semanas numa piroga movida por um pequeno motor de popa subindo o rio Cuiuni, acampando em praias de rio cercadas pela luxuriante floresta tropical. Havíamos passado por muitos afluentes correndo para esse rio solitário e, finalmente, chegamos a um que parecia particularmente convidativo. Anoitecia e havia uma boa praia para acamparmos naquela noite. Então paramos, acendemos a fogueira e combinamos que três de nós explorariam o afluente no dia seguinte, usando nosso pequeno bote inflável e o motor de popa.*

Na manhã seguinte, partimos cedo pelo afluente, cujas águas serpenteavam suavemente rumo ao rio principal. Era magnificamente ensolarado e as árvores de um lado e de outro irradiavam um verde exuberante enquanto absorviam o sol portador de vida. Havia ali uma deliciosa intimidade, como se os "espíritos" do lugar fossem particularmente benevolentes, acolhendo-nos com alegria em seu mundo secreto, longe do caos maluco do mundo moderno que, lá para o sul, estava ameaçando a integridade da grande Amazônia. Era dezembro de 1976, seis anos após o término da rodovia Transamazônica.

Após uma viagem de algumas horas, desembarcamos numa bela praia dourada e exploramos a floresta ao redor. Um silêncio sagrado a envolvia – havia ali uma poderosa inteligência que sabia de nossa presença e que estava satisfeita com a nossa vinda. Passamos algumas horas tranqüilas absorvendo as sutis qualidades daquele lugar. Finalmente, saturados de uma imprevista graça, subimos no bote e começamos a descer o pequeno rio em direção ao nosso acampamento, nos deixando levar pela corrente, sem usar o motor de popa. Era um rio suave, sem corredeiras – alguns movimentos com os remos seriam suficientes para nos manter no rumo durante todo o caminho de volta. Éramos levados sem falar, nossos sentidos alertas aos sons e paisagens da floresta vibrante.

Então completamos uma curva suave no rio e um trecho de água inteiramente novo se abriu diante dos nossos olhares fascinados. A uma boa distância de nós, havia uma grande árvore caída que acabara atravessada no rio, ainda conectada à margem pelo tronco gigantesco. A árvore era de um marrom muito forte e nos grossos galhos caídos que se projetavam da água observamos uma mancha de um marrom mais claro, difícil de distinguir na distância. Quando lentamente flutuamos para mais perto, a mancha marrom claro foi gradualmente assumindo uma forma definida – era como se um contorno enfumaçado lentamente se aglutinasse em alguma coisa saída do nada.

Era um puma, um dos grandes felinos da floresta, que descera para tomar a deliciosa água do rio. O puma estava bebendo, totalmente indiferente a nós, que flutuávamos silenciosamente para mais perto. Piscamos espantados, pois a floresta raramente concede audiência com a grande criatura de tom castanho que passeia calma e furtivamente pelo seu grande coração selvagem. Era como se o tempo tivesse se tornado um melado denso, transparente, passando por nós devagar, muitíssimo devagar e, embora uma seqüência de eventos se desenrolasse, eles pareciam estar acontecendo em algum reino intemporal, que tivesse por alguns momentos aberto as portas para nós.

Então o puma ergueu a magnífica face selvagem e nos encarou. Uma sensação palpável de inteligência vigorosa, relaxada, rolou pela água em nossa direção como fumaça castanha, e nós a inspiramos, assombrados pela sua profunda qualidade. Gotas de água caíam dos curtos tufos de pêlo abaixo da boca do puma, diamantes inundados de sol que batiam devagar voltando ao rio. Seu olhar só se demorou alguns segundos, mas continua em nós até os dias de hoje, pois essas bênçãos são eternas. Então, quando chegamos mais perto, o puma lentamente se virou e, com extrema elegância, desapareceu na floresta.

Não são apenas as florestas tropicais que emitem substâncias químicas semeadoras de nuvens; as grandes florestas temperadas também o fazem, assim como as turfeiras cobertas de musgo e, numa extensão muito menor, as grandes florestas boreais do norte – o quase contínuo cinturão de árvores coníferas que se estende pelo extremo norte do continente americano e da Eurásia. Em seu conjunto, as nuvens semeadas pela vida esfriam o planeta até incríveis 10°C, cerca de duas vezes a diferença de temperatura entre uma fria era glacial e um quente período interglacial como aquele em que estamos vivendo agora.

Desde que fiquei a par desses fatos surpreendentes, tenho visto as nuvens de modo diferente, através de olhos gaianos. Para mim, no passado, elas eram o produto da física, agora são como pêlo ou cabelo, não biologicamente vivas em si, mas ainda assim produto da vida. São as grandes e generalizadas dispersoras do mundo microbiano que esfriam o planeta, ajudando a mantê-lo habitável no seu todo, mas também ajudando a desencadear eras glaciais. Contemplar como a maioria das nuvens de Gaia é semeada pela vida nos dá um gosto de sua presença ativa, de sua habilidade para lidar com o Sol cada vez mais brilhante. Mesmo as nuvens e o próprio vento são forças ativas que os organismos vivos ajudaram a pôr em movimento.

Terra Firme e Oceano Trabalhando Juntos

Vimos como organismos na terra firme e no oceano ajudam a regular a temperatura da superfície do nosso planeta, mas é possível que esses dois grandes reinos gaianos trabalhem juntos? Para explorar essa questão, Lovelock e seu colega Lee Kump fizeram um modelo com plantas terrestres acopladas a algas oceânicas. No modelo, as algas marinhas semeiam uma densa cobertura de nuvens, enquanto em terra firme grandes florestas removem o dióxido de carbono do ar, intensificando a erosão do granito e do basalto. Essas duas grandes comunidades bióticas esfriam concomitantemente o planeta, mas as coisas mudam se um aumento de temperatura é "forçado" pela adição gradual de dióxido de carbono à atmosfera. Nesse modelo, com 500 ppm (partes por milhão) de dióxido de carbono no ar, a temperatura do oceano atinge 10°C, e as algas marinhas desaparecem extremamente depressa quando uma cobertura de água mais quente se cria na superfície do mar. Isso mata as algas de fome impedindo que as correntes ricas em nutrientes, que se precipitam para a tona vinda dos sedimentos abaixo, as alcancem. Quando as nuvens sobre o oceano desaparecem e o mar azul-escuro fica exposto aos raios quentes do Sol, o planeta aquece rapidamente, atingindo um novo estado de estabilidade mais quente, onde será mantido pelas plantas terrestres trabalhando sem a ajuda dos habitantes algáceos dos oceanos.

No mundo real, as algas semeadoras de nuvens estão se retirando cada vez mais para o pólo enquanto as emissões humanas de gases de estufa esquentam os oceanos. Talvez o modelo de Lovelock e Kump, apesar de toda a sua simplicidade, capte alguma coisa essencial sobre o sistema climático do mundo real, pois o piparote para o novo estado quente acontece quando o dióxido de carbono no ar atinge 500 ppm – uma conclusão também alcançada pela última geração de complexos modelos climáticos.

Também pode acontecer que as turfeiras na terra e as algas no oceano trabalhem juntas para manter o frescor de Gaia. O cientista americano Lee Klinger observou que as emissões de SDM das algas marinhas são mais altas em águas perto das costas e ilhas. Você estaria certo em pensar que isso poderia se dar porque o escoamento agrícola rico em nutrientes, chegando ao mar através dos rios, dá às algas o alimento a elas negado na época de verão pela camada quente de água que se desenvolve na superfície do oceano. Isso é exatamente o que acontece nas águas fortemente poluídas das costas da Europa setentrional, mas o efeito também se dá em locais muito distantes da contaminação agrícola, como no mar da Arábia, onde as algas prosperam o ano inteiro apesar do forte caráter sazonal dos *upwellings* ricos em nutrientes. Klinger sugere que, na ausência dos *upwellings*, as algas prosperam melhor em áreas costeiras que recebem água de rio de turfeiras próximas. Como prova, ele cita o fato de que maciças florações de plâncton no estuário do São Lourenço, no nordeste do Canadá, tendem a ocorrer quando grandes vagas de água doce dos rios que drenam as turfeiras alcançam o mar. Evidentemente, há alguma coisa na água de rio de que as algas gostam.

O ingrediente mágico parece ser o ferro, que é suficientemente escasso no oceano para limitar o crescimento das algas. As turfeiras consistem de um tipo principal de planta – o musgo – mais freqüentemente de uma única variedade: o esfagno. Os musgos se dão bem no úmido e pantanoso, e de modo a manter as coisas molhadas eles liberam gases de enxofre para o ar, o que semeia nuvens e desencadeia chuva. Como as florestas tropicais, as turfeiras mantêm seu próprio ciclo de água e podem eliminar grandes áreas de florestas deixando o solo tão úmido que as árvores morrem de afogamento de raiz. A turfa se desenvolve quando os musgos na superfície do pântano morrem e são cobertos por nova vegetação. Morrendo ou já morto, o musgo libera ácidos húmicos e fúlvicos, capazes de inibir tão efetivamente as bactérias em decomposição que se formam grandes massas de uma esponjosa turfa preta, a qual impede a drenagem, ajudando a matar as árvores e arbustos com o alto conteúdo de umidade do solo. Esses ácidos turfosos são peritos em extrair metais pesados, como o ferro, do leito de rocha sob a turfa. Os metais são *pinçados* por esses ácidos, e como quem toma suplementos vitamínicos sabe muito bem, isso significa que o ácido cerca o metal num abraço químico protetor que o torna muito mais facilmente absorvido através das membranas celulares dos seres vivos. Os rios drenando as turfeiras arrastam de duas a dez vezes a soma média de ferro, que alcança as algas no oceano em pacotes facilmente digeríveis, pinçados.

As algas marinhas prosperam graças à dádiva de ferro da turfeira, produzindo vastas somas de SDM bem defronte à costa, não longe das turfeiras. O SDM e outros gases transportando o enxofre emitido pelas algas (como o sulfeto carbonilo, OCS, e o dissulfeto carbonilo, CS_2) semeiam nuvens, algumas das quais depositam chuva sulfurosa sobre os musgos famintos por enxofre fixados em cima das turfeiras. De fato a chuva traz aos musgos muito mais que o enxofre, pois eles foram colocados, pela grossa camada de turfa, tão acima do leito de rocha rico em nutrientes, que seus rizóides semelhantes a raízes não têm como se introduzir em nutrientes produzidos por uma erosão muito abaixo deles, na interface entre rocha e turfa. Os musgos, assim, não têm opção a não ser ficar quase totalmente dependentes da queda de chuva para todos os seus minerais essenciais. Se Klinger estiver certo, as turfeiras e as algas oceânicas fornecem umas às outras os escassos nutrientes de que cada uma precisa, um caso insólito de cooperação entre duas grandes comunidades ecológicas. Mas esse acoplamento não afeta apenas algas e musgos; tem também efeitos importantes no clima da Terra.

Turfeiras e algas marinhas resfriam o planeta de modos semelhantes. Ambas produzem densas nuvens brancas e ambas absorvem dióxido de carbono diretamente da atmosfera por meio da fotossíntese. Já vimos como uma chuva de corpos algáceos oceânicos mortos depositados nos sedimentos carrega o carbono sugado do ar; essa é a bomba biológica, mas as turfeiras também removem o dióxido de carbono do ar, fixando-o como turfa, onde ele vai residir em escuro, úmido sepultamento durante muitos séculos. As turfeiras também esfriam o planeta aniquilando escuras florestas coníferas que derramam neve. A neve se depositando no pântano sem árvores cria uma superfície de alto albedo que esfria a Terra cerca de 80% mais eficientemente que o musgo do verão livre de neve.

O acoplamento turfeira-alga é uma realimentação positiva que pode potencialmente mergulhar a Terra num permanente estado de bola de neve se se mover na direção do resfriamento. O que impede que isso aconteça?

Klinger propõe que, quando o mundo esfria, o gelo avançando raspa a turfa, juntando-a ao oxigênio do ar, emitindo um gás dióxido de carbono que aquece. Antes mesmo que as geleiras as destruam, as turfeiras podem fixar tanto carbono que sobra muito pouco dióxido de carbono para a fotossíntese, uma realimentação negativa que limitaria o crescimento dos musgos.

Biomas e Clima

As relações entre diferentes biomas – as principais comunidades ecológicas de Gaia – têm também um enorme impacto sobre o clima. Nas mais distantes latitudes setentrionais, abaixo das regiões da tundra, onde cresce a maioria das turfeiras, encontra-se a grande floresta boreal composta de escuros pinheiros chamados de sempre-verdes, que derramam neve por causa de suas formas triangulares. A folhagem verde-escura das árvores aqueceu toda a região boreal, o hemisfério norte e todo o planeta de assombrosos 2,5°C durante o período 1965-1995. Esse simples fato tem um impacto muito forte sobre o clima da Terra, pois na ausência das árvores a superfície seria coberta pela neve, que resfriaria a Terra. Se a tundra acabasse se expandindo apenas um pouco, a América do Norte e a Eurásia esfriariam cerca de 3°C e a neve permaneceria um adicional de 18 dias no solo.

Há um efeito gangorra entre a floresta boreal e a tundra cheia de musgo que desempenhou um papel essencial no clima da Terra, amplificando o vaivém das eras do gelo nos últimos dois milhões de anos. Como veremos mais adiante, o gatilho para essas oscilações foram ligeiras variações na órbita de Gaia ao redor do Sol. Quando a órbita elíptica do nosso planeta nos coloca em nossa maior distância do Sol, a tundra espalha suas legiões de musgo para o sul à custa da escura floresta boreal e a tundra coberta de neve no inverno ajuda a inclinar a Terra para uma época glacial. Milhares de anos mais tarde, quando nossa órbita nos leva para mais perto do Sol, a floresta boreal de folhas escuras se expande para o norte, aquecendo a Terra mesmo nos meses de inverno. A floresta boreal também esfria a Terra fixando dióxido de carbono em madeira, mas o baixo albedo de sua folhagem aquece tanto a Terra que esse efeito refrescante é inteiramente neutralizado. Tudo isso nos dá uma percepção gaiana que mina a idéia de que a tundra e a floresta boreal respondiam passivamente ao clima como uma força externa. Agora sabemos que a floresta boreal, a tundra e o clima afetam um ao outro. A fronteira entre a floresta boreal e a tundra equivale perfeitamente à posição da fronteira entre o ar gelado do norte e o ar quente do sul, conhecida como frente do Ártico. A princípio, parecia que a vegetação simplesmente respondia ao ponto onde essas duas grandes massas de ar por acaso se encontrassem, mas agora compreendemos que a posição da fronteira da floresta da tundra controla a posição da frente – uma incrível demonstração de como os impactos climáticos da vegetação podem ser profundos. Parte da razão disto é que a floresta aquece muito mais depressa porque tem um albedo muito mais baixo que a tundra.

Mas não são apenas as árvores e os musgos que interagem com o clima do longínquo norte; outros membros da comunidade biótica também podem estar envolvidos, incluindo predadores e suas presas. É inverno e um lobo uiva na floresta boreal em Isle Royale, no Lago Superior, América do Norte, anunciando o início de outra caçada. O bando do lobo, como tantos outros no extremo norte, gosta de caçar alces, aqueles gigantescos ungulados cujos machos competem pelas fêmeas no outono atacando com seus chifres palmados, muito espalhados. Bem para o sul, além dos Açores, o ar aquecido se fixou durante o verão quente e agora se derramou para o norte através do oceano Atlântico, correndo em cima do ar frio sobre a Islândia, trazendo ventos fortes e neve intensa para todo o noroeste do Atlântico. Isle Royale acabou de experimentar uma prolongada e pesada nevasca e nossa alcatéia reage se combinando com outros lobos para formar um grande grupo de caça, que achará mais fácil abater os alces na neve profunda. O bando se prepara para caçar ao amanhecer. Hoje vão devorar um macho grande e velho. Durante os nevados meses de inverno, a alcatéia do nosso lobo, como tantas outras em Isle Royale e talvez por toda a floresta boreal, alimentará muitos novos filhotes com carne de alce de abates facilitados pela neve profunda. Abetos novos, muito menos roídos por alces, crescerão melhor no ano seguinte, aumentando suas chances de se tornarem árvores maduras que vão aquecer a região boreal e o planeta em muitos verões vindouros.

Mas nem todos os invernos em Isle Royale são tão cheios de neve quanto esse. Em certos anos, o gradiente de pressão que impulsiona o maciço fluxo de ar quente e úmido que avança para o norte vindo do sul enfraquece e pouca neve cai no extremo norte do Atlântico. Então os lobos caçam em bandos menores e acham mais difícil matar os alces, que assim se tornam mais numerosos. Mais brotos de abetos são roídos, reduzindo o número dos que acabarão se transformando em grandes árvores que aquecem o planeta.

Aí pode perfeitamente haver mais do que uma mera cadeia linear de causa e efeito indo do clima aos lobos aos alces aos abetos. Os abetos escuros aquecem a região boreal e o planeta, portanto a cadeia podia perfeitamente morder a própria cauda – podia perfeitamente haver uma realimentação. Influenciando a abundância dos alces, e daí a cobertura de abetos, não é inconcebível que os lobos pudessem influenciar a temperatura da região boreal e, portanto, as próprias diferenças de pressão que levam aos invernos com muita neve ou quentes. Os detalhes científicos precisos dessa realimentação, se de fato ela existe, podem ser de difícil elucidação. Talvez uma sucessão de invernos com muita neve favoreça tanto os lobos caçadores e o crescimento dos brotos de abetos que as árvores disparem para grandes alturas em mais ou menos uma década, aquecendo a região com seus galhos escuros, que não acumulam neve. Uma vez aquecido, o gradiente de temperatura até o Atlântico equatorial pode se reduzir, diminuindo a chance de neve, favorecendo portanto o retorno dos alces, já que os lobos os caçam menos eficientemente nas atuais condições de ausência de neve. Isso começa a parecer uma realimentação negativa com uma constante de tempo longo, mas ninguém sabe. Se existisse, a realimentação poderia se parecer mais ou menos como mostra a figura 29.

Não temos nenhuma resposta, mas observando a situação com olhos gaianos podemos experimentar uma deliciosa intuição de interconexão radical. Aí pode perfeitamente haver um elo entre eventos tão aparentemente desconectados quanto os uivos de uma alcatéia de lobos, o próprio vento

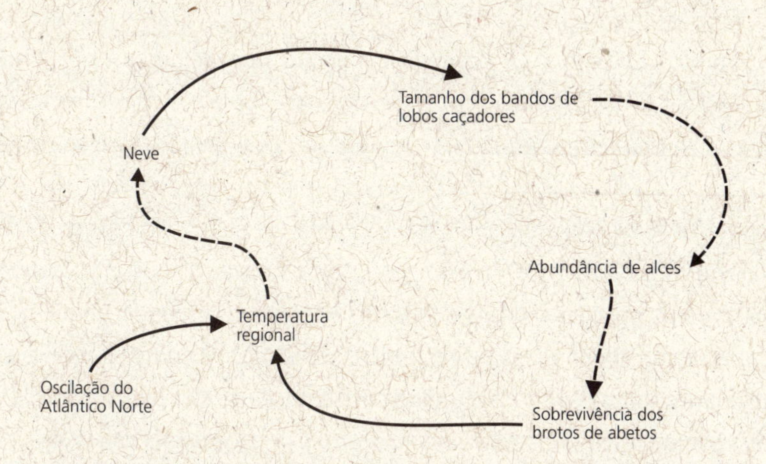

Figura 29: Realimentações hipotéticas entre os lobos e o clima.

que encrespa seus pêlos e a neve que cobre docemente as pegadas da presa furtiva que os lobos estão saindo para caçar – tudo isso nos faz pressentir a assombrosa sabedoria que se encontra no coração da nossa Terra viva.

SENTINDO O ALBEDO

Se você está numa estação ou num clima quente e ensolorado, pegue um pano preto e um branco e coloque-os ao lado um do outro no chão, expostos em cheio aos raios do Sol. Após cinco ou dez minutos, sinta a diferença de temperatura entre as duas superfícies. Se você pode conseguir duas camisetas, uma preta e uma branca, use uma de cada vez no sol e sinta como o albedo da superfície que cobre seu peito afeta sua temperatura corporal e seu nível de conforto.

Agora tome consciência dos albedos de objetos e seres vivos ao seu redor. Escolha uma determinada coisa – uma árvore, uma rocha, um prédio – e passe algum tempo conectando-se com ela como uma superfície que reflete ou absorve os raios do Sol. Baseado em sua experiência sensorial direta das superfícies preta e branca, torne-se cada vez mais consciente de como seu objeto afeta a temperatura dos arredores graças inteiramente a seu albedo.

Agora feche os olhos e visualize Gaia como ela é vista do espaço. Olhe para suas áreas escuras, suas florestas boreais e o oceano aberto, e suas áreas claras, para as grandes massas de nuvens baixas e as áreas de gelo e neve que agora se contraem. Conecte-se com o sentimento de como essas áreas escuras e claras constituem uma importante contribuição à temperatura de Gaia. Veja como elas se transformam enquanto as eras glaciais vão e vêm, e como a atividade humana perturba cada vez mais a superfície do nosso planeta.

Vimos como o clima e a vegetação trabalham juntos, como um todo auto-regulador. Um exemplo adicional disto, em que predominam as interações locais, pode ser encontrado nos Everglades da Flórida, onde a floresta nativa de pinheiros foi removida e os pântanos naturais drenados, com dramáticas conseqüências. Simulações mostraram que essas intervenções drásticas reduziram em 11% a quantidade de chuva, porque menos água transpira das árvores e se evapora tanto da floresta quanto da área pantanosa. Com menos evapotranspiração e menos cobertura de nuvens, a superfície terrestre sem árvores aqueceu cerca de 0,7°C – um aumento catastroficamente elevado.

O Saara setentrional fornece outro exemplo da estreita conjugação entre plantas e clima. É agora um deserto, mas 6000 anos atrás boa parte dele era uma área coberta de mato e capim, com algumas árvores e arbustos, povoada por uma espantosa coleção de grandes mamíferos, pássaros, insetos e outros exemplares de vida selvagem. O que poderia ter provocado a passagem da savana a deserto? Quase certamente por volta de 6000 anos atrás a órbita da Terra nos levou para mais perto do Sol, desencadeando mais chuva na região. É difícil desembaraçar inteiramente as razões disto, mas parece que envolveu mudanças em complexas relações entre ar, oceano, vegetação e gelo marinho nas mais diferentes partes do globo. Mato e arbustos expandiram suas áreas no clima ligeiramente mais úmido, pondo em movimento uma realimentação positiva que encorajou a queda de uma quantidade ainda maior de chuva sobre toda a região. A capacidade do solo em resistir à chuva aumentava quando as raízes das plantas permeavam a outrora areia estéril. À medida que cresciam, as plantas sugavam água por meio de suas raízes, liberando-a para o ar como vapor de água, que se condensava em nuvens carregadas de chuva com a ajuda das substâncias químicas semeadoras de nuvens emitidas pelas próprias plantas. As superfícies verde-escuras das plantas encorajavam a intensificação da evaporação. A realimentação parece algo mais ou menos assim (figura 30):

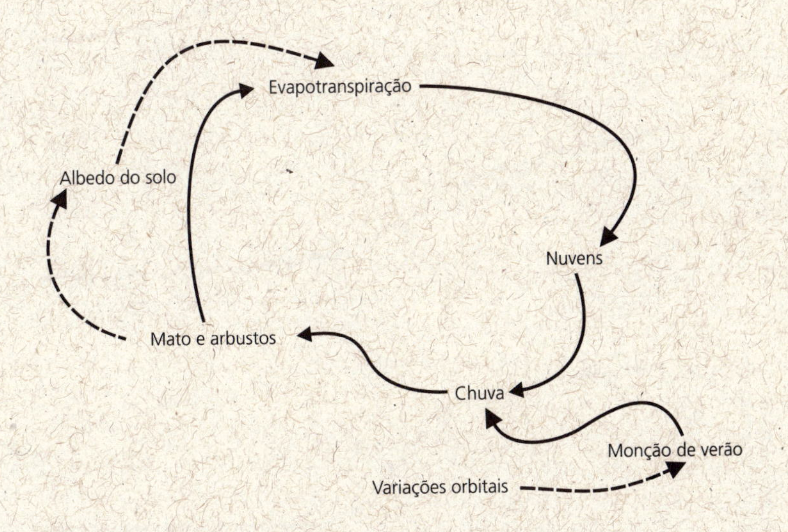

Figura 30: O ressecamento do Saara.

Cerca de 5.500 anos atrás, a bela região de savana no Saara desapareceu de maneira incrivelmente rápida. O que quer que tenha acontecido fez as realimentações funcionarem na direção oposta, levando com extrema rapidez ao ressecamento. Modelos matemáticos sugerem que uma pequena alteração na órbita da Terra levou a mudanças sutis na distribuição da luz do Sol sobre a superfície da Terra, que foram então amplificadas pelas conexões de longa distância entre gelo marinho, ar, oceano e vegetação em várias partes do mundo, assim como pelas realimentações mais locais mostradas acima. O trabalho com os modelos combinado com evidência de campo mostram como essas mudanças ligeiras conspiraram para fazer o sistema ultrapassar um limiar além do qual a vegetação subitamente desapareceu (figura 31).

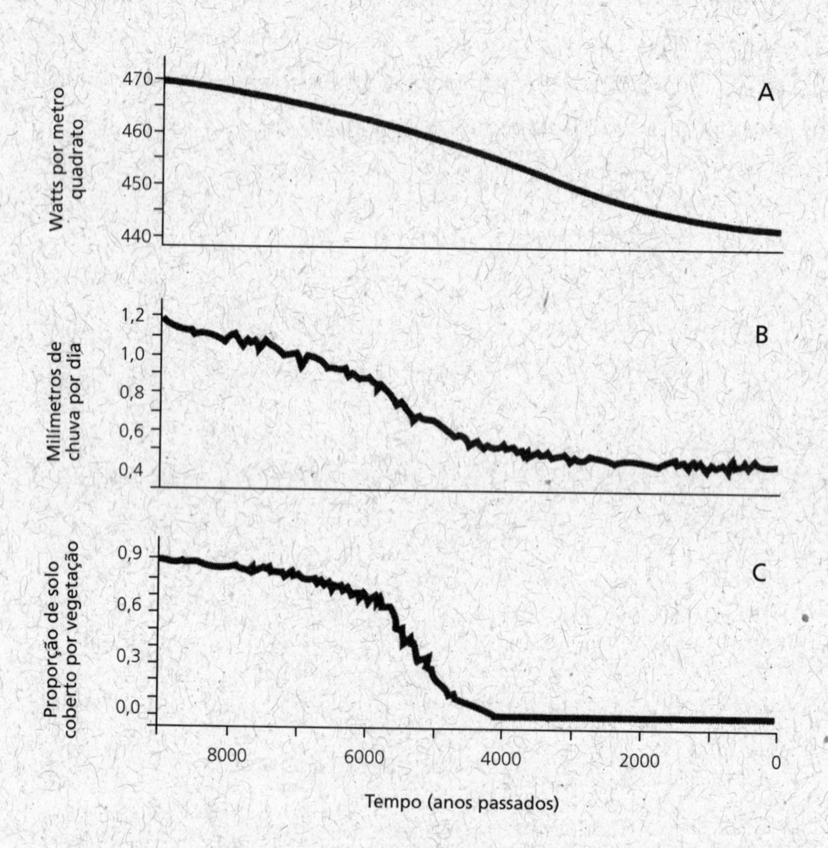

Figura 31: A rápida passagem de savana a deserto no norte da África, 5.500 anos atrás. a) Mudança na quantidade de sol recebido no norte da África; b) Mudança simulada nas chuvas para a mesma região; c) Mudança resultante na cobertura da vegetação (*de Clausen et al, 1999: deMenocal et al, 2000*).

Há uma importante lição nessa história. Ela confirma nossas intuições de que pequenas mudanças na fisiologia de Gaia podem ocasionar mudanças dramáticas e inesperadas, o que não é surpreendente, já que Gaia consiste de inumeráveis relações lineares e não-lineares interligadas. E há uma advertência. Acrescentando gases de estufa à atmosfera podemos perfeitamente desencadear mudanças igualmente repentinas e dramáticas – por todo o globo.

CAPÍTULO 7

De Micróbios a Gigantes Celulares

Gaia se desenvolveu e se modificou desde o início de sua longa vida, mas essas mudanças nem sempre foram suaves e graduais – tem havido transições críticas ou pontos limites que reconfiguraram sua atmosfera, oceanos e superfícies terrestres, deixando-os irreconhecíveis, graças aos desdobramentos evolutivos estreitamente interligados entre seus seres vivos e suas rochas, atmosfera e ciclo de águas. A primeira dessas transições teve lugar no nascimento de Gaia, quando as primeiras formas de vida, as antigas bactérias, se espalharam por todo o jovem planeta há uns 3,5 bilhões de anos, no início do éon arqueano. As bactérias reinaram sozinhas por um bilhão de anos até o início do éon proterozóico, há uns 2,5 bilhões de anos, quando temos uma certeza razoável de que as primeiras células nucleadas apareceram. Grandes seres multicelulares compostos de grandes colônias de células nucleadas só surgiram no início do éon fanerozóico, uns 600 milhões de anos atrás, durante o qual a tendência geral, excluindo cinco extinções em massa, foi de um aumento gradual da biodiversidade, culminando na profusão climática da vida de hoje. O ponto-chave a considerar é que o aparecimento de novas formas de vida em cada éon muda de tal forma as coisas que uma civilização alienígena examinando amostras de ar, água e rocha recolhidas em diferentes épocas ia achar difícil acreditar que elas pudessem ter vindo do mesmo planeta.

Durante o éon arqueano, muito tempo antes de existirem seres multicelulares como árvores, pessoas e elefantes, minúsculas bactérias governavam o mundo, como ainda governam hoje. As bactérias reciclam gases e nutrientes, e vivem numa grande variedade de hábitats: de profundos respiradouros vulcânicos no fundo do oceano, cheios de fumaça quente, a superfícies de rocha nua, expostas ao vento, à chuva e ao sol intenso. Desde seu aparecimento no começo do éon arqueano, cerca de 3,5 bilhões de anos atrás, as bactérias têm operado uma rede metabólica estreitamente interligada, abarcando o mundo inteiro, o que tem assegurado que a superfície da Terra permaneça dentro de limites habitáveis.

As Bactérias Governam o Mundo

Para a maioria das pessoas, as bactérias não passam de portadoras de doenças, a serem erradicadas a qualquer custo, mas de fato só uma pequena minoria é nociva aos seres humanos. A maioria delas está empenhada no trabalho essencial, cotidiano, de manter o planeta vivo captando energia, reciclando e decompondo. Mas antes de darmos uma olhada em como as bactérias fazem essas coisas maravilhosas por Gaia, precisamos aprender alguma coisa sobre elas como seres individuais. Vamos encolher até não termos mais que cerca de 1/500 do comprimento de um milímetro, mais ou menos o tamanho de uma célula *Escherichia coli*, uma bactéria de tamanho médio. Vamos mergulhar no solo, um lugar onde as bactérias proliferam em grande número; um grama de solo médio contém milhões de células bacterianas de muitos tipos.

Bem na nossa frente, no escuro, se encontra uma bactéria solitária: um enorme zepelim abridor de sulcos. Ela reage ao toque se achatando, como uma bola de borracha cheia de água, pois o interior aquoso da célula é limitado por uma dura membrana exterior que nossos insignificantes dedos submicroscópicos podem picar, mas não quebrar. Essa é a membrana da célula do micróbio, equipada de um sem-número de minúsculos poros através dos quais mesmo as menores moléculas de comida e dejetos fluem constantemente para dentro e para fora. Prepare-se, pois agora vamos encolher até ficarmos suficientemente pequenos para conseguirmos também passar através de um poro para o interior da célula.

Aqui, na escuridão intensa, vemos um rico caldo de seres moleculares correndo de um lado para o outro num frenesi aparentemente casual. Serpenteando através de todos eles, como uma corda torcida, está o material genético da bactéria, seu DNA, que se enrosca para a distância como uma minhoca gigante mergulhando no solo. Nadamos bem para cima, amarramos um lenço vermelho na corda do DNA e seguimos em frente para ver aonde ela vai nos levar. À medida que nos movemos ao longo do filamento, nossa paisagem não se altera – tudo à nossa volta parece ser uma massa indistinta de frenéticos movimentos moleculares. Viajamos durante várias horas e não há alteração no que vemos, até que, ali no escuro, vemos um pontinho vermelho agarrado ao filamento do DNA – é o nosso lenço! Descobrimos que o filamento é de fato um grande *círculo* de DNA.

Aprendemos várias coisas interessantes com essa breve jornada ao mundo bacteriano. A primeira é que o interior da nossa bactéria tem muito pouca estrutura – praticamente a única coisa grande e organizada que encontramos foi a corda comprida, circular de material genético – o DNA. Fora isso não encontramos órgãos de digestão, nem tripas, nem estômago; como então a bactéria come e excreta? A resposta se acha em nossa outra descoberta: que a membrana celular do micróbio se torna porosa graças à profusão de minúsculos buracos que salpicam sua superfície semifluida. A bactéria come absorvendo minúsculas moléculas de comida de seu ambiente através desses poros e excreta despachando os dejetos através deles. A vida de qualquer espécie é absolutamente impossível sem membranas celulares e todas as membranas celulares exibem um espantoso grau de atividade e sensibilidade, pois todas elas, não importa onde sejam encontradas, são capazes de selecionar cuidadosamente o que entra e sai através de seus poros. Já encontramos esse fato antes; membranas celulares são *semipermeáveis*.

Surpreendentemente, talvez o aspecto mais organizado da célula bacteriana seja a sopa química que nós tão facilmente ignoramos em nossa primeira exploração. Vamos nos encolher de novo e voltar ao profundo interior da nossa bactéria, mas desta vez vamos parar num lugar e observar com muita atenção a prolífica química engendrada na nossa frente. Após algum tempo reconhecemos certos seres moleculares maiores, como os açúcares, as proteínas e a ATP, a molécula universal transportadora de energia encontrada nas células de todo ser, de micróbios a elefantes. Após algumas horas de cuidadosa observação e análise de amostras chegamos a uma incrível percepção: a composição total do interior da célula tem permanecido relativamente constante, apesar do fato de os seres moleculares estarem incessantemente criando e consumindo um ao outro. Essa constância relativa é impressionante, pois sugere que o conjunto da rede molecular é capaz de regular seu ambiente interno, mantendo-o dentro de limites favoráveis à sua existência. A célula faz isso reproduzindo continuamente os componentes das complexas redes que operam dentro de sua fronteira semipermeável. Essa recriação contínua, minuto a minuto, segundo a segundo, é uma marca essencial da vida, que os biólogos chilenos Humberto Maturana e Francisco Varela chamaram *autopoiesis* – "autocriação" ou, mais literalmente, "autopoesia". Para as entidades autopoiéticas continuarem se recriando – de modo a permanecerem vivas – é indispensável que tenham acesso a uma fonte externa de energia utilizável, que possa ser quimicamente capturada dentro da célula para ser liberada devagar quando e onde quer que seja preciso construir moléculas que tenham se desgastado ou simplesmente se desintegrado durante o turbilhão da própria vida.

Mas a energia é necessária não apenas para reparação; é também necessária para a alimentação e a excreção. Os seres vivos absorvem nutrientes do mundo exterior para continuarem vivos: às vezes como pequenas moléculas introduzidas através de uma membrana celular bacteriana e às vezes como presa abatida por um bando de leões após longa e dura caçada no intenso calor de uma tarde africana. Depois de comer vem a excreção. Todos os processos da vida produzem substâncias que seriam tóxicas se não fossem removidas, e assim todos os seres vivos têm de excretar, ou melhor, doar essas substâncias aos seus entornos para continuarem vivos. O milagre da ecologia é que os produtos residuais de um tipo de ser são comida para outro, o que significa que os seres vivos se organizam numa vasta rede extracelular de autocriação, da qual Gaia é a expressão final.

De modo a encontrar novos recursos de comida e escapar ao perigo, algumas bactérias usam um "órgão" conhecido como flagelo, uma espécie de chicote que é usado para deslocar a célula (figura 32). Uma célula bacteriana tem de fato até 150 flagelos individuais que se estendem para o ambiente de cada parte de sua membrana celular. Quando uma bactéria como a *Salmonella* se encontra numa situação em que uma fonte concentrada de alimentação (digamos, um camundongo apodrecendo no solo) está liberando nutrientes, os receptores em sua membrana celular detectam as moléculas de comida e instruem os flagelos a girar no sentido anti-horário. Os flagelos respondem se atando a um único superflagelo que bate em uníssono, fazendo com que o micróbio se mova numa linha reta para a fonte de comida. Existe aqui um comportamento proposital – enquanto se move, a bactéria controla quantas moléculas de comida estão presas em seus receptores e o movimento para a comida continua se o número de "mordidas" continua aumentando. Assim que o número de mordidas se estabiliza, os flagelos giram no sentido horário, o que faz com que se separem para que cada um bata num ritmo diferente e num ponto diferente ao longo da membrana celular. O micróbio, então, se move a esmo e, com sorte, continua perto da fonte de comida. De fato, ambos os tipos de movimento ocorrem o tempo todo, mas o movimento em linha reta domina quando o micróbio está avançando para a comida, com o movimento a esmo acontecendo com mais freqüência quando ele está perto da comida ou quando uma situação adversa está sendo evitada.

As bactérias também produzem outros tipos de estruturas. Algumas secretam um emaranhado denso, pastoso de fibras compridas, pegajosas, que crescem da membrana da célula para os arredores. Essas fibras, conhecidas

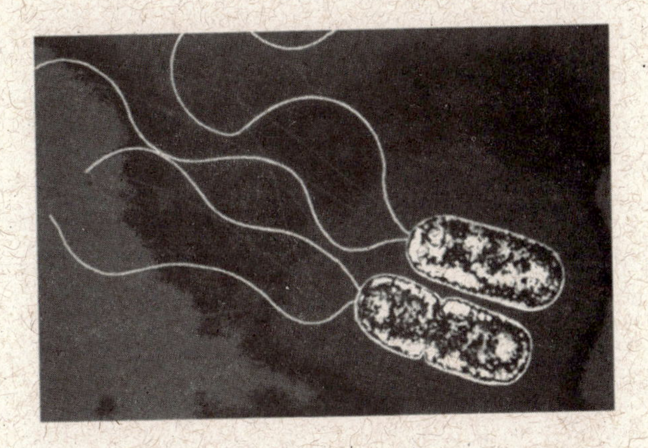

Figura 32: Espécie das *Pseudomonas*, cada uma com dois flagelos compostos (*foto © Dra. Linda Stannard, UCT / Science Photo Library*).

como glicocálix, ajudam a célula a aderir a superfícies como partículas do solo, rocha nua e – no caso da *Streptococcus mutans* – aos nossos dentes, onde causa cárie dentária desde que a sacarina do açúcar esteja presente para fornecer a matéria-prima da glicocálix. Muitos tipos diferentes de bactéria povoam essas fibras pegajosas em quantidades maciças, cada tipo dando sua própria e singular contribuição metabólica para o conjunto e cada uma sendo capaz de se comunicar de formas altamente sofisticadas que só recentemente se tornaram conhecidas. Tendemos a pensar nas bactérias como matéria altamente organizada mas bruta, nada mais que meros sacos de truques moleculares – sofisticados sem dúvida, mas longe da sensibilidade e sem nada parecido com a aptidão para a comunicação sofisticada que é, gostaríamos de acreditar, privilégio exclusivo da nossa própria espécie.

Mas descobertas recentes colocam em xeque essa conclusão. A emergência não pode ocorrer sem atores que reajam adequadamente ao estado do todo e as bactérias não são exceções. A maioria das bactérias vive em colônias, freqüentemente com diferentes tipos de células executando funções metabólicas específicas e, para o todo funcionar bem, os variados e numerosos membros do grupo têm de se comunicar uns com os outros sobre as complexidades do meio ambiente que os restringe e sobre o estado de toda a colônia. Reação exige comunicação. Em nós, em nossos pares mamíferos, nos pássaros e em muitos insetos, as principais trilhas de comunicação são a visão, o som e o cheiro. Entre as bactérias não há visão, nem audição, mas existe algo semelhante ao olfato – a transmissão de sinais significativos com os quais a comunicação é possível, graças à linguagem versátil cujo alfabeto é uma complexa coleção de mensagens químicas. Um importante canal de comunicação bacteriana é conhecido como *percepção de quórum* [*quorum sensing*]. Exemplo notável se esconde nos órgãos luminosos especializados de certas lulas.

Estamos respirando num mar tropical, quente e raso, numa brilhante noite de luar e, de repente, avistamos uma estranha forma brilhante nadando furtivamente perto do fundo. Encontramos uma corajosa lula de cauda curta (*Euprymna scolopes*, figura 33), que corre o risco de ser devorada por predadores se o luar projetar sua sombra sobre o leito marinho. Para evitar esse perigo, a lula recorre a uma astuta trapaça luminosa: emite luz que equivale à intensidade do luar sobre o leito marinho, camuflando assim a si própria ante os predadores à procura de sombras.

Mas não é a lula que gera a luz – bactérias conhecidas como *Vibrio fischeri* fazem isso em seu benefício. As bactérias vivem em liberdade no mar,

Figura 33: Uma lula de cauda curta, *Euprymna scolopes*, cujos órgãos luminosos internos alojam bactérias bioluminescentes (*foto © Margaret McFall-Ngai*).

mas, tendo oportunidade, simplesmente adoram colonizar as aconchegantes câmaras dos órgãos luminosos de uma lula onde, salvas de seus próprios predadores, consomem um rico caldo nutriente que lhes é fornecido pelo seu hospedeiro. Quer no mar ou numa lula, cada bactéria produz continuamente pequenas quantidades de uma molécula sinalizadora conhecida como AHL, que se difunde da célula para o ambiente em torno. Todas as células *Vibrio fischeri* são também capazes de detectar a AHL no seu ambiente, usando uma molécula receptora conhecida como LuxR. Na vasta diluição do mar, só pequenas quantidades de AHL passam de célula para célula, sem desencadear reação na LuxR. Mas nas abundantes populações bacterianas dentro dos órgãos luminosos da lula, as coisas são diferentes. Aqui, cada célula absorve tanta AHL de seus vizinhos que a LuxR e a AHL se encerram num apertado abraço químico quando a AHL excede um determinado nível de concentração.

Juntas, as moléculas recém-acopladas dançam para uma região específica do enroscado filamento do DNA bacteriano, unindo-se a ele em outro firme casamento químico, que põe em movimento uma cadeia de eventos primorosamente coreografados que terminam num feito assombroso: a emissão da feérica luminosidade esverdeada conhecida como bioluminescência. Esse truque não é exclusivo da lula; outros animais descobriram que hospedar densas colônias emissoras de luz de *Vibrio fischeri* pode trazer benefícios consideráveis, como o peixe *Monocentris japonicus*, que as usa para atrair parceiras. Os órgãos luminosos da lula e do peixe são os únicos lugares onde a densidade da AHL se torna suficientemente alta para desencadear a produção de luz. Por seu uso, a *Vibrio fischeri* reconhece se está dentro de um órgão luminoso ou no mar aberto, e responde apropriadamente. Na realidade, o uso da AHL como molécula sinalizadora não está restrito à *Vibrio fischeri* – é usada por uma ampla gama de bactérias, incluindo algumas que causam efermidades em seres humanos (como a *Pseudomonas aeruginosa*) e outras que fixam o nitrogênio no solo.

Outro famoso exemplo de percepção de quórum (desta vez por meio de uma molécula diferente da AHL) envolve a *Myxococcus xanthus*, uma bactéria do solo em forma de bastão que forma colônias planas e deslizantes na vegetação em decomposição. Quando as coisas vão bem e há comida suficiente, as células *Myxococcus* se dividem e se movem ao longo de trilhas de muco num grupo compacto, secretando enzimas que digerem presas numa incrível exibição de complexa predação social descrita como "lupina" por um dos mais importantes pesquisadores da área. Mas quando a morte pela fome ameaça, as coisas se alteram dramaticamente. Sob tais circunstâncias, as células liberam uma molécula sinalizadora que, acima de um determinado nível de concentração, leva todas elas a convergirem para uma grande massa em forma de corcunda. Fazem isso retrocedendo pelas suas trilhas de muco numa série de ondas pulsantes, belamente coordenadas. Uma vez no monte, a maioria das células comete suicídio. As células que estão morrendo liberam nutrientes que algumas sobreviventes usam para criar esporos resistentes, capazes de agüentar firme até que as condições voltem a ser favoráveis. Aqui testemunhamos "meras" bactérias se consultando umas às outras como grupo. Cada célula recebe mensagens de todas as outras, interpreta seu próprio estado interno com relação a essas mensagens e então contribui com uma resposta própria para o fundo comunitário de respostas.

Vimos até agora as bactérias usando uma única molécula sinalizadora para a percepção de quórum, mas de fato a maioria usa várias dessas moléculas e muitas são sensíveis a moléculas sinalizadoras emanando de espécies diferentes da sua. A *Vibrio fischeri* tem uma trilha sinalizadora diferente que a permite emitir luz quando há muitas bactérias de outras espécies no órgão luminoso, que portanto tem de ser sensível a toda uma multidão de moléculas sinalizadoras. Além disso, a maioria das bactérias usa sinais químicos para detectar mutantes que se tornaram nocivos para a colônia. Quando isso acontece, a colônia ativa genes anteriormente em estado latente e se torna invisível para os mutantes, recorrendo na verdade ao expediente de mudar espontaneamente para uma "linguagem" diferente. Um investigador proeminente disse que essas experiências com mutantes ajudam a colônia a apurar suas "habilidades sociais", capacitando-a a melhorar a cooperação.

A comunicação entre diferentes espécies de bactérias permite que elas formem colônias de espécies misturadas, que são capazes de cumprir tarefas que uma espécie isolada talvez jamais conseguisse. Um exemplo assustador se esconde em nossa própria boca, na placa que todo dia assiduamente escovamos e tratamos com fio dental. Centenas de espécies bacterianas vivem na placa, suas redes de comunicação para a percepção de quórum superando a complexidade combinada de todos os sistemas de comunicação humanos. Da próxima vez que você escovar os dentes, pense um pouco na sofisticada inteligência bacteriana que, com tanta indiferença, você está condenando ao desaparecimento.

A comunicação química bacteriana é de tão assombrosa complexidade que lembra as estruturas gramaticais básicas da linguagem humana, a tal ponto que os cientistas estão agora falando de sintaxe bacteriana e mesmo de inteligência social bacteriana. Essa sofisticada linguagem bacteriana permite a estrita coordenação entre espécies diferentes em colônias microbianas que são mais bem descritas como superorganismos multicelulares. Como na linguagem humana, o significado de um dado sinal bacteriano depende inteiramente do contexto, de modo que a mesma molécula vai desencadear todo um leque de respostas, dependendo do que está acontecendo tanto dentro quanto fora de uma célula individual. Um dos mais importantes pesquisadores desse campo fala de bactérias promovendo "ricas vidas sociais", desenvolvendo "memória coletiva" e "conhecimento comum", tendo "identidade de grupo", sendo capazes de "reconhecer a identidade de outras colônias", de "aprender com a experiência", de "se auto-aperfeiçoarem" e de se engajarem em "tomada de decisão de grupo", tudo indicando uma inteligência social análoga à de "primatas, pássaros e insetos".

O que tudo isso significa é que já não podemos pensar nas bactérias como meros mecanismos químicos. Maturana e Varela sustentam que a cognição é um aspecto indissolúvel do atributo autocriador (autopoiético) do estado vivo e, como as bactérias são indubitavelmente autopoiéticas, sua sensibilidade a seu ambiente interno e ao mundo em volta delas são nítidas manifestações de um estilo de cognição especificamente bacteriano.

As bactérias são criaturas profundamente sencientes, que vivem num rico, significativo mundo comunal, parcialmente criado por elas próprias, ao qual respondem criativamente e com refinada sensibilidade. A mais antiga difusão da sensibilidade bacteriana ao redor do globo, cerca de 3,5 bilhões de anos atrás, levou a nascente Gaia para uma relação cada vez mais ativa com o Sol brilhante e com o dióxido de carbono, emitido para sua atmosfera por meio dos vulcões, vindo do vasto reino das rochas semifluidas lá embaixo. Essa grande teia bacteriana tem governado o planeta até os dias de hoje e é, em certo sentido, um pouco como os processos inconscientes que operam aspectos cruciais dos nossos próprios metabolismos. Deve haver uma transição sem brechas dessa sensibilidade bacteriana para a nossa pois, como veremos mais tarde, nossas próprias células são associações de bactérias, outrora vivendo em liberdade, que agora se engajam em sofisticada comunicação intracelular. Se nossas células são fundamentalmente bacterianas, então um fio contínuo da nossa sensibilidade remonta a nossos mais antigos ancestrais bacterianos.

As bactérias podem parecer simples quando encaradas do ponto de vista das enormes criaturas multicelulares com que estamos familiarizados, mas na realidade elas exibem uma versatilidade metabólica comunitária que amesquinha a nossa. As bactérias inventaram as principais técnicas para extrair e estocar a energia necessária à vida e para capturar nutrientes essenciais, como o nitrogênio e o fósforo, em temperatura ambiente. Logo após a vida ter aparecido pela primeira vez, elas inventaram a fotossíntese baseada na água, sem a qual a vida como a conhecemos seria impossível. Também inventaram a fermentação, sem a qual não teríamos vinho nem queijo.

As bactérias foram capazes de ser tão brilhantemente bem-sucedidas graças à sua imensa capacidade para trabalhar suas redes, uma aptidão que continuaram a pôr em prática no decurso do tempo geológico até os dias de hoje. Uma habilidade-chave no trabalho com as redes, que elas operam em paralelo com a percepção de quórum, é a capacidade de permutar pedaços de DNA, mais ou menos como eu ou você vendemos ou compramos roupas de segunda mão em bazares beneficentes, só que com mais intensidade. A bióloga Lynn Margulis e o escritor Dorion Sagan usam uma vigorosa analogia que ilustra primorosamente essa capacidade bacteriana para a troca de genes. Se, por alguma mágica, seu corpo pudesse permutar o DNA como fazem as bactérias, cópias de seu DNA vazariam copiosamente quando você estivesse nadando na piscina do clube. Se você tivesse olhos azuis, a água da piscina formigaria com múltiplas cópias de genes de olhos azuis, que teriam vazado para a água através de sua pele. Qualquer nadador de olhos castanhos mergulhando na piscina depois de você absorveria facilmente seus genes e sairia da água com surpreendentes olhos azuis, muito parecidos com os seus. Margulis e Sagan fornecem mais uma analogia. Se tivéssemos a capacidade de permutar genes das bactérias, o simples fato de cheirar algumas rosas e inalar o gene de cheiro delas já nos deixaria com o perfume das rosas, ou poderíamos desenvolver presas simplesmente passando algum tempo em contato íntimo com elefantes.

A fotossíntese produtora de oxigênio, uma das mais assombrosas de todas as proezas metabólicas bacterianas, pode perfeitamente ter sido inventada por uma única bactéria ancestral que difundiu a inovação por meio da troca genética de "acesso livre ao código-fonte", que acabamos de explorar. Podemos ilustrar isso com uma pequena história. Imagine que há cerca de 3 bilhões de anos, durante o éon arqueano, houvesse uma bactéria chamada Suria que vivia na superfície do antigo oceano da Terra, rodopiando nos grandes redemoinhos que o vento fazia quando agitava as águas. A vida já estava bem estabelecida e o ar estava cheio de metano, pois isso foi muito antes do tempo em que o oxigênio se tornou abundante no ar. Suria, como muitas de suas irmãs, tirara energia de crescimento do Sol, decompondo o gás sulfeto de hidrogênio das profundezas em hidrogênio e pequenos glóbulos de enxofre amarelo, que ela cuspia no mar. Então, por algum truque da luz, ou por alguma notável coincidência de metabolismo ou genética, uma súbita, mas um tanto pequena alteração ocorreu no fundo do tumultuoso e belamente orquestrado reino bioquímico, onde os seres químicos que constituíam a forma física de Suria punham em prática suas fantásticas intrigas, assassinatos e casos de amor químicos. De repente, lá nas profundezas, as moléculas de Suria se configuraram para executar uma nova dança com o Sol e ela foi capaz de extrair o hidrogênio doador da vida da água, H_2O, antes que do pungente gás sulfeto de hidrogênio à sua volta. Agora ela secretava oxigênio em vez de enxofre e o mundo foi para sempre mudado. Suria, ao criar "fotossíntese oxigênica", tinha se tornado a primeira cianobactéria do mundo – assim chamada devido a seu novo pigmento ciânico [azul-esverdeado] fotossintético (figura 34). Essa foi uma façanha incrível e Suria, fiel ao código microbiano de reciprocidade, liberou pequenos fragmentos do texto genético contendo o segredo dessa nova descoberta para o mar à sua volta. Seus vizinhos imediatos não demoraram a captar a mensagem e também começaram a fazer oxigênio e hidrogênio da água. A receita da fotossíntese oxigênica se espalhou rapidamente pela comunidade microbiana global e logo a superabundância da água possibilitou que a cianobactéria fotossintética povoasse prodigamente muitas partes do globo. A fotossíntese como é comumente conhecida por nós havia chegado e continuou sendo o principal fixador biológico da energia do Sol durante os últimos 3,5 bilhões de anos. Os antigos alquimistas tiveram um grande nome para isso; observando como as plantas verdes absorviam o sol, e sentindo seu poder, eles chamaram a coisa de "Leão Verde Comendo a Luz do Sol".

Algumas das primeiras bactérias fotossintéticas viviam em grandes colônias. Sob o ensolarado céu azul do oeste da Austrália, num lugar cha-

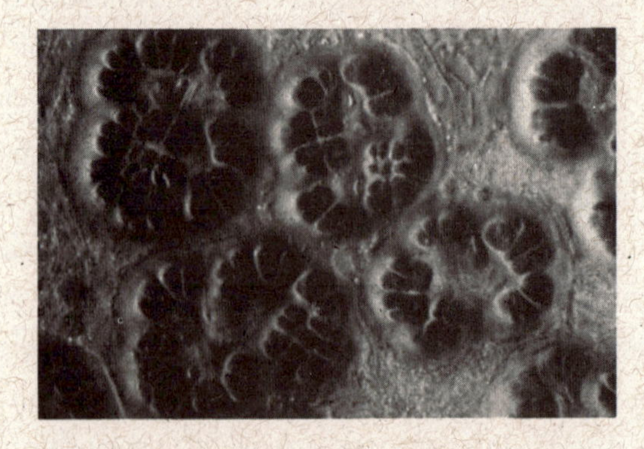

Figura 34: Espécie *Gomphosphaeria*, uma moderna cianobactéria, de Laguna Figueroa, Baixa Califórnia Norte, México (*foto* © *Lynn Margulis*).

mado Shark Bay, estranhos montes de um metro de altura cobrem a praia e as águas rasas como enormes batatas brotando da areia (figura 35). São estromatólitos – colônias de bactérias formadoras de rochas que eram comuns por todo o planeta logo após a vida ter começado, cerca de 3,5 bilhões de anos atrás. Na sua maior parte, cada monte é um domo de rocha, mas em seu topo se empoleira uma película azul-esverdeada de limo, onde vivem os micróbios. Aqui, muitas espécies vivem em conjunto, cada qual contribuindo para uma verdadeira comunidade bacteriana, tão complexa e comunicativa quanto qualquer cidade humana. Observando cuidadosamente, vemos bolhas prateadas aparecendo na superfície lodosa no topo de um determinado domo. Algumas bolhas já se soltaram como miniaturas de balões de ar quente e estão se dissolvendo na água cristalina. Oxigênio recém-criado, feito exatamente como tem sido feito nos últimos 3,5 bilhões de anos, ingressa na atmosfera, energizando o conjunto de Gaia. A comunidade bacteriana também cria o domo rochoso em que se empoleira, seja secretando muco que liga e petrifica partículas de sedimento, seja pela secreção direta de greda – carbonato de cálcio. As bactérias se movem continuamente para a luz no topo de seus montes à medida que eles se desenvolvem, de modo que só o limo fino no topo está vivo – talvez desse modo as bactérias se conservem o mais perto possível da luz. Os estromatólitos são hoje encontrados apenas em locais onde a água do mar é tão salgada que os predadores das bactérias não conseguem sobreviver, mas no passado muito distante do período arqueano, 3,5 bilhões de anos atrás, esses predadores estavam ausentes e os estromatólitos se encontravam por toda a parte. Sua importância para Gaia estava na generosa dádiva do oxigênio, que gradualmente se acumulava na atmosfera, e na fixação dos açúcares ricos em carbono encerrados em seus corpos microbianos.

Contudo, o recentemente inventado caminho fotossintético poderia ter rapidamente congelado a nascente Gaia até a morte, removendo todo o dióxido de carbono da atmosfera. Esse destino terrível foi evitado graças aos esforços das bactérias em decomposição vivendo nos sedimentos do fundo do oceano. Esses seres digeriam os cadáveres das fotossintetizadoras quando eles chegavam aos sedimentos vindos das regiões superiores enso-

Figura 35: Estromatólitos vivos em Shark Bay, oeste da Austrália (*foto © Reg Morrison*).

laradas, liberando gás metano que subia borbulhando para o ar, onde sua imoderada inclinação para absorver calor da superfície da Terra mantinha o planeta aquecido.

Na superfície do oceano, onde quer que a fotossíntese tenha tornado o oxigênio localmente abundante, uma nova oportunidade metabólica bacteriana se abria: a respiração. Respiradores são extraordinariamente insolentes, na medida em que usam o oxigênio para digerir as mesmíssimas fotossintetizadoras que foram as primeiras a produzir o oxigênio. Num certo sentido, criaturas respirando, como os humanos e os primitivos respiradores bacterianos, processam a fotossíntese ao contrário, usando o oxigênio para decompor as complexas moléculas de açúcar dentro dos corpos de suas presas, liberando dióxido de carbono e água no processo. Como a fotossíntese e a respiração se equilibram mais ou menos perfeitamente, o oxigênio não pode se acumular na atmosfera se os organismos que respiram consomem todos os açúcares fixados pela fotossíntese. Mas e se alguns dos açúcares escapam dos respiradores e chegam a lugares, como sedimentos espessos, barrentos, onde não há oxigênio? Então o oxigênio rodopia pela atmosfera procurando os açúcares perdidos que, se esquivando de suas atenções, asseguram que o oxigênio permaneça livre na atmosfera (figura 36).

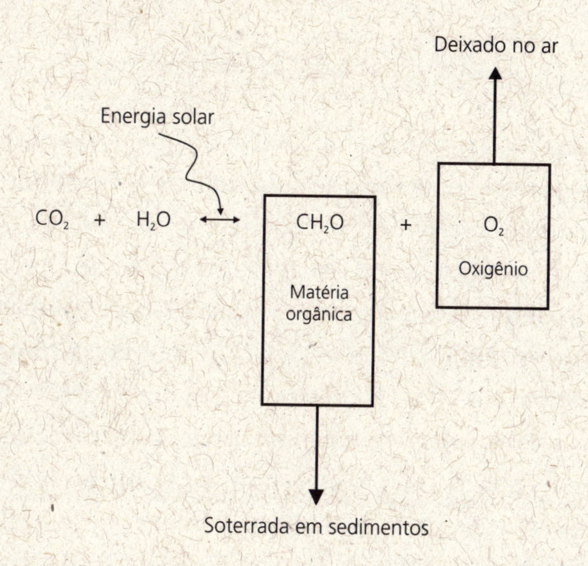

Figura 36: Como o oxigênio se forma na atmosfera devido à fotossíntese e ao soterramento do carbono orgânico.

Nos primeiros anos de Gaia, qualquer oxigênio deixado livre como resultado desse soterramento de carbono orgânico era limpo por reações com o metano no ar, o enxofre dos vulcões e o ferro em rochas. Mas finalmente, por volta de 2,5 bilhões de anos atrás, a própria face de Gaia foi sendo gradualmente transformada, ficando irreconhecível quando esse oxigênio que "submerge" se torna saturado e o oxigênio em liberdade permanece na atmosfera. Foi-se o ar rico em metano que tinha dominado o planeta durante 1000 anos, foram-se os céus rosados e os mares de tom marrom. O oxigênio deixou o céu azul e jogou as metanogênicas no fundo do barro, do limo e do muco, onde ele não podia alcançá-las. Foi-se também o clima quente, revigorante, produzido pela atmosfera rica em metano, pois o planeta caiu rapidamente numa era glacial quando o oxigênio acossou o metano, convertendo-o em água e dióxido de carbono – que, molécula por molécula, é um gás de estufa cerca de vinte vezes menos poderoso que o metano, seu progenitor rico em hidrogênio.

Fusões Bacterianas

Foi Lynn Margulis quem defendeu a idéia de que o aumento do oxigênio pode ter dado o retorno, desencadeando mudanças de importância capital entre os habitantes do mundo bacteriano. Como o Sol e os vulcões, o oxigênio é tanto um doador de vida quanto um agente de morte, pois o gás é tão altamente reativo, tão apaixonado em sua ânsia de completar sua órbita externa de elétrons, que facilmente ataca as moléculas complexas dentro das células bacterianas vivas. Pode ser que esse novo perigo do oxigênio incite as células a desenvolverem uma membrana protetora para servir de escudo ao material genético no núcleo, mas seja como for, o novo ambiente rico em oxigênio acelerou o metabolismo bacteriano global, permitindo que ele provocasse ainda mais eficientemente erosão nas rochas da superfície da Terra. Como resultado disso, mais nutrientes foram tornados disponíveis para a vida como um todo, fortalecendo a articulação feita por Gaia entre a vida e seus reinos de rocha, ar e água.

Esse ambiente recentemente enriquecido abriu possibilidades para relações cooperativas entre as bactérias que mal poderiam ter sido sonhadas pelos habitantes do antigo mundo dominado pelo metano. Talvez a primeira destas novas associações tenha ocorrido entre as extremamente móveis bactérias espiroquetas, em forma de saca-rolhas, e bactérias mais sedentárias, como as *Thermoplasma,* que levam a vida em fontes de águas termais. As espiroquetas são predadoras vorazes e, a princípio, podem ter devorado sem remorsos seres como a *Thermoplasma,* mas elas logo descobriram que uma estratégia muito mais eficiente era se atarem à superfície de sua presa para sugar os nutrientes que transpirassem de suas membranas celulares. As espiroquetas estão eternamente em movimento e assim esse arranjo significou que ambas as parceiras eram continuamente impelidas para novos ambientes, alguns dos quais tinham de conter novos suprimentos de alimento. A associação funcionava como uma configuração estável que aumentava o bem-estar de ambas as parceiras. Uma associação semelhante entre espiroquetas vivendo em liberdade e um organismo hospedeiro existe hoje num local extremamente improvável: nos intestinos dos cupins nos sertões do noroeste da Austrália. Esses cupins (*Mastotermes darwiniensis*) comem madeira – um grande desafio, porque a lignina na madeira não pode ser digerida sem ajuda pelo metabolismo do inseto. Felizmente para os cupins, a ajuda está à mão sob a forma de micróbios que digerem madeira e vivem na parte posterior de seus canais alimentares. Um dos mais espetaculares desses seres, um grande protista de uma única célula chamado *Mixotricha paradoxa* (figura 37), fornece aos cupins um serviço de digestão de madeira altamente eficiente. Para fazer isso, *Mixotricha* precisa mover-se de um lado para o outro no canal alimentar do cupim, o que ele faz com a ajuda de três tipos de espiroquetas que se agrupam em sua superfície externa em vastas hordas onduladas, conseguindo de alguma maneira orquestrar seus movimentos individuais de modo tão primoroso que todo o conjunto desliza graciosamente em busca de minúsculas lascas de madeira.

Lynn Margulis tem promovido vigorosamente a idéia de que, quando o éon arqueano estava se aproximando do fim, as bactérias estavam experimentando outro tipo de associação, em que algumas delas viviam dentro de outras células bacterianas. Essa endossimbiose ou "simbiose do interior"

Figura 37: *Mixotricha paradoxa*, um protista comedor de madeira, nada apenas quando a penugem de suas mais de 200.000 estruturas de motilidade ondulam. Especula-se que elas se desenvolveram de espiroquetas treponemas simbióticas (*foto © Dean Soulia, cortesia de Lynn Margulis*).

pode ter começado como uma relação predatória que se tornou amigável assim que o predador descobriu que a cooperação lhe era muito mais conveniente que a agressão direta. Os predadores eram parecidos com o *Bdellovibrio* dos dias de hoje, um verdadeiro tigre do mundo bacteriano, que avança violentamente para a vítima, digerindo-a a partir de dentro, e usa um metabolismo que respira oxigênio, extremamente poderoso, para produzir um número imenso de recém-criados rebentos, que já irrompem no mundo como caçadores ferozes agindo por conta própria. Mas em determinado ponto, assim que se encontravam nas entranhas seguras, ricas em nutrientes de uma presa, alguns desses predadores devem ter dado uma parada. Por que enfrentar todo o incômodo de abater e devorar uma presa atrás da outra quando seria muito mais sensato dar um freio à agressão e permanecer naquele belo hospedeiro, banqueteando-se tranqüilamente com sua rica mistura de moléculas de comida e lhe oferecendo em troca um serviço útil? E que serviço? Nada menos que o uso do oxigênio para extrair energia de moléculas de comida. Esse arranjo tem funcionado muito bem desde que foi inventado, há cerca de 2,5 bilhões de anos. Hoje cada célula que respire oxigênio e que não constitua uma bactéria está viva por causa disso, mas o predador bacteriano original mudou tanto com o correr do tempo que sua verdadeira identidade ficou escondida dos olhos curiosos dos cientistas até uma época relativamente recente. O predador em sua forma moderna é conhecido pela ciência como mitocôndria (figura 38) – a casa de força da célula nucleada.

As mitocôndrias têm aproximadamente o mesmo tamanho das bactérias, mas não se parecem com elas. Ao contrário das vísceras relativamente indiferenciadas de uma bactéria normal, as entranhas das mitocôndrias estão organizadas numa membrana extremamente enroscada, que mais parece os labirintos das cercas vivas que a pessoa encontra nos terrenos das velhas propriedades rurais inglesas. Da seqüência do DNA surgiu uma prova excelente de que as mitocôndrias foram um dia bactérias vivendo em liberdade, pois fica claro que o DNA mitocondrial está muito mais intimamente relacionado ao das bactérias que ao DNA do núcleo da célula hospedeira. A associação entre as mitocôndrias e o núcleo hospedeiro ficou tão

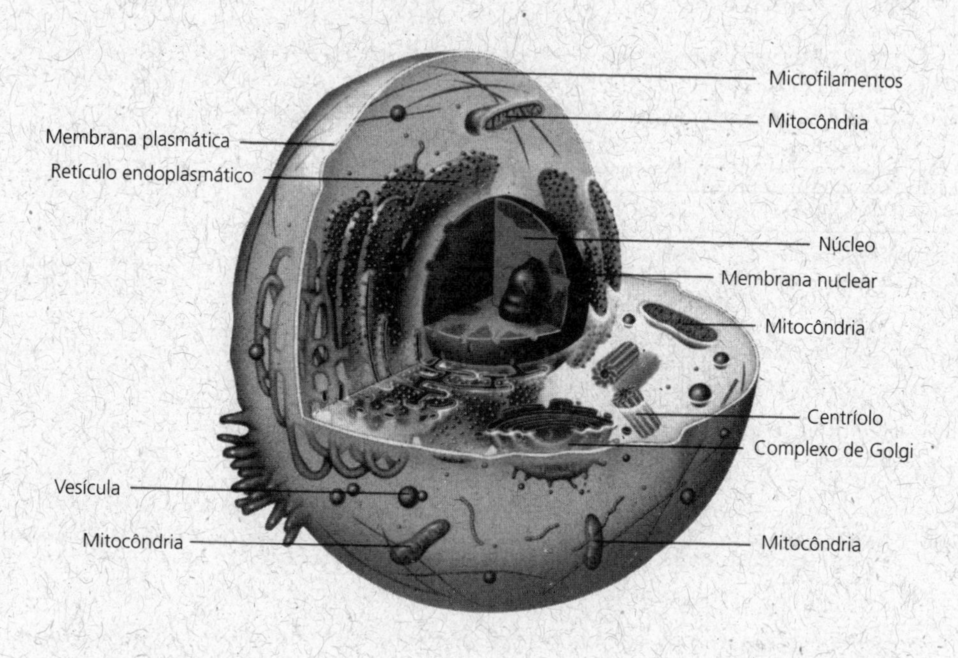

Figura 38: Uma célula nucleada mostrando sua complexa organização, incluindo mitocôndrias, as descendentes das antigas bactérias vivendo em liberdade (*foto © Science Photo Library*).

estritamente compacta com o correr do tempo que o núcleo agora produz um pouco das proteínas encontradas nas mitocôndrias.

Os últimos a chegar à simbiose emergente foram os cloropastos, outrora bactérias fotossintéticas vivendo em liberdade que agora vivem dentro das células de plantas e algas como suas casas de força fotossintéticas. A célula hospedeira deve ter sido originalmente um predador simbiótico respirando oxigênio, que provavelmente obtinha uma grande quantidade de alimento comendo as fotossintetizadoras ricas em açúcar que viviam em liberdade. Mas também aqui houve uma possibilidade de transmutação de uma relação predador-presa numa relação de benefício mútuo. Para o predador, havia vantagens óbvias em consumir um pouco dos açúcares produzidos pelas fotossintetizadoras, que por sua vez se beneficiavam da proteção e mobilidade do seu hospedeiro.

JORNADA PARA AS MITOCÔNDRIAS

Procure um lugar tranqüilo para relaxar – talvez sua casa em Gaia – e passe algum tempo respirando calmamente. Quando estiver pronto, sintonize a sensação de seu próprio corpo. Passe algum tempo sentindo o calor do corpo, do corpo repousando na cadeira ou no chão, da sua respiração, seu coração batendo. Tome consciência do que você vê, ouve, saboreia e cheira enquanto relaxa.

Agora se encolha, torne-se cada vez menor até ficar pequeno o bastante para passar facilmente através de um dos poros de uma dentre a multidão de células que constituem seu fígado. Você está dentro de uma célula do fígado, observando a assombrosa complexidade e minúcia das estruturas que o cercam.

Agora escolha uma das muitas mitocôndrias que flutuam na sua frente e avance para ela. Toque-a, sentindo sua incrível suavidade esfiapada enquanto ela fornece energia doadora de vida ao resto da célula, fragmentando moléculas de comida com o oxigênio que lhe é trazido do ar.

Sinta a mitocôndria como uma alienígena, como um ser cujos ancestrais foram um dia, há bilhões de anos, vorazes predadores vivendo em liberdade.

Saboreie o reconhecimento de que, muito tempo atrás, os ancestrais dessa mesma mitocôndria domaram seus instintos agressivos e começaram a cooperar com as próprias células que tinham um dia destruído.

Sinta a beleza e dignidade destas associações cooperativas com dois bilhões de anos de idade. Sinta como os suprimentos de energia liberados pela mitocôndria permitem que a célula de seu fígado cumpra as muitas tarefas vitais que mantêm você vivo.

Agora retorne a seu tamanho normal e abra os olhos. Observe os seres não-humanos que o cercam. Saiba que eles, como você, são descendentes de antigos seres unicelulares que aprenderam a arte sutil da cooperação. As mitocôndrias nos ensinam que a independência é impossível – que todos nós dependemos uns dos outros.

A Dança do Oxigênio

Pelo final do éon arqueano, a quantidade de oxigênio na atmosfera aumentava gradualmente à medida que a vida se tornava cada vez mais apta para produzir e soterrar o carbono atraído do ar pela fotossíntese. Surpreendentemente, durante os últimos 350 milhões de anos o oxigênio no ar parece ter oscilado ao redor de 21%, o que está próximo do ótimo para os grandes seres multicelulares como nós. Como nossa Terra viva tem conseguido regular o oxigênio com tanta eficiência? É uma história complexa, por isso vamos levantar apenas alguns detalhes que têm sido abordados por alguns dos descendentes científicos de Lovelock, nomeadamente Tim Lenton, Andrew Watson e Noam Bergman.

A primeira coisa a observar é que o oxigênio atmosférico não pode aumentar acima de 25% sem desencadear incêndios muito grandes, que reduziriam a cinzas a maior parte da vegetação terrestre num prazo relativamente curto. Com essa quantidade de oxigênio na atmosfera seria inclusive indiferente que todo o material vegetal do mundo estivesse completamente úmido – um feroz incêndio global reduziria de qualquer maneira tudo a cinzas. Se o oxigênio na atmosfera declina para 13-15%, os incêndios não podem começar mesmo na vegetação mais seca, contudo a presença contínua no registro fóssil de material vegetal parcialmente queimado, comumente conhecido como carvão, durante os últimos 350 milhões de anos, nos revela que os níveis de oxigênio nunca foram suficientemente baixos para evitar incêndios, nem suficientemente altos para queimar totalmente a vegetação. O carvão fóssil sugere uma apaixonante história gaiana de regulação de oxigênio envolvendo surpreendentes interações entre vida, rochas, atmosfera e oceanos.

A CHAMA DA VIDA

Procure uma vela e coloque-a apagada na sua frente com uma caixa de fósforos ao alcance da mão. Agora pegue um fósforo e acenda a vela, observando com atenção a chama ganhar vida.

Veja a chama ardendo com facilidade, de modo contínuo, e considere o fato de que o que você está vendo só acontece porque existe apenas a quantidade certa de oxigênio no ar. Bastaria haver 10% a mais de oxigênio e a chama criada quando você acendeu o fósforo o teria colocado em chamas, assim como a mobília do aposento e depois a casa inteira. Daí o fogo teria se espalhado para todo lado, sem parar. Se você vivesse na América do Sul, o fogo teria se espalhado por todo o continente, daí para a América Central e, finalmente, para toda a América do Norte. Qualquer um que acendesse um simples fósforo numa ilha ou numa massa isolada de terra teria criado o mesmo holocausto de fogo impossível de conter. Por outro lado, com cerca de 15% de oxigênio no ar, seu cérebro seria incapaz de gerar energia suficiente para sustentar sua consciência e você estaria inconsciente da vela, da chama ou do fato de estar lendo este texto.

Enquanto observa a chama da vela, pense na miraculosa constância do oxigênio no ar, que mantém a chama ardendo sem inflamar uma combustão global e que também mantém viva a chama da sua consciência. Tome consciência de você respirando – inspire grandes punhados de oxigênio e considere como a presença do oxigênio exatamente na concentração certa é a grande dádiva das incríveis relações entre as rochas, os seres vivos como líquens, árvores e musgos, que causam erosão nelas, as algas oceânicas, as bactérias nos sedimentos do oceano e aquele raro ser químico doador de vida, o fósforo.

O fósforo, um dos mais importantes seres químicos de Gaia, está no centro da história. Duas necessidades fundamentais dos seres vivos lhe dão essa centralidade. Ele é absolutamente indispensável para produzir a molécula ATP, que estoca energia, em todos os seres vivos, uma molécula que é também necessária ao crescimento e que é um componente do DNA. Mas há outro fato crucial: sua escassez. A fonte final do fósforo é a erosão das rochas, e sua destinação final, uma vez feita a erosão, são os sedimentos do oceano. Não há ser químico gasoso portador de fósforo, capaz de transportá-lo do mar à terra, nem equivalente químico do gás sulfeto de dimetila, que tão primorosamente completa o ciclo do enxofre fazendo chover enxofre sobre florestas, turfeiras e pântanos; assim os seres vivos estão totalmente dependentes da reciclagem das rochas para a obtenção de novos estoques do precioso elemento – o ouro do mundo biológico. O contato entre qualquer ácido e rochas é tudo que é preciso para erodir os preciosos veios de fósforo. O ácido carbônico resultante do casamento da água da chuva com dióxido de carbono faz o trabalho muito bem.

Duas coisas acontecem quando os movimentos tectônicos erguem enormes quantidades de rochas portadoras de fósforo, ricas em carbono orgânico. A primeira é que o oxigênio do ar diminui, consumido pelo carbono orgânico faminto em oxigênio. A segunda é que a erosão química libera os íons fosfato de suas prisões de rocha para serem varridos pelos rios para o mar, onde estimulam o crescimento do fitoplâncton que libera oxigênio e fixa carbono orgânico. (Uma importante digressão: cada íon fosfato consiste de um átomo de fósforo ligado de modo covalente a quatro átomos de oxigênio. Como o fósforo puro não é encontrado na natureza, vou falar daqui para a frente, por amor à simplicidade, indiferentemente em "fósforo" e "fosfato".) O oxigênio aumenta, enquanto o carbono orgânico é soterrado nos sedimentos do oceano. Aqui podemos ver uma simples realimentação negativa que regula o oxigênio. Há mais, contudo, na história, porque existe outra fonte de fósforo. Os sedimentos nas plataformas continentais são ricos em fósforo que veio da erosão das rochas por muitas rotas diferentes. Parece provável que nos sedimentos vivam bactérias famintas por fósforo, que precisam de oxigênio para armazenar o precioso elemento, um tesouro tão cobiçado. Com pouco oxigênio na água do mar, as bactérias do sedimento têm pouca capacidade para capturar o fósforo, que assim permanece livre nos sedimentos. O fósforo também pode penetrar nos sedimentos ou deixá-los, graças a uma relação poderosa mas puramente química com o ferro. Nas águas ricas em oxigênio, os dois seres químicos sentem uma atração tão forte um pelo outro que o fósforo é "sorvido" pelo ferro, mas nas águas pobres em oxigênio a relação sucumbe e o fósforo torna a ser libertado para os sedimentos. Um pouco do fósforo livre que não foi absorvido pelas bactérias ou pelo ferro tem uma chance de vir a ser incorporado a rochas quando os sedimentos lentamente se acomodam e endurecem, mas uma parte escapa a esse destino rochoso e é arrastada para a superfície por correntes oceânicas, que alimentam novas gerações de algas fotossintetizadoras. E assim o oxigênio aumenta. Agora realimentações negativas começam a contra-atacar esse aumento: com mais oxigênio na água, o casamento ferro-fósforo e as bactérias do sedimento fixam mais fósforo nas profundezas sombrias, e assim as algas da superfície morrem de fome. Com menos fotossíntese e, portanto, soterramento de carbono orgânico, o oxigênio no ar diminui. Mas há uma falha fatal na história, pois a realimentação entra em colapso se o oxigênio alcança níveis até mesmo moderados na água logo acima dos sedimentos, porque a permuta crucialmente importante entre captura e liberação de fósforo desaparece.

A mais eficiente jornada de regulação do oxigênio envolve a erosão intensificada de rocha portadora de fósforo por plantas terrestres. Já vimos como as plantas amplificam a erosão química de granito e basalto fraturando e dissolvendo as rochas com suas raízes e potentes exsudações químicas. Uma descoberta-chave feita por Tim Lenton foi que a mesma erosão intensificada pela vida libera quantidades significativas de fósforo das rochas de silicato de cálcio e das rochas sedimentares repletas de carbono orgânico.

Isso é sua nova realimentação. Se o oxigênio no ar aumenta significativamente, os incêndios se alastram por toda a parte quando a vegetação nas vastas superfícies de terra firme do planeta queima, deixando enormes extensões do campo com uma vida vegetal severamente reduzida. Um número menor de plantas terrestres erode menos fósforo das rochas e toda a biosfera sofre da fome de fósforo. A fotossíntese é severamente reduzida no mundo pobre em fósforo, e assim o soterramento do carbono orgânico diminui na terra e nos oceanos. Como resultado, os níveis de oxigênio na atmosfera caem verticalmente quando os seres químicos famintos por oxigênio, como o carbono, o ferro e o enxofre devoram sua presa altamente reativa. Mas agora, com menos oxigênio no ar, o perigo do fogo recua e as plantas terrestres voltam a crescer vigorosamente, mais uma vez liberando fósforo quando suas raízes alcançam, racham e dissolvem as rochas em sua compulsiva busca de nutrientes. O fósforo recentemente liberado estimula a fotossíntese na terra e nos oceanos e os seres verdes do mundo aumentam o conteúdo de oxigênio do ar quando um maior número de seus corpos ricos em carbono são soterrados nos sedimentos escuros. A atmosfera mais uma vez formiga com oxigênio e a grande dança auto-reguladora completa o ciclo quando os incêndios mais uma vez se alastram pelos continentes.

Exploramos agora três grandes realimentações negativas que podem ter regulado o oxigênio durante mais ou menos os últimos 300 milhões de anos. Cada uma é uma jornada gaiana e todas estão ligadas, como mostrado na figura 39. Passe algum tempo acompanhando as três jornadas nesse diagrama até ficar familiarizado com o modo como cada uma funciona para regular a quantidade de oxigênio no ar. Se achar que ajuda, consulte a figura 8 para se recordar do que significam os dois tipos de seta (uma seta contínua indica uma relação direta entre dois componentes, e uma seta tracejada, uma relação inversa). Assim que tiver uma boa noção cognitiva da figura 39 como um "diagrama de sistemas", você estará pronto para experimentar seu significado mais profundo deslocando sua atenção do modo cognitivo para o modo experimental de consciência. A primeira coisa a fazer é transformar o diagrama de sistemas num mapa de regulação do oxigênio que usaremos para as "jornadas" abaixo.

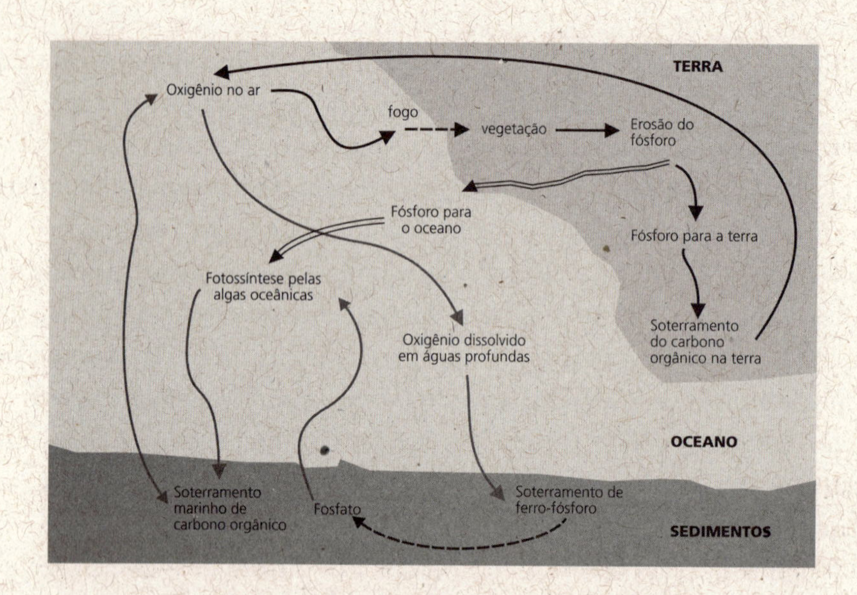

Figura 39: Três jornadas de regulação do oxigênio.

TRÊS JORNADAS DE REGULAÇÃO DO OXIGÊNIO

Para cada jornada, as palavras dentro dos parênteses dizem por onde você deve começar ou qual é seu próximo passo (ignore-as assim que sua familiaridade tiver aumentado). Começaremos completando a primeira jornada, por isso dedique agora um tempinho para dar uma atenção especial ao mapa que vem a seguir.

Coloque o mapa da primeira jornada perto de você, de modo que possa abrir os olhos e dar uma espiada nele sempre que precisar. Respire fundo algumas vezes e se conceda o tempo e o espaço para absorver os sons, os cheiros e as paisagens de seu lugar em Gaia.

A PRIMEIRA JORNADA

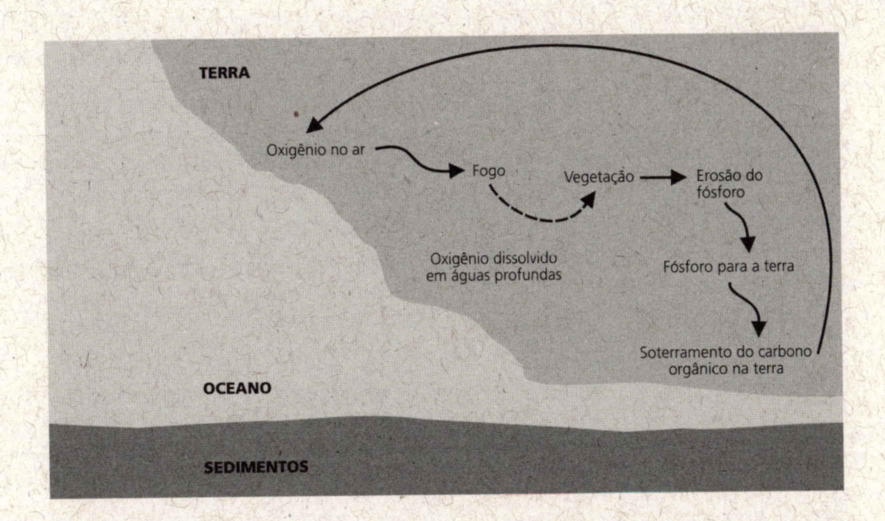

(Comece em "oxigênio no ar"): Respire suavemente, "provando" o oxigênio que você introduz em seu corpo a cada inspiração. Saboreie a vida cedendo moléculas de oxigênio quando você as puxa para o fundo de seus pulmões. Sinta o oxigênio correndo através do seu corpo, lhe dando energia e inflamando sua consciência.

Você é uma molécula de oxigênio rodopiando pela atmosfera, sentindo sua qualidade ambígua, corrosiva mas apaixonada, de doadora da vida e portadora da morte. Você se precipita freneticamente numa rajada de vento que quase o atira na face de um penhasco rico em moléculas de carbono orgânico famintas por oxigênio, moléculas que tinham sido parte de uma trepadeira, numa floresta do carbonífero, 300 milhões de anos atrás. Muitas moléculas de oxigênio desaparecem aqui, mas você é soprado para longe do penhasco no último minuto por uma brisa de passagem. Há tantas moléculas de oxigênio no ar que grandes incêndios grassam por todo o planeta, desencadeados por quedas de relâmpagos.

(Para "fogo"): Você assume a forma de um eucalipto selvagem no grande sertão do sudoeste da Austrália. Incêndios grassam por perto, na atmosfera rica

em oxigênio, e logo as árvores ao seu redor estão em chamas. A fumaça se agita à sua volta e, vindo de todo lado, animais em fuga passam correndo por você. Sinta o calor do fogo que se aproxima, marcando cada coisa viva em seu caminho.

(Para "vegetação"): Os grandes incêndios queimaram vastos trechos da floresta, mas você é uma das poucas árvores que sobreviveram. A maior parte do sertão à sua volta está enegrecida com os restos carbonizados do que era antigamente uma rica e diversificada comunidade ecológica.

(Para "erosão do fósforo"): Suas raízes penetram profundamente no granito, fazendo a pedra rachar, expirando dióxido de carbono que se combina com moléculas de água acumulada de chuvas de muito tempo atrás. O ácido carbônico que resulta desta união dissolve o granito, liberando uma miríade de seres químicos há muito encarcerados, incluindo o precioso fósforo. Mas os incêndios mataram tantas árvores que agora a floresta como um todo só libera pequenas quantidades desse raro elemento das rochas.

(Para "fósforo para a terra"): Você se torna um raro íon fosfato recentemente erodido do granito pelo grande eucalipto. A chuva o carrega para o solo ralo, mas não há outros íons fosfato perto de você. Você está inteiramente sozinho.

(Para "soterramento do carbono orgânico na terra"): Você se torna o grande ser selvagem de toda a floresta de eucaliptos, prolongando-se por mais de 3,9 milhões de hectares do sudoeste da Austrália, uma grande rede de árvores e plantas conectadas por fios finos de fungos subterrâneos. Mas nas condições pobres em fósforo, pouquíssimas de suas plantas crescem bem, a maioria é pequena, atrofiada. Há menos fotossíntese e, assim, seu solo soterra muito menos material vegetal morto.

(Para "oxigênio no ar"): Completando a jornada, você mais uma vez assume a forma de uma molécula de oxigênio no ar. O soterramento do carbono orgâ-

nico na terra diminuiu de tal forma que praticamente não há novos irmãos oxigênios no ar para substituir aqueles que se combinaram com tantos seres químicos famintos por oxigênio. A jornada que você acabou de completar diminuiu o oxigênio no ar, evitando uma catastrófica combustão global.

Agora cumpra mais uma vez rapidamente a jornada para experimentar como ela irrompe em ação para evitar outro perigo – a perda excessiva de oxigênio.

Você se torna Gaia. Agora, com menos oxigênio no ar, há um número menor de incêndios e você sente a vegetação terrestre crescendo mais uma vez luxuriante e verde sobre suas superfícies de terra. As raízes das plantas erodem enormes quantidades de fósforo das rochas e sua cobertura vegetal cresce ainda mais. À medida que o soterramento das plantas mortas continua a passo acelerado no mundo rico em fósforo, você prova o sabor áspero das legiões de moléculas de oxigênio se multiplicando em sua atmosfera.

A SEGUNDA JORNADA

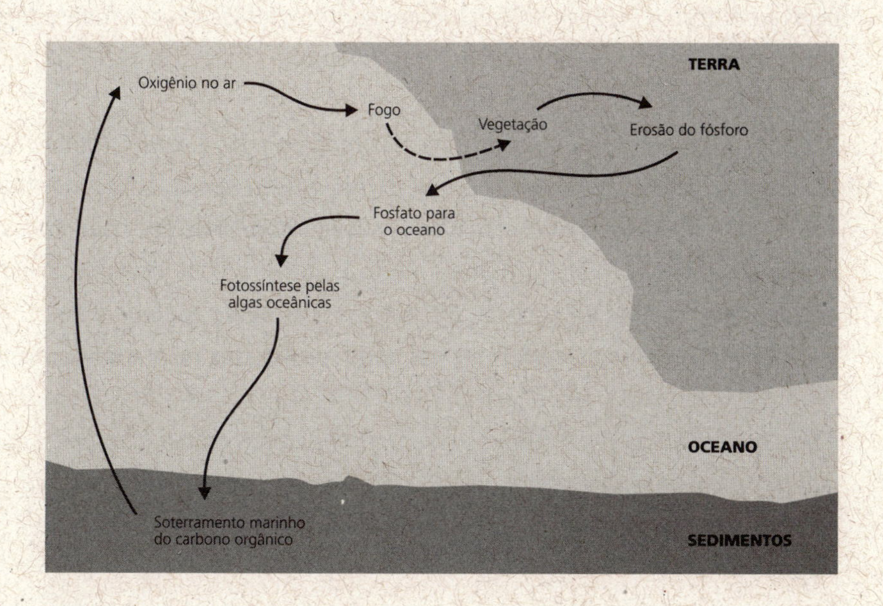

Nessa jornada, os eventos levando de "oxigênio no ar" a "fogo", "vegetação", "erosão do fósforo" são os mesmos que você acabou de experimentar na primeira jornada. Comece provando o oxigênio ao inspirar, como fizemos em "oxigênio no ar".

("Erosão do fósforo" a "fósforo para o oceano"): Você é um íon de fosfato erodido das rochas por plantas terrestres famintas por nutrientes. Os grandes incêndios na terra firme desencadeados pelo oxigênio abundante eliminaram boa parte da vegetação das rochas em erosão. Como resultado, muito poucos irmãos de íon fosfato compartilham sua jornada para o rio revolto que o carrega por sobre penedos e cataratas para o mar.

(Para "fotossíntese pelas algas oceânicas"): Você é agora uma diatomácea unicelular, flutuando suavemente na superfície do oceano ensolarado ao largo da costa da África. Todo o seu ser vibra de uma fome insaciável por fósforo, que o mar não pode satisfazer. Agora você se torna todos os minúsculos coletores de luz à deriva nos oceanos do mundo – cada qual uma simples célula fotossintetizadora. Você sente a fome coletiva que as fotossintetizadoras nadando em liberdade por todo o oceano têm do fósforo, a elas negado pelos gigantescos incêndios florestais nos continentes vizinhos. A fome é tão grande que sufoca a fotossíntese e o crescimento.

(Para o "soterramento marinho do carbono orgânico"): Você se transforma nos sedimentos escuros do fundo do oceano, extremamente sensíveis ao suave toque em sua superfície lamacenta de seres mortos afundando das ensolaradas regiões superiores do mar. Um número muito menor de corpos mortos ricos em carbono tem chegado até você nos últimos tempos, devido aos grandes incêndios que vêm grassando lá em cima, nos reinos da floresta, do ar e da luz.

(Para "oxigênio no ar"): A redução do soterramento do carbono orgânico no mar significa que existe agora menos oxigênio no ar, impedindo a proliferação de incêndios descontrolados, que poderiam ter eliminado boa parte da vida na Terra.

Agora cumpra mais uma vez a segunda jornada para sentir como ela faz para repor o oxigênio. Tornando-se Gaia, você sente como, com menos oxigênio em seu ar, as plantas terrestres tornam a crescer densamente em seus continentes, erodindo enormes quantidades de fósforo de suas rochas. Seus rios sinuosos, esplendidamente entrelaçados, oferecem boa parte do fósforo doador de vida às algas do oceano, ajudando-as a crescer abundantemente. Multidões de seus corpos mortos mergulham em seus sedimentos, longe das ardentes atenções do oxigênio, que agora permanece livre e abundante no ar luminoso.

A TERCEIRA JORNADA

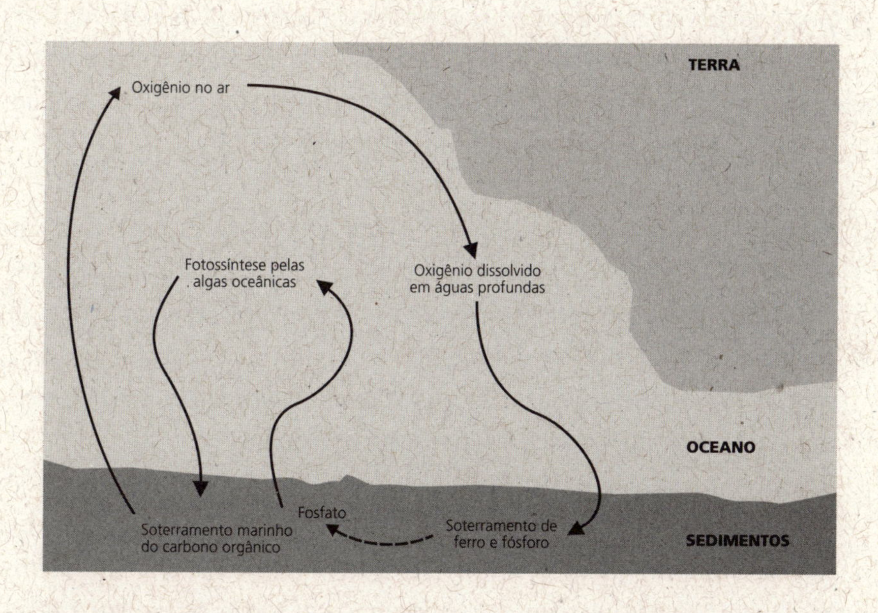

Abra-se aos sons, paisagens e cheiros de seu lugar em Gaia. Sentindo-se profundamente em paz, respire fundo algumas vezes e prove de novo a presença do oxigênio no ar.

(Comece em "oxigênio no ar"): Você é um átomo de oxigênio rodopiando na atmosfera numa época em que o oxigênio atingiu níveis perigosamente

altos. Você experimenta uma sensação de superlotação ao esbarrar em muitos outros irmãos oxigênios, todos pretendendo apaixonadamente se combinar com quase todo ser químico que encontrem em suas andanças.

(Para "oxigênio dissolvido em águas profundas"): Você é soprado para bem longe no mar por um feroz vendaval que está sacudindo o Atlântico Norte, transformando-o numa grande massa de espuma e água em torvelinho. De repente, uma onda o pega e você sente seu abraço fresco, ensopado, enquanto você se dissolve no reino oceânico de Gaia. Aqui tudo é muito mais lento, muito mais acomodado do que no ar. Você sente a grande calma que vem de ser seguro com tanta firmeza por essa enorme massa de água em movimento.

Uma grande língua de água em downwelling *o carrega para as profundezas do oceano, juntamente com vários outros irmãos oxigênios recolhidos do ar e dissolvidos. Sinta a imensa e fria tranqüilidade do oceano profundo, enquanto você se aproxima gradualmente dos sedimentos.*

(Para "soterramento de ferro e fósforo"): Você sente o lodo escuro transpirando. Ele o engolfa quando a água gelada finalmente o entrega aos sedimentos. Total escuridão o cerca. Uma molécula de ferro vizinha desperta para a sua presença e, com grande entusiasmo, liga você e ela a um íon fosfato próximo, impedindo que ele escape para as ávidas correntes da água do mar que escovam continuamente a camada superior dos sedimentos.

(Para "fosfato"): Você se torna um dos poucos íons fosfato que conseguiram escapar das ardentes atenções dos seres ferro e oxigênio nos sedimentos. Você se instala na superfície dos sedimentos, nas sombrias, escuras profundezas do oceano, um nutriente essencial, precioso mas escasso.

(Para "fotossíntese pelas algas oceânicas"): Poderosas correntes oceânicas carregam-no para cima, para as regiões ensolaradas do mar. Aqui, miríades de minúsculos seres amantes da luz procuram devorá-lo. Logo uma diatomácea de passagem o engolfa e você passa a ser inteiramente das algas mari-

nhas que flutuam nas regiões ensolaradas dos oceanos de Gaia. Você sente a fome intensa de todos os minúsculos seres fotossintéticos, com o crescimento e a reprodução muito diminuídos nas águas pobres em fósforo.

(Para "soterramento marinho do carbono orgânico"): Você se transforma nos escuros sedimentos do fundo do oceano. A chuva de corpos algáceos mortos que chegam até você, vindos das regiões ensolaradas superiores do mar, diminuiu grandemente por causa da falta de fósforo. Você sente falta do toque suave da chegada deles à sua superfície escura.

(Para "oxigênio no ar"): Você se torna uma rara molécula de oxigênio solta no ar por um fotossintetizador que, durante sua breve vida, antes de ser soterrado nos sedimentos, absorveu sol e alguns escassos íons fosfato na superfície do oceano. Sinta como o ar está agora menos apinhado de irmãos oxigênios. Muitos foram consumidos em casamentos químicos com o carbono orgânico exposto nas encostas das montanhas e com enxofre e outros gases lançados por vulcões. A grande dança auto-regulatória reduziu o oxigênio no ar.

Agora cumpra rapidamente mais uma vez a jornada para experimentar como ela evita um declínio calamitoso do oxigênio. Tornando-se Gaia, você sente o oxigênio diminuído em sua atmosfera. Agora há menos oxigênio dissolvido em suas profundas águas oceânicas, o que permite que mais fósforo escape às ardentes atenções do ferro e penetre no mar a partir dos sedimentos. As algas agora crescem perfeitamente em sua ensolarada superfície oceânica, nutridas pelo fósforo abundante. Quando mais corpos algáceos mortos chovem nos sedimentos, mais oxigênio é deixado para trás, para circular livremente no ar agitado, provendo a biosfera de sua dádiva de vida. A grande dança reguladora do oxigênio completou seu ciclo.

Repouse calmamente agora, respirando suavemente a atmosfera rica em oxigênio que torna nossa vida possível. Prove mais uma vez o oxigênio, sinta a indissolúvel conexão que você tem com nossa Terra viva.

Lenton e seus alunos estão dando continuidade à sua pesquisa do que pode ser chamado de "teia gaiana de vida" – um modelo ligando as realimentações baseadas no oceano e baseadas na terra firme, que acabamos de abordar juntamente com as histórias de outras personalidades químicas essenciais, como enxofre e nitrogênio. O nitrogênio é um nutriente essencial que só se torna disponível para a vida quando é removido da atmosfera pelas bactérias no solo ou no mar aberto. Mas as bactérias que fixam nitrogênio não podem fazer seu trabalho sem o fósforo. Então, se o oxigênio no ar diminui, as plantas terrestres se espalham e erodem mais fósforo para o oceano, o que estimula o crescimento das bactérias que fixam nitrogênio. Um pouco do nitrogênio recentemente fixado chega às algas marinhas fotossintéticas, por isso o oxigênio aumenta quando um maior número de corpos algáceos mortos mergulha para túmulos escuros nos sedimentos do oceano. Essa é outra nítida realimentação negativa estreitamente ligada ao fósforo. Outro grupo de bactérias, as desnitrificadoras, tira nitrogênio de corpos mortos, devolvendo-o à atmosfera para completar o ciclo do nitrogênio. Surpreendentemente, as relações quantitativas entre fósforo, oxigênio, dióxido de carbono, nitrogênio e os seres vivos do modelo resultam numa dança auto-regulatória emergente que tem mantido todos esses seres químicos, há centenas de milhões de anos, perfeitamente dentro dos limites que a vida pode tolerar.

Outra percepção crucial desse trabalho é que a capacidade de Gaia para se auto-regular pode muito bem ter melhorado quando a vida descobriu novos modos de existência e auto-expressão. Por volta de 440 a 420 milhões de anos atrás, Gaia experimentou uma transição fundamental quando plantas terrestres apareceram e se apoderaram de suas superfícies de terra. Antes disso, havia pouco oxigênio na atmosfera, e os ciclos do dióxido de carbono e oxigênio tinham muito pouca relação um com o outro, mas os ciclos desses seres químicos essenciais ficaram estreitamente ligados após a difusão das plantas terrestres. Isso aconteceu devido à forte dependência das plantas terrestres tanto do oxigênio quanto do dióxido de carbono: excesso de oxigênio destrói a vegetação terrestre com fogo, enquanto o dióxido de carbono é um nutriente fundamental que estimula o crescimento vegetal. É impressionante que as plantas terrestres desempenhem um papel tão importante na fixação dos níveis dos gases que tão profundamente influenciam seu próprio crescimento. As plantas aumentam o oxigênio por meio da fotossíntese, do soterramento do carbono orgânico e pela erosão de rochas ricas em fósforo; e elas diminuem o dióxido de carbono amplificando a erosão do granito e do basalto. As plantas também removem dióxido de carbono da atmosfera por meio da fotossíntese. Quando fazem isso, emerge espontaneamente uma nova rede de referência que age para regular o oxigênio muito mais firmemente com plantas terrestres do que sem elas.

CAPÍTULO 8

Terra Desesperada

Se Gaia fala, o que ela nos diz? Estou escrevendo num quarto pequeno, sossegado, num centro de meditação na orla de Dartmoor, e acabei de voltar de um passeio entre os rochedos, os riachos e o pântano nesse maravilhoso e vasto campo no sudoeste da Inglaterra. Enquanto eu contemplava os morrotes tingidos de castanho e cinza na minha frente, numa tarde esplendidamente ensolarada do último dia de janeiro, um vento suave, frio, soprava pela terra árida. Onde um dia, milhares de anos atrás, havia uma vasta floresta batida pelo vento, existe agora apenas um grande pântano, salpicado aqui e ali por algumas árvores solitárias. O que aconteceu? As rochas e as árvores ralamente espalhadas têm a resposta: elas falam dos primeiros agricultores neolíticos que chegaram aqui, há mais de 4000 anos, com seus arados de pedra e seus afiados, selvagens machados de pedra. Os grandes picos de granito fazem recordar como esses homens cortaram as árvores para arar os solos porosos para suas semeaduras. Lembram as queimadas e o abate das árvores, os novos campos e os maus presságios quando os machados cortavam fundo na carne de árvores milenares. As pedras falam disto mesmo agora, assim como as poucas árvores solitárias que tiveram a sorte de escapar da incessante pressão do fogo e tornar a florescer. Apesar de 4000 anos de maus-tratos, o lugar continua nos dando beleza e grandeza, pois ainda existe uma grande presença aqui: a consciência selvagem de um campo mutilado, mas ainda não inteiramente profanado.

Dartmoor nos dá um aviso, pois o que aconteceu aqui tanto tempo atrás está acontecendo agora por todo o planeta. Não existe mais parte de Gaia que tenha ficado intocada pela mão humana, nem mesmo as áreas mais remotas da Antártica ou as maiores profundezas do oceano, pois a atmosfera contaminada conecta tudo e chega quase a qualquer lugar na superfície da Terra. Por toda a parte o "desenvolvimento" mastiga lugares selvagens, cuspindo-os como o "insumo" que vemos cada vez mais como indispensável para a nossa vida. Como Gaia vai responder a esse ataque furioso? Conforme o mais recente ponto de vista de James Lovelock (esboçado em seu novo livro *The Revenge of Gaia*), a resposta será quase certamente uma mudança climática abrupta, catastrófica, que aumentará as temperaturas globais para níveis não experimentados no planeta há pelo menos 55 milhões de anos. A destruição de Nova Orleans pelo furacão Katrina, em setembro de 2005, assim como muitos outros sérios eventos climáticos recentes são um sinal de que desencadeamos a ira de Gaia e que, em seu desespero, ela parece disposta a responder à nossa investida com uma investida ainda maior de sua parte, que vai matar um número imenso de pessoas e humilhar nossa suposta civilização.

Gaia em seu Estado Natural

Qual era então o modo de ser de Gaia antes que começássemos a perturbá-la – qual era a dela? Como podemos ao menos tentar responder a essas perguntas? Algumas respostas hão de ser encontradas nos diversos modos de Gaia falar: como bolhas de ar antigo encerradas em gelo polar, como diferentes versões de seus seres químicos depositadas em rochas e como os sinais deixados pelo gelo, vento e água nas próprias rochas. Essas são as memórias de Gaia, algumas fracas, outras nítidas, mas em sua maior parte impressionantemente coerentes no decorrer do espaço e do tempo. Esses traços de memória nos dizem que, na maior parte de sua vida, Gaia atravessou períodos de milhões de anos de relativo calor e períodos igualmente longos de temperaturas mais amenas. Mas as coisas se alteraram no passado mais recente. Sabemos com certeza que, nos últimos dois milhões de anos, Gaia tem entrado e saído de períodos glaciais com extraordinária regularidade. A cada 100.000 anos, durante os últimos 700.000 anos, o gelo se espalhou das regiões árticas até as latitudes temperadas do norte, cobrindo-as com geleiras de quilômetros de espessura, e o mundo esfriou. Já vimos na figura 5 como as oscilações são incrivelmente regulares, tão regulares quanto as pulsações dos próprios animais vivos de Gaia, mas com um pulso muito lento, o tipo de pulso que só poderia pertencer a uma grande baleia-planeta correndo silenciosamente pelo espaço, um pulsar de um lado para o outro, do gelo para o calor, num ciclo cerca de cinqüenta vezes maior que todo o período da civilização ocidental. Períodos de gelo dominaram a maior parte do tempo, mas a cada 100.000 anos, por um intervalo de tempo relativamente breve, Gaia experimentou uma fase de calor antes de mergulhar de novo num estado glacial (figura 5). O dióxido de carbono e o metano, dois gases de estufa essenciais de Gaia, têm pulsado no ritmo destas alterações de temperatura, sugerindo fortemente seu envolvimento predominante. Mas há uma mensagem adicional nesses traços com que já nos deparamos: a temperatura de Gaia tem atingido o mesmo máximo a cada aquecimento, o mesmo mínimo a cada resfriamento. Esses limites estreitos, para além dos quais ela não se desviou nos últimos dois milhões de anos, falam da presença de uma dança auto-regulatória estreitamente acoplada entre vida, rochas, atmosfera e oceano.

As recentes eras do gelo têm relação com o fato de que Gaia, embora aparentemente sozinha na vastidão do espaço, é profundamente sensível às presenças ativas dos outros planetas em nosso sistema solar e, naturalmente, à quente pressão que ela está experimentando do Sol, que está agora mais quente e mais brilhante que nunca. Gaia trava relações com a comunidade de planetas; ela está envolvida num domínio mais vasto de interações, mediadas por aquela misteriosa atração à qual tão fluentemente atribuímos a palavra "gravidade". Lá, nas vastidões do espaço, se encontram os grandes gigantes gasosos, Júpiter e Saturno e, mais perto do Sol que nós, Vênus e Mercúrio. E ao nosso lado, como mero pedaço de rocha numa avaliação galáctica, está nossa Lua. Cada um é uma presença ativa, com uma personalidade própria, e cada um se expressa em parte por puxar nosso planeta para mais perto de seu próprio campo de ação, assim como um amante aborígine no Grande Deserto de Areia acena para sua amada usando a antiga técnica do *yilpinji* ou magia do amor.

Estas relações e atrações fazem com que a órbita de Gaia ao redor do Sol se afaste do traçado perfeitamente circular de três importantes maneiras. Primeiro existe a excentricidade de sua trajetória através do espaço, que se expande e contrai de uma forma de ovo a quase circular com uma periodicidade de 100.000 anos. Depois existe a inclinação de seu eixo de rotação, que retorna a um máximo de 24,5 graus a partir de um mínimo de 22,5 graus a cada 41.000 anos. Finalmente, há precessão, referente à oscilação, tipo pião, do eixo de rotação, que leva cerca de 25.700 anos para se completar. Atualmente, o Pólo Norte aponta para *Polaris*, a Estrela do Norte, mas 5.000 anos atrás apontava para uma Estrela do Norte diferente, a *Alpha Draconis*, que os antigos egípcios observavam maravilhados de suas pirâmides.

Estas variações orbitais determinam a distribuição da energia solar que alcança nosso planeta. Precessão e inclinação não podem alterar por si mesmas a quantidade absoluta de energia solar que alcança a superfície de Gaia, elas só alteram sua distribuição, mas as mudanças em excentricidade fazem de fato uma diferença a esse respeito porque a distância absoluta da Terra do Sol é alterada. Mesmo assim, a quantidade de energia extra recebida é diminuta – só 0,2 por cento menos em excentricidade máxima relativamente à quase circular excentricidade mínima.

O fato de a periodicidade da órbita de Gaia se equiparar à amplitude das oscilações de condições glaciais a interglaciais é encarado como evidência de que a excentricidade é o principal impulsionador do ciclo. Mas como pode uma alteração tão pequena na quantidade de energia solar que alcança o planeta fazer tanta diferença? A resposta parece ser que uma seqüência de realimentações positivas de nível global estão atuando como amplificadoras.

Segundo James Lovelock, o fato de uma alteração tão mínima na energia solar conseguir ter conseqüências tão drásticas é sinal certo de que a regulação da temperatura de Gaia está em crise – que ela está experimentando uma espécie de patologia. Como vimos, durante os últimos 3,5 bilhões de anos, Gaia manteve temperaturas habitáveis, diante de um Sol cada vez mais brilhante, removendo gradualmente dióxido de carbono de sua atmosfera, graças à erosão assistida pela vida, cada vez mais eficiente, do granito e do basalto. Há dois milhões de anos, tanto dióxido de carbono se fora que remover qualquer quantidade extra sob um Sol moderno e muito brilhante foi de pouco auxílio nos esforços de Gaia para manter-se fria. Os inventores sabem perfeitamente bem que os sistemas cibernéticos oscilam de um estado a outro quando estão prestes a falhar, exatamente como um pião oscila freneticamente antes que sua energia se esgote. Para Lovelock, as recentes oscilações de Gaia para dentro e para fora de eras do gelo podem ser um sinal claro de que ela está lutando para se manter fria sob um Sol brilhante – que está tensionada demais, a ponto de ficar instável, com os períodos glaciais sendo seu estado preferido e os interglaciais as febres, durante as quais ela paira perigosamente perto do catastrófico colapso climático. Sem a pequena adição da energia solar que lhe é dada pela excentricidade da órbita, Gaia provavelmente teria oscilado um tanto a esmo entre eras glaciais e interglaciais em sua busca de um frescor confortável. Sendo assim, Gaia direcionou suas próprias mudanças de frio a quente, mas a expansão e contração rítmicas de sua longa trajetória ao redor do Sol impuseram regularidade ao que, de outro modo, poderia ter sido um mergulho muito menos previsível para dentro e para fora das eras glaciais.

Então como um aumento minúsculo na irradiação solar desencadeia o fim de uma era glacial? Quais são os amplificadores? Uns cem mil anos de gelo se passaram e a órbita de Gaia mais uma vez se prepara para colocá-la marginalmente mais próxima do Sol. Os oceanos escuros esquentam quando absorvem a minúscula porção de energia solar extra. Moléculas de dióxido de carbono, metano e água, ganhando velocidade na água mais quente, deixam os oceanos para viajar pelas vastas extensões da atmosfera como gases de estufa, amplificando ainda mais o aquecimento. O gelo, outrora preso nas garras de uma era glacial, não está imune ao aquecimento. Por fim, após 100.000 anos de torpor, um número imenso de suas moléculas de água é liberado para a fluidez do estado líquido. À medida que o derretimento continua, partes cada vez maiores da terra e do oceano escuros ficam expostas à luz do Sol e Gaia esquenta mais. No hemisfério norte, as florestas boreais avançam, engolindo as turfeiras, aquecendo a região e o mundo inteiro quando suas folhas escuras, que não acumulam gelo, absorvem o calor do Sol e quando as turfeiras moribundas soltam seus imensos estoques de carbono no ar.

O aquecimento adicional afeta os oceanos, o que libera ainda mais dióxido de carbono para o ar. As plantas crescem perfeitamente na nova atmosfera com um alto nível de dióxido de carbono. Fazem as raízes penetrar profundamente em busca de nutrientes, fraturando as rochas com pura força bruta e com os poderes sutis, mas implacavelmente dissolventes, de suas exsudações químicas formadoras de ácidos. Pode-se quase ouvir o suave ruído de moer da erosão quando plantas por todo o planeta atacam e pulverizam a rocha, liberando nutrientes numa escala desconhecida durante uma época de gelo. Miríades de átomos de fósforo, ferro, silício, cálcio são capturados pelas raízes das plantas para serem sugados pela biosfera cada vez mais verde que, em seu descuidado crescimento, tira cada vez mais dióxido de carbono da atmosfera. Mas alguns dos seres químicos recentemente libertados conseguem evitar inteiramente o mundo verde terrestre e, rolando de cabeça para rios e de lá para o mar, são postos para trabalhar na dança fotossintética do minúsculo fitoplâncton que povoa o oceano. Com o tempo, no decorrer de milhares de anos, os seres fotossintéticos de Gaia extraem tanto dióxido de carbono que a grande emanação dos oceanos fica neutralizada e ela experimenta um breve período interglacial com uma concentração máxima de dióxido de carbono de 280 partes por milhão.

Mas esse estado quente é uma coisa rara, transitória. Não pode durar, pois o poder da fotossíntese na terra e no oceano, em suas imensidades, tem tirado tanto dióxido de carbono do ar que as emissões dos oceanos quentes são totalmente absorvidas, e mais depressa. Com menos dióxido de carbono na atmosfera, Gaia começa mais uma vez a descida para um mundo glacial quando as realimentações positivas começam a mover o mundo para o resfriamento. Ela é ajudada agora pelo gradual e sutil alongamento de sua órbita. Num mundo que esfria, os oceanos absorvem mais dióxido de carbono, fazendo as temperaturas caírem ainda mais. As florestas boreais recuam, cedendo terreno para as turfeiras que esfriam, famintas de carbono, cobertas no inverno por uma manta refletora de neve. Favorecido no mundo mais frio, o gelo das áreas extremas do hemisfério norte começa a se espalhar de novo para o sul, esfriando ainda mais o planeta com sua brancura. Embora seriamente reduzidas nas altas latitudes, as grandes comunidades bióticas da terra firme se expandem nos trópicos do sudeste asiático, onde o nível mais baixo do mar expõe um novo terreno quase tão grande quanto a África. Aqui as florestas tropicais crescem, reduzindo ainda mais o dióxido de carbono, enquanto acumulam cuidadosamente preciosas hordas de átomos de fósforo graças a suas intricadas aptidões para erodir as rochas. Os lençóis freáticos e os rios incham com essa riqueza mineral recentemente encontrada e a arrastam para os oceanos, onde um agradecido fitoplâncton floresce num último e exuberante frenesi de fotossíntese e semeadura de nuvens. Agora o mundo em resfriamento seca completamente, quando menos água se evapora dos oceanos. Grandes diferenças de pressão entre os trópicos e as altas latitudes põem em ação fortes ventos que carregam poeira rica em ferro da terra seca para o mar, trazendo uma dádiva adicional de nutrientes para o fitoplâncton bruxuleante, redutor da temperatura. Quando o gelo setentrional se expande, a circulação oceânica global se reconfigura para seu modo contraído, resfriando ainda mais o planeta. Gaia foi levada para uma nova e confortável idade do gelo, com cerca de 180 partes por milhão de dióxido de carbono na atmosfera até que, 100.000 anos mais tarde, a elipse em sua órbita a coloca mais uma vez no alinhamento certo para o calor.

O fato de Gaia ter se transferido de eras do gelo para períodos interglaciais numa base regular poderia nos levar a acreditar que seu clima permaneceu estável num ou noutro desses dois estados, mas nada pode estar mais longe da verdade. Núcleos de gelo da Groenlândia central são muito melhores para revelar as mudanças climáticas em escalas de curto prazo do que núcleos de gelo da Antártica, devido ao modo como o gelo da Groenlândia foi depositado. O gelo do norte conserva reminiscências inequívocas de que o clima tanto durante a última glaciação quanto na atual época interglacial foi altamente instável, com mudanças particularmente rápidas de relativamente quente a gelado mesmo quando o mundo estava sob o domínio da era do gelo. Os períodos de calor foram importantes, com o mundo atingindo, no prazo de décadas, temperaturas próximas daquelas de hoje, seguidas por um resfriamento mais lento de volta às condições glaciais. A evidência sugere que essas flutuações de temperatura foram desencadeadas por alterações muito pequenas na luminosidade solar – outra advertência de que mudanças aparentemente insignificantes podem ser amplificadas de maneira drástica por sistemas dinâmicos complexos como os de Gaia, produzindo efeitos imensos.

Os cientistas sabem muito bem que comportamento irregular é marca indicativa de sistemas complexos. Um particular evento sublinha essa instabilidade: o fim do resfriamento Younger Dryas, cerca de 11.600 anos atrás, quando as temperaturas globais se elevaram em 15°C em não mais de uma década. Por que isso aconteceu não está totalmente claro, mas emissões de metano das terras úmidas ou do enorme estoque de hidratos de metano submarinos estiveram quase certamente envolvidas, juntamente com a reorganização da circulação do oceano global. As mensagens do gelo são notavelmente claras: clima estável é um mito. A Gaia em que nossa espécie surgiu é um ser dinâmico, selvagem e complexo, sujeito a súbitas oscilações entre múltiplos estados semi-estáveis. Nesse momento de sua longa vida, pequenos distúrbios podem se ramificar através de seu vasto corpo, ficando cada vez maiores por meio da realimentação positiva, como nossas investigações sobre os efeitos de minúsculos aumentos na luminosidade solar tão claramente mostraram. São pontos limites além dos quais o clima pode subitamente se transmutar de benigno a letal, e não há por que nos acomodarmos à idéia complacente de que nossas emissões de gases de estufa aquecerão gradualmente o planeta – que teremos tempo para nos adaptar. É muito mais provável que desencadeemos mudanças climáticas abruptas, catastróficas, que empurrarão Gaia para um novo estado quente inadequado para muitas de suas formas de vida, incluindo nós mesmos.

Gaia e o Mundo Ocidental

Então como estamos alterando o clima de Gaia e quais são as conseqüências prováveis? A comunidade científica tem tratado dessa questão vital em parte por meio do trabalho do IPCC – o Intergovernmental Panel on Climate Change [Painel Intergovernamental da Mudança Climática], uma coligação de milhares de cientistas do mundo inteiro. Seu trabalho envolve análise de dados combinada com simulações em supercomputador do clima passado, presente e futuro de Gaia. Em seu último relatório, conhecido como TAR – Third Assessment Report [Terceiro Relatório de Avaliação], publicado em 2001, o IPCC declarava que as emissões humanas de gases de estufa já estão tendo um efeito perceptível no clima e que duplicar o conteúdo de dióxido de carbono da atmosfera, comparativamente aos níveis pré-industriais, produziria um aumento de temperatura entre 1,4°C e 5,8°C, uma situação que seria provavelmente atingida em algum momento deste século. Observadores afirmaram que esse montante de aquecimento constituiria "o maior aumento de temperatura na história da civilização".

É evidente que já alteramos drasticamente nosso clima, como foi indiscutivelmente confirmado em fevereiro de 2005, na semana em que o Protocolo de Kyoto foi finalmente ratificado, quando cientistas americanos e britânicos anunciaram um dramático aquecimento dos oceanos do mundo nos últimos 40 anos, que só poderia ter sido causado por nossa poluição da atmosfera com gases de estufa. Outros dados mostram que as temperaturas médias globais aumentaram em cerca de 0,6°C durante o século XX – o século mais quente no prazo de um milênio. Um aumento tão pequeno pode não parecer muito importante, mas ele mascara mudanças regionais de temperatura muito maiores. Além disso, o aquecimento tem ocorrido de maneira inacreditavelmente rápida em comparação com as anteriores mudanças pré-industriais, embora as comunidades bióticas tanto da terra quanto do oceano tenham absorvido cerca de 60% das nossas emissões aproximadamente em igual medida. O gráfico de temperatura global média do TAR, cobrindo o período de 1000 a 1999, mostra uma nítida tendência de queda até cerca de 1900, quando a temperatura do planeta começou a subir rapidamente para o alto nível de hoje. Isso sugere que, antes da nossa interferência, Gaia estava se encaminhando para a próxima era do gelo, possivelmente daqui a uns 15.000 anos. As emissões de gás de estufa aumentaram no ritmo do aumento de temperatura. Temos agora cerca de 380 partes por milhão de dióxido de carbono em nossa atmosfera, cerca de 30% acima do teto de 280 partes por milhão a que Gaia retornou durante cada um dos quatro anteriores períodos interglaciais. Existe agora um consenso geral de que uma duplicação do dióxido de carbono atmosférico de níveis pré-industriais a 550 partes por milhão pode acontecer por volta de 2050, o que elevaria as temperaturas globais de 2° a 4°C.

Recentemente, pesquisadores utilizaram a capacidade extra de processamento dos computadores em poder do público em geral para realizar um número muito maior de simulações do clima do que era possível para o IPCC. O aumento mais provável de temperatura para uma duplicação de dióxido de carbono que resultou destas simulações adicionais foi por volta de 3,4ºC, um tanto similar às previsões do IPCC, mas o choque veio quando os pesquisadores encontraram uma escala muito mais ampla de conseqüências do que o IPCC num pequeno número de simulações especiais (os resultados mais extremos), que mostravam aumentos de temperatura indo de 2° a 11°C para uma duplicação de dióxido de carbono. As implicações desse novo trabalho são que as previsões cataclísmicas de severo aquecimento, embora não muito prováveis, têm de ser encaradas com muita seriedade.

O efeito-chave que os pesquisadores acentuaram nesse novo trabalho foi o comportamento das nuvens, que tem sido chamado de "calcanhar-deaquiles" dos modelos climáticos porque é notoriamente difícil representá-lo matematicamente. Quando o dióxido de carbono aquece o ar, mais água se evapora dos oceanos; num mundo mais quente, portanto, esperaríamos encontrar mais vapor de água na atmosfera. O vapor de água é por si só um poderoso gás de estufa, de modo que aumentá-lo poderia levar a ainda mais evaporação e daí a temperaturas ainda mais altas – uma realimentação positiva do aquecimento. Mas as coisas não são assim tão simples, porque a água assume muitos disfarces quando viaja ao redor do nosso planeta vivo. Ela pode se manifestar como água líquida ou como algo sólido, assim como gelo e neve, ou como dez importantes tipos de nuvens, cada qual podendo ter um efeito total de aquecimento ou resfriamento, tanto regional quanto globalmente, dependendo da altitude em que as nuvens se formam, do tempo que duram e do quanto são brancas. Por exemplo, aqueles cirros esfarrapados ou rabos-de-galo que se formam bem no alto em dias claros podem perfeitamente ser aquecedores finais, enquanto as densas e baixas nuvens chamadas de estratos marinhos, que dão à Grã-Bretanha sua bem merecida reputação de uma escuridão praticamente interminável, são refrigerantes. O que as nuvens farão num mundo mais quente ainda é um mistério, mas como mostram os esquemas de extremos de temperatura das novas simulações, existe a possibilidade de que as nuvens se dispersem mais cedo sob temperaturas mais altas, ou que as poucas nuvens que de fato consigam aparecer despejem rapidamente sua chuva e desapareçam. Ambos os cenários aumentariam a realimentação aquecedora na medida em que mais luz do Sol alcança a superfície de Gaia e o efeito estufa do vapor de água adicional retarda a fuga de radiação infravermelha para o espaço. Existem algumas indicações alarmantes do mundo real de que coisas desse tipo já estão acontecendo nos trópicos, onde os céus têm se tornado menos nublados desde o final dos anos oitenta. Ninguém tem certeza se esse efeito se deve ao aquecimento do clima, mas muitos cientistas climáticos suspeitam que haja uma conexão e muitos temem que a forma como os modelos climáticos do IPCC trabalham com as nuvens não seja confiável. Parece estar surgindo um consenso de que os modelos com as mais irrealistas realimentações de nuvens são os que produzem resultados mais brandos, por isso eles podem perfeitamente ser excluídos do relatório do IPCC 2007. Outra séria limitação dos modelos climáticos é que talvez eles nunca sejam suficientemente capazes de representar as influências climáticas dos seres vivos, assim como a semeadura de nuvens pelas algas marinhas e a vegetação na terra firme.

Apesar destas incertezas, o TAR previu que a comunidade humana experimentaria um abalo severo como resultado da mudança climática e que haveria também conseqüências muito negativas para a biodiversidade do nosso planeta. A preocupação crescente levou o governo britânico a convocar uma grande conferência internacional em Exeter, em fevereiro de 2005, intitulada: "Evitando Mudança Climática Perigosa". As conclusões dessa conferência são alarmantes. Nas palavras do relatório do Comitê Organizador, a conferência concordou que: "Comparado com o TAR, há maior clareza e uma redução da incerteza sobre os impactos da mudança climática numa ampla gama de sistemas, setores e sociedades. Em muitos casos, os riscos são mais sérios do que previamente imaginávamos". Os participantes da conferência julgaram provável um "dano crescente", com aumentos de temperatura de 1° a 3°C, e que havia um risco de "abalo sério, em grande escala, do sistema" assim que o aumento da temperatura global média excedesse 2°C. Muitos especialistas pensam que esse nível de aumento da temperatura ocorrerá em algum momento deste século, quando os níveis do dióxido de carbono na atmosfera chegarem a cerca de 400 partes por milhão. Quando isso acontecer, Gaia poderá ultrapassar uma série de pontos limites irreversíveis, como o derretimento da calota de gelo da Groenlândia, a reconfiguração da circulação oceânica global, o desaparecimento da floresta amazônica, a emissão de metano do permafrost[7] e dos hidratos de metano submarinos e a liberação de dióxido de carbono dos solos. Some a isso os efeitos insidiosos da mudança climática nas comunidades bióticas ao redor do mundo e a atrocidade que estamos cometendo contra o nosso planeta se torna chocantemente óbvia. Quais são as implicações de cruzar cada um desses pontos limites?

---

7. Solo permanentemente congelado. (N. do T.)

No extremo norte, o gelo cintila ao sol do verão e o Ártico parece mais quente do que tem sido há milhares de anos. A calota de gelo da Groenlândia, de dois quilômetros de espessura, já está derretendo, a uma taxa de cerca de 10 metros por ano, dez vezes mais rápido do que o previsto por nossas avaliações – 40% do gelo marinho ao redor do Pólo Norte derreteu nos últimos 33 anos. O derretimento está acontecendo mais depressa do que anteriormente imaginado, em parte devido à perversa realimentação gelo-albedo. Um pequeno aquecimento inicial no longo verão ártico derrete algum gelo, expondo a superfície escura da terra ou do mar, que aquece a região ainda mais, promovendo desse modo ainda mais aquecimento, e assim por diante. A perda do gelo marinho do Ártico em setembro de 2005 foi tão severa que os cientistas acham agora que o extremo norte atingiu um irreversível ponto limite que levará, no prazo de um século, a nenhum gelo marinho no extremo norte. Quando o gelo marinho desaparece, toda a região aquece, aumentando o derretimento da calota de gelo da Groenlândia. Mas há outra realimentação positiva específica da calota de gelo da Groenlândia que também contribui para sua extinção – a calota de gelo perde altura quando derrete, e assim, progressivamente, encontra ar mais quente sobre si. Se todo o gelo da calota de gelo da Groenlândia derretesse, os níveis do mar ao redor do mundo se elevariam sete metros em cerca de 1000 anos, com impactos catastróficos sobre a civilização, que está centrada principalmente em vulneráveis cidades costeiras. E não será preciso um aumento muito grande de temperatura para que isso aconteça, visto que o ponto limite parece ser de 2,7°C – bem dentro das previsões do TAR. Além disso, assim que o derretimento começar a sério, nada poderá detê-lo, nem mesmo uma drástica queda nas emissões de dióxido de carbono. Para tornar as coisas ainda piores, o derretimento da calota de gelo da Groenlândia despejaria no mar água doce suficiente para pôr, sem dúvida com muita rapidez, a circulação thermohalina oceânica em seu modo "off", desencadeando talvez alterações no clima da Europa ocidental e possivelmente não só.

Mas não é apenas a Groenlândia que está derretendo – o mesmo se dá com a grande maioria dos domínios de gelo e neve de Gaia. À medida que o grande derretimento continua, Gaia experimenta realimentações positivas do aquecimento. Nos últimos 30 anos, a extensão da cobertura de neve na extremidade do hemisfério norte durante a primavera e o verão diminuiu em 30% e, embora tenha havido um ligeiro aumento na cobertura de neve do inverno na América do Norte, a diminuição, nos meses mais quentes, do albedo do solo nu exposto deu uma contribuição líquida ao aquecimento total da região e do planeta. O desaparecimento do gelo marinho no Ártico tem encorajado os exploradores a procurar uma rota navegável através da longamente buscada Passagem Noroeste entre a Groenlândia e o Canadá. Os ursos polares estão ameaçados de extinção, pois não terão mais grandes extensões de gelo marinho sobre o qual caminhar em sua busca de focas. Renas, alces e ursos polares – o futuro desses animais parece triste quando seus domínios vão ficando cada vez mais bloqueados por extensões de mar aberto ou gelo fino.

O reino do gelo e da neve também está sob cerco na Antártica, onde estão ocorrendo mudanças dramáticas à medida que o continente esquenta numa taxa de cerca de 0,5°C por década. O dia 31 de janeiro de 2002 é uma data importante para ser lembrada, pois nesse dia grandes seções da plataforma de gelo Larsen B começaram a se desprender da massa principal do continente gelado. Quantidades imensas de gelo estavam envolvidas – 32.500 quilômetros quadrados, uma área maior que o estado de Alagoas, pesando em torno de 720 bilhões de toneladas, se desprendeu num período de 30 dias, enchendo o oceano ao redor de icebergs de todos os tamanhos. Isso é um evento fora do comum. Evidência recente mostra que Larsen B permaneceu estável durante os últimos 10.000 anos, de modo que seu desaparecimento pode ser vinculado com alguma certeza ao nosso aquecimento do clima. Plataformas de gelo permanecem sobre o oceano e se aninham contra a Antártica como filhotes de baleias ao lado de suas mães, portanto o colapso de uma plataforma de gelo não leva por si mesmo a um aumento no nível do mar. Plataformas de gelo, no entanto, são feitas de gelo deslizando para o mar de geleiras do continente e parecem agir como "rolhas de cortiça numa garrafa", impedindo que as geleiras atrás delas mergulhem catastroficamente no oceano. Remova as rolhas e as geleiras "desobstruídas" escorregarão para o mar, desencadeando aumentos dramáticos no nível global do mar quando suas enormes massas se adicionarem ao volume total dos oceanos do mundo. Há um real perigo de que a plataforma de gelo Ross possa começar em breve a desmoronar. Essa plataforma de gelo é do tamanho da França, com penhascos de 200 metros de altura em sua ponta voltada para o mar e profundidade máxima de um quilômetro. Seu colapso faria tamanha quantidade de gelo ser lançada ao mar da camada de gelo do oeste da Antártica que os níveis globais do mar aumentariam de 5 a 7 metros. Na verdade, o derretimento de toda a camada de gelo da Antártica elevaria os níveis globais do mar em não menos que fenomenais 50 metros. Essas e outras mudanças na distribuição das plataformas de gelo estão devastando a vida selvagem na Antártica. Pingüins sofrem intensamente ao serem arrancados de suas áreas tradicionais de alimentação e procriação. Ataques adicionais aos domínios gelados de Gaia estão ocorrendo nas geleiras do mundo, que são extremamente sensíveis à mudança climática. A maioria das geleiras diminuiu de tamanho durante o último século, mas algumas, notavelmente as da Noruega, se expandiram. O recuo observado das geleiras globais é consistente com um aquecimento global entre 0,46 e 0,86°C durante os últimos 100 anos.

O domínio glacial de Gaia também se estende para as grandes regiões do permafrost nas altas latitudes setentrionais, onde o subsolo permaneceu congelado por vários milhares de anos até profundidades que chegavam a 1600 metros. Vastas áreas da superfície de terra do nosso planeta, cerca de 25% do total, estão cobertas de permafrost, incluindo metade da Rússia e do Canadá e 82% do Alasca. A cada verão as camadas superiores do permafrost se derretiam ao sol, mas quando a mudança climática se instala, o derretimento fica mais profundo e o permafrost recua lentamente para o norte. O permafrost contém enormes quantidades de carbono orgânico (cerca de um sétimo do total do mundo), principalmente nos corpos mortos de musgos e outras plantas, e seu derretimento dá acesso aos micróbios a enormes quantidades de material orgânico – comida para eles. Enquanto fazem uma farra nessa grande maré de prosperidade, os micróbios liberam dióxido de carbono e metano para a atmosfera, contribuindo com mais uma volta nas variadas e cumulativas realimentações positivas que estão aquecendo nosso planeta.

Boa parte do permafrost se forma em solos cheios de cascalho ou lodosos mantidos unidos pelo gelo e, quando este se derrete, o solo se torna mole e se deforma. Em partes do Alasca, esse assentamento induzido pelo degelo tem causado deformações de até 2,5 metros, e com isso o colapso de prédios e oleodutos. A perda do permafrost tem conseqüências severas para os povos tradicionais do extremo Ártico, que descobrem ser muito mais difícil caçar no solo encharcado, e suas presas, notadamente a rena, também enfrentam dificuldades, porque as rotas migratórias são alteradas pelo solo que se derrete. O degelo no extremo norte está também alterando as comunidades bióticas, quando pântanos e turfeiras invadem a floresta de bétulas.

Mas outro perigo, possivelmente maior, se esconde no permafrost e em algumas das plataformas continentais dos oceanos do mundo. Em tais lugares, onde as temperaturas e as pressões estão no ponto certo, tem lugar uma associação notável entre dois dos seres químicos essenciais de Gaia – água e metano – dando origem aos cada vez mais perversos "hidratos de metano". Nestas estruturas curiosas, a água abandona sua habitual propensão para criar moléculas hexagonais de gelo e se congrega em curiosas gaiolas cúbicas de gelo, com até oito "moléculas hóspedes" de metano em cordial repouso no centro de cada gaiola, constituída por não menos de 46 moléculas de água. O metano vem, é claro, das atividades de bactérias fermentadoras que vivem, como sempre viveram desde os primeiros dias de Gaia, em sedimentos pobres em oxigênio, mas ricos nos corpos mortos de criaturas das extensões aéreas superiores e ensolaradas do planeta. Fora um abundante suprimento de metano e água, baixas temperaturas e altas pressões são absolutamente indispensáveis para o aparecimento e sobrevivência destas frágeis, delicadas gaiolas moleculares. Onde as temperaturas são de fato baixas, a pressão é menos importante para sua sobrevivência e os hidratos de metano se formam em ambientes terrestres frios, encharcados, como no permafrost. Mas em temperaturas mais altas, são necessárias grandes pressões para mantê-los intactos e os hidratos só podem ser encontrados sob um grande peso de água, como ao longo de bordas continentais, onde o número de corpos mortos é suficiente para alimentar as famintas bactérias metanogênicas. Aqui, os hidratos de metano podem atingir uma espessura de até 500 metros.

Enormes quantidades de metano têm sido armazenadas em hidratos há milhões de anos. A reserva total nos hidratos e em gás metano em liberdade capturado abaixo deles tem um excesso de 10.000 bilhões de toneladas, de longe o maior reservatório de carbono orgânico do planeta e cerca de 13 vezes tanto carbono quanto é conservado na atmosfera de hoje. Enormes quantidades de carbono são estocadas apenas nos hidratos do permafrost – quase tanto quanto é mantido na soma total de todas as comunidades bióticas terrestres do mundo. Se queimados, os hidratos de metano produziriam mais de duas vezes a energia contida em todas as reservas mundiais combinadas de petróleo, carvão e gás.

Aqui é que está o perigo, pois hidratos de metano facilmente se desintegram quando experimentam ligeiras alterações em temperatura ou pressão. Quando isso acontece, o metano é solto na atmosfera, aquecendo o planeta. É quase certo que a decomposição dos hidratos de metano ajudou a aquecer a Terra no final da última idade do gelo e pode inclusive ter contribuído para a extinção em massa do permiano, quando a maior parte das criaturas marinhas morreu, talvez por causa de sufocamento quando enormes quantidades de metano em liberdade reagiram com oxigênio. Seria uma atitude prudente prever liberações igualmente drásticas de metano em nossa época, devido às nossas frenéticas emissões de gases que aquecem o planeta. Não sabemos exatamente onde estão os pontos limites para catastróficas emissões de metano, mas há sérios indícios de que um aquecimento de 3°C levaria à liberação de 85% do metano após alguns milhares de anos – efetivamente uma mudança irreversível, no que diz respeito aos seres humanos. O derretimento está acontecendo enquanto você lê estas palavras. Relatórios que acabaram de chegar do permafrost da Sibéria ocidental, uma das regiões do planeta de aquecimento mais rápido, revelam que milhões de hectares de turfeiras congeladas estão se derretendo, sugerindo que uma vasta liberação de metano não vai, com toda a probabilidade, demorar a ocorrer. Um quarto do metano total armazenado na Terra, uns 70 milhões de toneladas, pode ser liberado da região se seu permafrost derreter completamente.

Há outro terror associado à dissolução dos hidratos de metano: tsunamis. Hidratos estáveis são tão sólidos quanto rochas, mas assim que se desintegram, o substrato previamente sólido se converte em lodo líquido, que cria um afundamento submarino capaz de chicotear a água, transformando-a em coesas ondas assassinas. O terceiro deslizamento gigante de Storegga, na plataforma continental norueguesa, é um exemplo: 7000 anos atrás, o tsunami que ele criou despejou sedimentos quatro metros acima da linha da maré alta em partes da Escócia.

Uma descoberta relativamente nova e incontestável discutida na conferência de Exeter foi a acidificação dos oceanos, que ocorre quando o dióxido de carbono que estamos bombeando para a atmosfera se dissolve na água do mar para dar ácido carbônico, que por sua vez libera íons hidrogênio, aqueles seres químicos minúsculos, altamente reativos, cuja presença crescente num líquido o define como mais ácido. Os íons hidrogênio, recentemente adicionados, procuram e removem íons carbonatos da água do mar, uma perda que força o carbonato de cálcio (greda) a devolver carbonato para o oceano se autodissolvendo – um ato de máximo auto-sacrifício químico que tem terríveis conseqüências para os numerosos seres vivos que tão habilmente usam a greda para fazer carapaças, cocólitos e esqueletos. Eles incluem os corais, os caranguejos e os ouriços-do-mar, os mexilhões, as conchas do mar e os minúsculos mas climaticamente vitais cocolitóforos, cruciais para tirar o carbono da atmosfera numa variedade de escalas de tempo e para semear nuvens resfriadoras do planeta. Quando as estruturas de greda destas diversas criaturas se dissolvem num oceano global enriquecido com íons hidrogênio colocados ali por nossa ânsia em queimar combustíveis fósseis, Gaia aquece ainda mais em outra destrutiva realimentação positiva.

Enquanto isso, na bacia amazônica, as coisas também não estão parecendo muito promissoras. O mar interminável da floresta verde, tão vasto e aparentemente imune a qualquer intervenção humana séria, também está se aproximando de um crítico ponto limite. Os aumentos da temperatura global podem perfeitamente se encarregar de fazer com que a floresta desapareça rapidamente logo após 2040, quando sua capacidade de reciclar a água entrar de repente em colapso após a região ter aquecido mais de 4°C. A grande extensão de floresta, cuja cobertura, vista da cabine de um pequeno avião, parece um oceano de agitadas nuvens verdes se estendendo para o horizonte, terá desaparecido, terá sido substituída pelos tons amarelos da vegetação da savana, com árvores dispersas e relvas tolerantes à seca. A Amazônia agonizante liberará sua vasta reserva de carbono para a atmosfera, enquanto bactérias e fungos se banqueteiam com os corpos mortos de suas árvores gigantes e sua outrora luxuriante vegetação, e enquanto os incêndios vão marcando seu caminho através da paisagem. Esse carbono, sob a forma de dióxido de carbono e metano, se juntará às florescentes legiões de átomos de carbono na atmosfera de Gaia, aquecendo ainda mais o nosso mundo. O desaparecimento da Amazônia mudará o clima global – o cinturão do trigo no meio dos Estados Unidos poderia passar a receber menos chuvas, com conseqüências drásticas para os suprimentos de grãos no mundo. Vastas áreas de vegetação tropical rica em carbono pelo mundo afora também estão queimando, particularmente as do sudeste asiático, onde os agricultores ateiam fogo para limpar turfeiras em Bornéu e Sumatra para suas colheitas, soltando na atmosfera grandes quantidades de gases que aquecem o planeta.

Os solos contêm quantidades particularmente grandes de carbono – globalmente, cerca de 300 vezes o que liberamos cada ano queimando combustíveis fósseis. É outono na Inglaterra e a grande árvore de castanha-da-índia no Schumacher College está deixando cair suas grandes folhas douradas, muito espichadas, preparando-se para o próximo inverno. Em dias secos, os jardineiros vêm pegar essas folhas para a produção de adubo. Finalmente, o adubo é aplicado sobre os canteiros de flores nos famosos jardins do Dartington Hall. Grande parte do carbono no adubo permanecerá no solo – uma minúscula contribuição para o grande reservatório global do carbono no solo. Mas com temperaturas em elevação, bactérias fermentadoras vão encher mais vigorosa e abundantemente o solo em sua incessante busca de comida e nutrientes. Onde quer que os encontrem, vão consumir o carbono do solo, liberando dióxido de carbono e metano de volta para a atmosfera. Normalmente, a fotossíntese envia mais carbono da atmosfera para o solo do que o carbono liberado pela decomposição, especialmente numa atmosfera enriquecida com dióxido de carbono, mas se prevê que esse arranjo regular engasgue com muita rapidez quando os níveis de dióxido de carbono na atmosfera atingirem cerca de 500 partes por milhão em algum momento dos próximos 10 a 50 anos, quando a fotossíntese que absorve o carbono for sobrepujada pela decomposição liberadora de carbono. De modo alarmante, pesquisadores mostraram recentemente que já podemos ter caído do outro lado desse limiar. Para surpresa dos especialistas nesse campo, os solos na Inglaterra e no País de Gales, durante o período de 1978 a 2003, despejaram carbono no ar numa taxa alarmante, não devido a alterações no uso da terra, mas quase certamente devido à mudança climática. Isso é uma perda significativa de carbono que quase neutraliza inteiramente as reduções das emissões de carbono obtidas tecnologicamente na Grã-Bretanha de 1990 a 2003. A mesma coisa está quase certamente acontecendo em muitas outras partes do mundo e, à medida que os solos se tornam uma fonte líquida de carbono para a atmosfera, as grandes realimentações positivas que aquecem o planeta recebem outra volta do parafuso, com temperaturas mais altas liberando mais carbono do solo, fazendo as temperaturas espiralarem ainda mais para cima.

SENTINDO A MUDANÇA CLIMÁTICA

Sente-se ou deite-se no chão em seu lugar em Gaia, assimilando os sons, paisagens e cheiros à sua volta. Relaxe profundamente e respire tranqüilo.

Imagine que seus órgãos de sabor desenvolveram uma extraordinária sensibilidade às moléculas de dióxido de carbono no ar. Passe algum tempo respirando suavemente, desenvolvendo sua aptidão para sentir esses seres químicos vitalmente importantes que rodopiam e redemoinham para dentro e para fora do seu corpo.

Agora use sua aptidão recentemente adquirida para saborear o número imenso das novas moléculas de dióxido de carbono despejadas no ar por nossa cultura industrial.

Sinta a presença destas moléculas de dióxido de carbono em seus pulmões, justo agora, quando elas estão mais presentes no ar, oceanos e seres vivos de Gaia. Prove a imensa quantidade de moléculas de dióxido de carbono enviadas para o ar nos últimos 150 anos por nossa queima de carvão, petróleo e gás, e por nossa destruição de florestas e áreas de turfa.

Espécies em Movimento

Talvez a evidência mais nítida de que a mudança climática é uma realidade venha do que está acontecendo nas comunidades bióticas, que estão sendo afetadas pelo mundo afora sob uma variedade de formas alarmantes. Há mudanças em fenologia, que se refere ao estudo do ritmo de eventos fundamentais no mundo dos seres vivos, como datas e épocas precisas de florescimento ou postura de ovos. Depois há mudanças na distribuição global das espécies, incluindo a expansão ou contração de suas áreas de abrangência. Em seguida há mudanças na composição das comunidades bióticas e nas interações entre essas espécies. Por fim há preocupação sobre mudanças no funcionamento total de ecossistemas inteiros e sobre os impactos nos "serviços de ecossistema" que eles nos prestam.

Nas regiões temperadas do mundo, eventos de primavera como florescimento, germinação, canto dos pássaros, desova, chegada dos migrantes e aparecimentos de insetos não são o que costumavam ser – todos vêm acontecendo progressivamente mais cedo desde a década de 1960. Só na Grã-Bretanha, 16% das plantas que dão flores desabrocharam significativamente mais cedo durante os anos noventa em comparação com décadas anteriores, e tendências similares estão sendo observadas por todo o mundo. Há também mudanças em alguns eventos fundamentais de outono, como entre algumas aves migratórias, que abandonaram inteiramente a migração de inverno ou têm retardado suas partidas.

Cada espécie tem seus próprios limites muito específicos de tolerância a temperatura e umidade, e as espécies se movem numa tentativa de viver dentro de suas zonas de conforto quando o clima muda. A tendência geral num estudo recente de 1700 espécies é um movimento para o pólo de 6,1 quilômetros por década e um movimento de 6,1 metros subindo as encostas das montanhas. Praticamente toda a biosfera está sendo desenraizada de modo sem precedentes. Há uma legião de exemplos, incluindo a marcha para o norte da floresta boreal à custa da vegetação da tundra; a expansão para o norte das raposas vermelhas no Ártico canadense e a simultânea redução na área da raposa do Ártico; os movimentos para cima das plantas alpinas nos Alpes europeus, de 1a 4 metros por década; a abundância crescente de espécies de água quente entre o zooplâncton, os peixes e invertebrados intertidais no Atlântico norte e ao longo das costas da Califórnia; e a expansão dos pássaros costa-riquenhos das planícies para áreas mais altas nas encostas das montanhas, devido a mudanças na freqüência da névoa da estação seca. Também as borboletas estão sendo perturbadas (elas respondem muito rapidamente à mudança climática); na Grã-Bretanha e América do Norte, 39 espécies de borboletas se deslocaram até 200 quilômetros para o norte em 27 anos.

Mas muitas destas espécies exiladas enfrentam outro perigo: a fragmentação do hábitat. À medida que o crescimento econômico e o desenvolvimento continuam a passo acelerado, mais e mais lugares selvagens de Gaia são pavimentados, edificados ou lavrados para agricultura intensiva, impedindo espécies que precisam se deslocar para latitudes e altitudes mais altas de alcançar refúgios adequados e seguros. Quando essas espécies se defrontam com a extinção, as comunidades bióticas perdem complexidade e diversidade e se esgarçam ainda mais.

Num mundo que muda rapidamente, cada espécie cuida de si e, como resultado, muitas comunidades bióticas começam a se desintegrar. Na Grã-Bretanha, suaves tritões (*Triturus vulgaris*) sentem por todo o país o impulso de mergulhar em seus laguinhos de procriação cada vez mais cedo à medida que as temperaturas sobem e assim que há o mais leve indício de primavera. Isso é desastroso para a rã comum (*Rana temporaria*), que não responde ao aquecimento do clima de um modo semelhante. No momento em que as rãs chegam a procriar, os lagos estão cheios de rechonchudos, bem-desenvolvidos girinos tritões que não conhecem nada melhor que jantar os indefesos embriões de rãs e girinos de rãs recentemente saídos da casca. Assim a rã comum, já escasseando devido à poluição e à destruição do hábitat, é levada para mais perto do esquecimento por um efeito secundário da mudança climática. Os impactos de sua perda sobre a ecologia mais geral são ainda desconhecidos – talvez os jardineiros britânicos passem a ver mais lesmas comendo as alfaces.

Uma ruptura similar de comunidades bióticas está se dando por todo o planeta. É início da primavera no Hoge Velue, a maior reserva natural dos Países Baixos, e grandes canários-da-terra estão procurando sua comida básica nessa época do ano: as lagartas da mariposa do aipo, que por sua vez se alimenta com folhas novas brotadas do carvalho. Durante milênios, por toda a temperada Europa setentrional, os grandes canários-da-terra regularam sua procriação para fazê-la coincidir com a extraordinária abundância de mariposas do aipo no início da primavera, mas nos últimos 23 anos os grandes canários-da-terra nos bosques de Hoge Velue não foram capazes de encontrar um número suficiente de lagartas de mariposas do aipo com as quais alimentar os filhotes. Coloca-se no banco dos réus a mudança climática. As mariposas do aipo fêmeas colocam seus ovos muito no alto das copas dos carvalhos e as lagartas têm de emergir quando as folhas dos carvalhos estão boas para comer, no momento em que estão se desenrolando de seus brotos na casca. Se as lagartas emergirem cedo demais, não haverá folhas e elas morrerão de fome; se emergirem tarde demais, as lagartas enfrentarão a perspectiva de comer folhas de carvalho cheias de taninos indigeríveis. As lagartas das mariposas do aipo usam a temperatura ambiente para regular seu aparecimento e, durante incontáveis gerações, esse método deu certo – mas já não está dando mais. Com temperaturas crescentes na primavera, as lagartas estão emergindo três semanas antes dos brotos do carvalho se abrirem. Elas só sobrevivem alguns dias, mas os grandes canários-da-terra de Hoge Velue não aprenderam a acelerar o ritmo de sua procriação para tirar vantagem dessa breve fartura, portanto eles também estão enfrentando severas carências alimentares num momento crítico do ano. "Desacoplamentos fenológicos" desse tipo estão acontecendo por todo o planeta como conseqüência da mudança do clima. Sabemos pouco sobre quais serão os impactos nas comunidades bióticas e ainda menos sobre como esses impactos vão afetar as realimentações entre o reino biológico e o clima.

Furacões e Escurecimento Global

Até agora ainda não consideramos quaisquer realimentações negativas significativas que possam contrariar a tendência para o aquecimento. Há um importante efeito que ainda não mencionamos: o escurecimento global. O fato é que a quantidade de luz do Sol alcançando a superfície do planeta tem diminuído em cerca de 3% por década nos últimos 50 anos. Considerando que estamos num mundo em aquecimento, esse resultado não parece fazer sentido e demorou algum tempo para que os cientistas começassem a compreender o que estava por trás desse curioso fenômeno. Agora sabemos, e os resultados nos dão boa razão para ficarmos ainda mais alarmados. O fato é que não apenas emitimos gases de estufa quando queimamos combustíveis fósseis; também liberamos vastas quantidades de aerossóis, como os sulfatos, que semeiam nuvens e névoas densas e brancas, que refrescam o planeta. Parece que os sulfatos que emitimos podem diminuir as chuvas sobre grandes áreas, pois eles semeiam gotinhas de água muito pequenas, cuja queda do céu como chuva é menos provável. Nuvens que não produzem chuva têm aumentado os efeitos de resfriamento simplesmente porque ficam mais tempo no céu. Esse resfriamento extra pode agir no sentido de impedir a evaporação de grandes massas de água, como pode perfeitamente ter acontecido sobre o lago Tanganica, onde aerossóis podem ter reduzido em 10% o total de luz do Sol que chega até o lago, levando a uma diminuição de 15% nas chuvas.

No conjunto, então, nossa poluição atmosférica está tendo dois efeitos opostos: um de aquecimento e outro de resfriamento, com o aquecimento sendo o mais forte dos dois. O efeito refrescante dos aerossóis no hemisfério norte tem sido tão grande que pode ter alterado o padrão da monção africana, trazendo as secas e as fomes que recentemente mataram tantos milhares de pessoas na região de Sahel, no norte da África. Se o efeito se intensificar, há o risco de que a monção indiana também possa ser afetada, com a perda potencial não de milhares, mas de centenas de milhões de vidas. A boa notícia é que podemos facilmente tomar alguma providência a respeito do escurecimento global, pois não é difícil limpar o enxofre dos nossos combustíveis e de grandes chaminés. Temos feito exatamente isso nos últimos poucos anos e o escurecimento global está de fato diminuindo. Mas há uma trágica ironia, pois enquanto reduzimos os sulfatos e outros aerossóis, perdemos os efeitos de resfriamento das nuvens e névoas que eles semeiam, e o aquecimento aumenta. Isso significa que os modelos que o IPCC usou para o TAR podem perfeitamente estar subestimando a extensão do aquecimento que temos pela frente por não incorporar os efeitos do escurecimento ou de sua remoção. Pode muito bem acontecer que as temperaturas no ar mais claro aumentem duas vezes mais depressa do que anteriormente pensávamos e que alguns pontos-limite críticos sejam ultrapassados a não mais de 25 anos a contar de agora. Isso implicaria aquecimento global superior a 2°C, ponto em que a calota de gelo da Groenlândia começaria seu derretimento irreversível. Em 2040, o planeta pode muito bem estar 4°C mais quente, desencadeando o irreversível dessecamento da floresta amazônica. Isso liberaria ainda mais carbono na atmosfera no final deste século, aquecendo o mundo em 10°C, num ritmo mais rápido do que qualquer outro episódio anterior de aquecimento natural. Com esse grau de aquecimento, os hidratos de metano começariam a se decompor, lançando seu vasto estoque de metano na atmosfera. Finalmente

Gaia se acomodaria provavelmente num novo estado quente, suportável para ela, mas extremamente perigoso e desconfortável para nós.

Talvez possamos nos mostrar pelo menos um tanto gratos pelo fato de outra potencial realimentação negativa ter recentemente se revelado. Num mundo em aquecimento, os furacões podem se tornar muito mais poderosos e destrutivos que nunca, como Katrina tão severamente demonstrou. Mas por estranho que pareça, os novos superfuracões poderiam provocar o início de uma realimentação negativa capaz de tirar um pouco do calor da mudança climática. Analisando imagens do satélite SeaStar, os cientistas constataram espantados que cada um dos treze furacões que cruzaram o Atlântico de 1998 a 2001 agitava e trazia para cima nutrientes dos sedimentos submarinos, nutrientes que alimentavam florações de fitoplâncton na superfície do oceano por até três semanas após a passagem de cada furacão. Removendo dióxido de carbono do ar e semeando nuvens, as florações de fitoplâncton devem ter resfriado a Terra, mas até agora ninguém sabe quanto. Ao contrário do escurecimento global, aqui é uma realimentação negativa sem pontos de bloqueio mas, mesmo que ela se mostre importante, continuamos não tendo desculpas para destruir os lugares virgens de Gaia ou extrair quantidades sempre crescentes de minerais de sua crosta já devastada.

Há um consenso notavelmente sólido entre cientistas do clima sobre os perigos muito reais da mudança climática. Mas seria injusto encerrar esse rápido levantamento sem mencionar as críticas da pequena liga de céticos climáticos que argumentaram que o aquecimento observado devia-se à variabilidade natural na atividade do Sol e às emissões vulcânicas. É verdade que esses importantes eventos são responsáveis por cerca de 40% da variação observada, mas sabemos agora que eles ajudaram a esfriar antes que a aquecer o planeta durante o último século e são incapazes de explicar a tendência de 0,6°C para o aquecimento nos últimos 30 anos. Assim os céticos foram forçados a aceitar que o aquecimento está acontecendo, embora a maioria seja paga, de um modo ou de outro, pela indústria do petróleo, incluindo a ExxonMobil, uma grande fonte de recursos. Os céticos mudaram de posição, passando da negação a uma argumentação com base nos efeitos mais brandos das previsões do IPCC, que, como de hábito, favorece mais ou menos os negócios. Um cético importante, o infame Bjorn Lomborg, chama corretamente atenção para o fato de que combater a mudança climática custará trilhões de dólares e sugere que essa enorme soma de dinheiro seria mais bem empregada cuidando da Aids e levando água e saneamento básico para os pobres do Sul globalizado, não na mudança climática, que para ele é um problema menor. Mas segundo Stephen Schneider, um dos principais cientistas climáticos do mundo, os trilhões de dólares requeridos para deter a mudança climática agora não significam grande coisa em relação à soma de riqueza gerada por uma florescente economia global, nem em relação aos custos muito mais altos de enfrentar as conseqüências no futuro. Ele salienta que agir agora para evitar a mudança climática não teria efeito negativo significativo em nossa riqueza futura.

Talvez os céticos devessem refletir sobre o que aconteceu durante o período eoceno, uns 55 milhões de anos atrás, quando a Terra esquentou 5°C nos trópicos e 8°C nas regiões temperadas devido a uma injeção maciça de gases de estufa de magnitude similar a nossas intempestivas secreções gasosas. Então, sob um Sol uns 0,5% menos brilhante que o de hoje, os gases de aquecimento foram emitidos pela dissolução de treliças de metano ou pelo derretimento, por um vulcão submarino, de um grande depósito de carbono orgânico soterrado. Embora os grandes ecossistemas selvagens de Gaia ficassem por toda a parte intactos durante o eoceno, demorou 200.000 anos para a erosão de granito e basalto, biologicamente assistida, esfriar o planeta. E aqui está o ponto para os céticos refletirem: nós deixamos Gaia parcialmente incapacitada nos apoderando de cerca de metade de suas superfícies terrestres e o Sol está agora mais quente, portanto parece provável que estejamos impelindo nosso planeta para um período de calor de 200.000 anos como o do eoceno, no qual a maior parte das baixas e médias latitudes pode se transformar em deserto. Isso é efetivamente um infinito espaço de tempo para os humanos – nossos descendentes jamais experimentarão diretamente a beleza selvagem das vastas florestas tropicais ou o milagre das grandes migrações dos gnus nas planícies da África.

E agora, uma nota de cautela. Precisamos avaliar que significados mais profundos podemos discernir nas grandes realimentações rodopiantes que estivemos considerando. São eles, talvez, mais aparentados à psique da própria Terra que os supostos processos "objetivos" que descrevemos com nossas ciências? Se Jung estiver certo, se nossa psique não for outra coisa senão a psique da natureza, então as realimentações que exploramos são tanto parte de nós quanto o movimento dos nossos intestinos, o ritmo da nossa respiração e a corrida do nosso sangue pelas veias. Se assim for, então, ferindo Gaia ferimos a nós mesmos, tanto física quanto psicologicamente. Talvez a maneira mais profunda de podermos fazer as pazes com Gaia é nos sentirmos nos estendendo para fora da nossa pele, para o mundo amplo, vivo, dos "círculos de participação" em giro e em torvelinho de Gaia. Talvez só então o cuidadoso trabalho da ciência tenha finalmente cumprido seu papel mais profundo de nos fazer conviver melhor com a grande comunidade viva na qual estamos indissoluvelmente inseridos. Senão, para nós, nossa Terra viva continuará a se tornar uma Terra cada vez mais desesperada.

CAPÍTULO 9

Gaia e a Biodiversidade

Era um chuvoso dia inglês e eu tinha ido até Bristol com Julia e Oscar para a palestra de Julia sobre culinária vegetariana no Festival da Comida Verde. Mais tarde saí para explorar a fascinante área das docas com suas galerias de arte e restaurantes na crista da onda. Ao entrar por acaso no vestíbulo do teatro IMAX, vi algo fantástico que me deixou sem fôlego. Uma grande Terra em metal, com cerca de três metros de diâmetro, pendia do teto perto da bilheteria. Grossos fios de cobre se entrecruzavam em seu interior oco e continentes de metal laminado se curvavam graciosamente sobre a esfera oca. Mas o que me intrigou mais que tudo foi que toda a coisa estava guarnecida de telas de TV, várias para cada continente e outras para os oceanos. Cada TV mostrava cenas do mundo selvagem da região que ela representava. Na África, podia-se ver as nuvens de poeira lançadas no pôr-do-sol pela grande migração dos gnus; na América do Sul, pássaros e borboletas moviam-se languidamente pela floresta tropical; na Indonésia, os orangotangos balançavam nas árvores; na Eurásia, havia cervos e bandos de bisontes selvagens pastando em amplas clareiras da floresta; na Austrália, havia belas cenas de cangurus em pleno sertão e, nos oceanos, havia golfinhos nadando em águas cristalinamente azuis e raias enormes mergulhando para cardumes de peixes minúsculos. Fiquei paralisado enquanto a instalação me impelia para uma experiência profunda da biodiversidade viva de Gaia. Meu corpo formigou com a percepção dos trilhões de organismos pululando sobre a Terra ativa, cada qual contribuindo a seu modo discreto para os movimentos de vastas quantidades de seres químicos dentro e fora do ar, das rochas e das águas do nosso planeta vivo. Mais uma vez, por alguns breves momentos, eu fora *ganho por Gaia*. Tinha experimentado a biodiversidade como uma força poderosa que mantém nosso planeta vivo.

A biodiversidade é a diversidade da vida em vários níveis de organização, distribuindo-se em genes, espécies, ecossistemas, biomas e paisagens. Pelo que podemos dizer, pouco antes do aparecimento dos modernos seres humanos, a Terra foi mais biodiversa do que jamais tinha sido durante os três e meio bilhões de anos de manutenção da vida neste planeta e, antes de começarmos a perturbar as coisas, a Terra abrigou algo entre 10 e 100 milhões de espécies no total. O registro fóssil nos mostra que houve cinco extinções em massa mais ou menos nos últimos 400 milhões de anos, todas devido a causas naturais como impactos de meteoritos, ocorrência de enchentes de basalto ou, possivelmente, como resultado de drásticas reorganizações internas no interior das comunidades bióticas. Mas a maior e mais rápida extinção em massa está acontecendo agora e se deve inteiramente às atividades econômicas das modernas sociedades industriais. Estamos sangrando espécies numa taxa até 1000 vezes maior que a taxa natural de extinção ou, mais prosaicamente, cada dia estamos perdendo 100 espécies, a maioria delas nas grandes florestas tropicais devido a nossa interminável cobiça de madeira, soja, óleos vegetais e carne de boi. Recifes de coral e o reino marinho em geral também não estão isentos das nossas atenções destrutivas. A lista de atrocidades que nossa cultura tem perpetrado no mundo vivo constitui uma leitura arrepiante. De acordo com E. O. Wilson e Paul Erlich, dois dentre os mais eminentes ecologistas dos nossos dias, um quarto de todos os organismos da Terra podem ser eliminados em 50 anos.

No final do século XX, cerca de 11% de todas as espécies de pássaros, 18% dos mamíferos, 7% dos peixes e 8% de todas as plantas do mundo tinham sido ameaçados de extinção. De acordo com o Índice do Planeta Vivo, no período de 1970-2000, as espécies da floresta declinaram em 15%, as espécies de água doce em atordoantes 54% e as espécies marinhas em 35%.

Será que a atual extinção em massa realmente importa? O que a biodiversidade faz por Gaia, e por nós? Para alguém que está profundamente em contato com a natureza, é absurdo fazer essas perguntas – sem a menor dúvida a atual extinção em massa é um crime de vastas proporções. Nossas intuições e experiências profundas do mundo mais que humano nos dizem que a biodiversidade nos dá três benefícios fundamentais de que Aldo Leopoldo falava: integridade, estabilidade e beleza. Mas o que a ciência tem a dizer sobre a importância da biodiversidade? Para explorar essa questão precisamos de um diagrama de sistemas mostrando como a biodiversidade contribui para o bem-estar de Gaia (figura 40).

Primeiramente, as influências humanas atuam diretamente sobre a biodiversidade ou indiretamente, alterando processos gaianos como clima, ci-

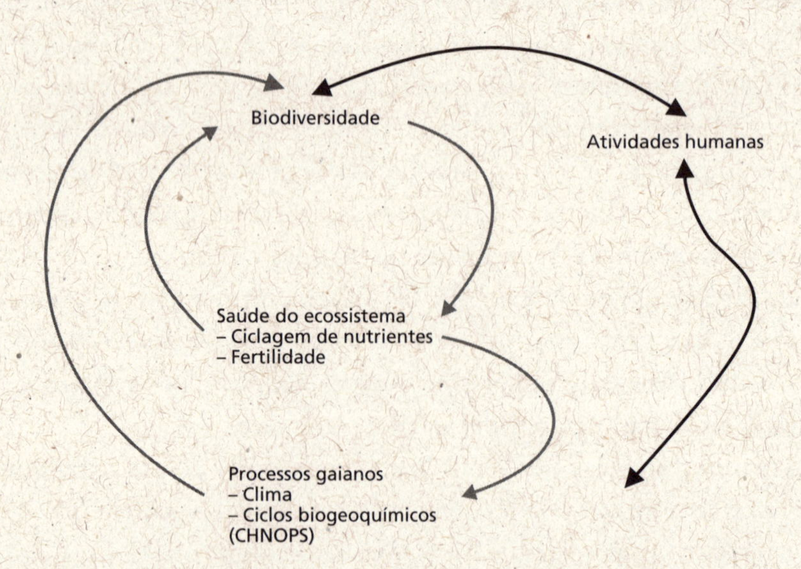

Figura 40: A importância da biodiversidade para a saúde de Gaia (as setas sinalizam influências, não acoplamentos diretos).

clos biogeoquímicos e outros processos globais. Mudanças na biodiversidade induzidas pelo homem poderiam então afetar aspectos da saúde do ecossistema, como a eficiência com que um ecossistema resiste a distúrbios e deles se recupera, a eficiência com que recicla seus nutrientes e com que grau de confiabilidade, e quanta biomassa produz num determinado período de tempo. Esses vários aspectos da saúde do ecossistema podem dar retorno para influenciar a biodiversidade, quando mudanças na ciclagem de nutrientes ou na fertilidade têm efeitos impactantes sobre as espécies no ecossistema. A saúde do ecossistema também pode ter grandes impactos sobre os processos gaianos, como na abundância de gases de estufa na atmosfera e no albedo total do planeta, ambos influenciando o clima. Cada espécie tem um clima preferido em que se sente mais confortável, por isso os processos gaianos dão retorno influenciando a biodiversidade. Por fim, alterar a biodiversidade pode expor as atividades humanas a realimentações vindas de duas direções: diretamente das mudanças na biodiversidade e indiretamente se a saúde do ecossistema e os processos gaianos foram afetados. Vamos olhar para cada uma destas relações. Primeiro, como as atividades humanas estão influenciado a biodiversidade? A resposta foi resumida no famoso acrônimo HIPPO, que nos diz que nossos impactos letais sobre a biodiversidade são, em ordem de importância: destruição e fragmentação do Hábitat, espécies Invasivas, Poluição, População e Atividade Predatória [*Over-harvesting*].

Destruição do Hábitat: Antes do início do generalizado impacto humano destrutivo durante o século XIX, Gaia estava equipada com um revestimento íntegro de hábitats selvagens que se misturavam delicadamente uns com os outros conforme o modo como os climas variavam sobre sua superfície. Se nos encontrássemos na Grã-Bretanha após a última era do gelo estar de fato encerrada, uns 10.000 anos atrás, poderíamos cumprir todo o trajeto da costa sul da Inglaterra ao norte da Escócia sem sair um momento sequer do grande mosaico de florestas selvagens e campos naturais que cobriam a maior parte da região. Teríamos experimentado um continuum similar em cada um dos continentes. Atravessando o canal para a França, poderíamos cumprir todo o trajeto através da Eurásia para as grandes florestas tropicais de Mianmar, Tailândia e Vietnã sem encontrar um só distúrbio importante no vasto domínio selvagem da natureza. A abundância de seres voando, saltando, nadando nesse estado primitivo assombrou os primeiros colonizadores europeus nos quatro cantos do mundo, que rapidamente se puseram a serrar madeira, caçar, pescar e fazer queimadas para a lavoura com uma destrutividade demoníaca que desafia a imaginação.

Hoje não existe hábitat sobre a Terra que não tenha sido seriamente degradado por humanos. Mais de 50% do hábitat selvagem foi destruído em 49 dos 61 países tropicais do Velho Mundo. As florestas chuvosas tropicais estão sendo abatidas tão rapidamente que, por volta de 2040, praticamente não existirá mais qualquer floresta tropical intacta, fora alguns fragmentos protegidos, dolorosamente pequenos. Todos os grandes biomas enfrentam ameaças crescentes, incluindo os manguezais, os pântanos, as florestas tropicais secas, a tundra e as florestas boreais – o futuro de todos eles parece melancólico. Quando os humanos atacam a natureza agreste, geralmente deixam aqui e ali alguns fragmentos do hábitat original, talvez por preguiça, graças a uma pontada de consciência ou, mais provavelmente, porque nenhum dinheiro pode ser extraído deles. No início esses fragmentos servem de último refúgio para os incríveis seres selvagens que antigamente cruzavam livremente a Terra indomada, mas logo se transformam em campos da morte quando os efeitos da fragmentação começam a atacar. Cada fragmento é uma ilha, freqüentemente cercada por hábitats inóspitos, como terra agrícola, prédios e estradas que, para muitas criaturas, criam barreiras insuperáveis para a busca de alimento, a dispersão e a colonização – mesmo uma pequena estrada numa reserva natural pode ser um obstáculo assustador para minúsculos insetos. Os refugiados podem não ser capazes de encontrar o alimento de que precisam em seus fragmentos, ou um parceiro, ou mesmo um bom lugar para dormir. Efeitos críticos se introduzem nos fragmentos, particularmente nos menores, tornando as coisas secas demais, quentes demais ou frias demais. Pestes e enfermidades podem atingir os refugiados mais facilmente nos fragmentos e, mesmo que haja um número suficiente de indivíduos procriando para manter uma população crescente, a reduzida colonização do exterior pode levar a uma falta de diversidade genética seriamente prejudicial.

Nunca se sabe quem são os grandes atores no mundo selvagem – embora pareçam insignificantes, os besouros rola-bosta, besouros coprófagos da Amazônia, são criticamente importantes para a saúde de toda a floresta. Perto de Manaus, na região amazônica do Brasil, um pequeno besouro coprófago procura comida no chão seco e cheio de folhas de um pequeno fragmento da floresta deixado para trás quando a floresta ao redor foi limpa para pasto em 1982. Nos velhos tempos, quando a floresta estava inteira, toda uma variedade de espécies de besouros coprófagos, grandes e pequenos, eliminava parasitas, enterrava sementes e assegurava que preciosos nutrientes fossem rapidamente reciclados quando eles alimentassem suas larvas no subsolo, no esterco enterrado. Mas no fragmento da floresta há pouco esterco, pois a maioria dos macacos e pássaros que o forneciam em abundância antes da floresta ser fragmentada morreu ou partiu muito tempo atrás. Agora há menos variedades de besouros coprófagos e os que se conservam são menores e não muito numerosos. As extinções do besouro coprófago aconteceram de muitas maneiras. Ventos quentes, secos, vindos dos pastos fora da reserva aniquilaram várias espécies eliminando suas larvas. Para muitas espécies simplesmente não havia um número suficiente de parceiros de acasalamento para levar a coisa à frente e os pastos inóspitos impediam que outros besouros colonizassem a reserva, para aumentar o número de indivíduos e introduzir sangue novo. As conseqüências para os habitantes restantes do fragmento não foram boas. Há mais doenças entre os poucos pássaros e mamíferos que permanecem, os nutrientes são carregados por chuvas pesadas antes que as raízes possam capturá-los e as sementes de muitas plantas não conseguiram germinar. Aparentemente insignificantes, os besouros coprófagos da Amazônia desempenham importantes papéis em sua comunidade ecológica – são uma das *espécies-chave* da floresta.

Espécies introduzidas: Estas podem causar extinções, mesmo em áreas onde tem havido muito pouca fragmentação do hábitat, e liquidar mais espécies que a poluição, as pressões da população e a atividade predatória juntas. Elas vêm dos quatro cantos do mundo: bodes, porcos, gatos, coelhos e muitos outros, levados para lugares que jamais poderiam ter alcançado sem a ajuda dos humanos. Só para os Estados Unidos foram levadas cerca de 4000 espécies de plantas exóticas e 2300 espécies de animais exóticos, pondo em perigo 42% das espécies na lista de espécies ameaçadas e causando cerca de 138 bilhões de dólares de prejuízo a cada ano em setores como silvicultura, agricultura e pesca. Espécies introduzidas freqüentemente se saem bem em seus novos locais, com a ausência de suas moléstias e predadores naturais. A maior parte não causa grande prejuízo, mas uma pequena minoria assume o controle e causa um dano maciço. Alguns são predadores que se aproveitam de presas nativas indefesas. Um exemplo famoso é a cobra arbórea marrom (*Boiga irregularis*), nativa das Ilhas Salomão, da Nova Guiné, do norte e leste da Austrália e do leste da Indonésia. Introduzida em algumas ilhas do Pacífico, praticamente exterminou inúmeras espécies de pássaros endêmicos. Só em Guam, foi responsável por impelir doze das quatorze espécies de pássaros endêmicos para além do ponto de não retorno. Outras espécies introduzidas são vigorosas competidoras, como o esquilo cinzento americano (*Sciurus carolinensis*) que parece ter expulsado o esquilo vermelho nativo (*Sciurus vulgaris*) na maioria das regiões da Grã-Bretanha.

Poluição: O livro fundamental de Rachel Carson, *Silent Spring*, foi um útil instrumento no desencadear do movimento verde, chamando a nossa atenção, em 1962, para os perigos dos pesticidas. Desde então, muitos tipos diferentes de poluição se tornaram alarmantemente generalizados. Estamos muitíssimo conscientes da perigosa mistura de produtos químicos na água e bem informados sobre a poluição atmosférica, como a chuva ácida das centrais elétricas e as partículas de fuligem causadoras de câncer. Um dos mais insidiosos poluentes hoje é o dióxido de carbono, que paradoxalmente é também um nutriente essencial para as plantas, que elas colhem da atmosfera. Mas é também um gás de estufa e um excesso dele causa o choque climático que leva às extinções.

População: Isto se refere ao crescimento explosivo no número de seres humanos, especialmente desde a revolução industrial. A atual população do mundo se situa em 6,4 bilhões e se espera que atinja o nível de cerca de 10 bilhões em 2150. As pessoas precisam de terra, água, comida e abrigo, e têm de satisfazer essas necessidades destruindo a natureza selvagem. Mas não se trata apenas de simples números, pois a soma de recursos consumidos por cada pessoa é o que realmente faz diferença para nosso impacto sobre o planeta. Paul Erlich concebeu sua famosa equação I = PAT (pronunciada IPAT) para insistir nesse ponto. "I" significa impacto, "P" significa população, "A" significa afluência [riqueza] e "T" significa tecnologia. O impacto humano é um produto dos três últimos termos, de modo que é possível ter uma elevada população desde que as pessoas não tenham muito dinheiro para gastar em produtos industriais. No atual clima econômico, todos os termos no lado direito da equação estão crescendo de modo alarmante. Hoje, a classe média mundial chega a cerca de 20% da população, mas consome cerca de 80% dos recursos disponíveis. Um fato freqüentemente citado: se todos no mundo chegassem a consumir tanto quanto o americano médio, seriam necessários três ou quatro planetas extras para fornecer as matérias-primas. As enormes pressões da população humana impulsionam todas as outras causas de extinção, incluindo a última de todas elas, a atividade predatória.

Atividade Predatória: Cerca de um terço dos vertebrados em situação de risco são ameaçados dessa maneira. Com freqüência a atividade predatória é realizada por pessoas pobres do campo que ficaram sem quaisquer meios de sobrevivência depois de terem sido forçadas a deixar suas terras pelas forças econômicas globais. Os países ricos do Norte também são responsáveis pela atividade predatória e arcam com a responsabilidade especial de levar vários produtos essenciais de pesca ao ponto de extinção – a pesca do bacalhau ao largo da Terra Nova e no mar do Norte é um triste exemplo. Muitas das grandes baleias do mundo – a baleia franca, a baleia da Groenlândia e a baleia azul – foram colocadas à beira da extinção no início do século XX. Modelos matemáticos detalhados, concebidos para calcular o "produto máximo sustentável" para algumas destas espécies, foram fracassos espetaculares que levaram a declínios catastróficos. A pesca ilegal das baleias foi responsabilizada por isso, mas as dificuldades de observar e quantificar o comportamento da baleia em seu ambiente natural também tiveram sua parcela de culpa. Muitas espécies de baleias têm sido até certo ponto protegidas desde 1946 e algumas, como a baleia minke, estão se recuperando, mas muitos cetáceos menores, como os golfinhos, são mortos a cada ano ao ficarem emaranhados nas redes das frotas que estão dizimando as reservas pesqueiras do mundo.

ESPÉCIES EM DESAPARECIMENTO

Às vezes se experimenta a extinção em massa de um modo um tanto estranho. Fora um daqueles raros dias de verão ingleses em que o sol é quente, brilhante e o ar é mantido fresco por brisas suaves que se movimentam entre as folhas salpicadas de sombra. Lá fora, no bosque, os insetos estavam em grande atividade. Tornei a seguir a trilha para o Schumacher College, como fizera tantas vezes, freqüentemente sob céus sombrios e num humor sombrio. Mas dessa vez, no sol brilhante, alguma coisa era diferente. Avistei um melro voando para uma árvore num dos jardins e imediatamente a sensação do sertão africano estava lá. Aquela era, é claro, uma árvore num cuidado jardim inglês, num belo dia ensolarado, mas era também, simultaneamente, uma ameixeira-brava no delta do Okavango em Botsuana, e o pássaro que tinha voado para ela era tanto um melro quanto uma poupa de bico vermelho. E eu, que via o pássaro que era uma poupa voando para a árvore que era uma ameixeira-brava também me tornei dual: o eu na Inglaterra e o outro nas remotas áreas selvagens do grande sertão. Meu eu inglês conhecia a fragmentação do campo inglês, com sua agricultura intensiva, suas tabernas, postes, estradas, condomínios rurais e barulho de tráfego. O outro participava da conversa intensa entre coisas selvagens, que sabem que são selvagens e que conhecem o profundo significado terreno que reside na natureza quando ela está livre dos efeitos invasivos da nossa cultura. Esse outro eu, juntamente com a ameixeira-brava e a poupa, sabia que tudo que acontece no matagal é tão correto e tão bonito quanto uma mandala de areia recém-acabada, com sua força, inocência e fragilidade. Quando continuei a andar para o College sob o sol brilhante, havia um leopardo dormindo nos galhos de um carvalho novo e os calaus brincavam entre as cerejeiras. Então, mais próximo dos velhos prédios, toda uma multidão de espécies, bruxuleando lentamente agora para fora da existência enquanto seus hábitats caem ante as motosserras e a poluição, se revelavam: tucanos, grandes besouros das florestas chuvosas da África, drongos, casuares. O gongo fala – hora do jantar. O encanto foi quebrado e me deixou com uma dolorosa pergunta: por que todos esses seres têm de perecer?

Biodiversidade e Estabilidade Ecológica

É concebível que as enormes perdas em biodiversidade possam dar retorno influenciando a iniciativa humana em determinadas localidades? Para responder a essa pergunta, precisamos explorar duas outras. Organismos vivendo num local específico – num dos biomas representados pelas imagens de TV no globo metálico, por exemplo – se ligam a um "superorganismo" ecológico, com valiosas propriedades emergentes como regulação do clima, melhor retenção de água, ciclagem de nutrientes e resistência a doenças, ou não passam de coleções de organismos individualmente egoístas, cada qual pronto a explorar o maior número possível de recursos disponíveis, mesmo em detrimento da comunidade ecológica que os envolve? Se a última suposição é verdadeira, precisaremos então proteger comunidades ecológicas inteiras para preservar os serviços de ecossistema que elas fornecem. Se vale a primeira, então só precisamos nos preocupar em cuidar dos atores fundamentais ou introduzir aqueles de nossa própria escolha.

Estas questões ocuparam a mente dos pais fundadores da ecologia na primeira metade do século XX. O ecologista americano Frederick Clements, um dos mais influentes ecologistas de seu tempo, estudou como as plantas colonizam o solo árido. Ele reparou que havia uma série de estágios, começando com uma comunidade vegetal inerentemente instável e terminando numa estável comunidade clímax em equilíbrio com seu ambiente. Em Devon, de onde escrevo, o solo árido é primeiro colonizado por plantas herbáceas anuais, depois por sarças e arbustos, e finalmente por floresta de carvalho, que cresce aqui porque há a mistura ideal de solo, temperatura, chuvas e vento. Para Clements, o desenvolvimento da vegetação se parecia com o processo de crescimento de um ser vivo individual e cada planta era como uma célula individual em nosso próprio corpo. Ele imaginava a comunidade clímax como um *organismo complexo*, em que as espécies que a compõem trabalham juntas para criar uma rede auto-reguladora emergente, na qual o todo é maior que a soma das partes.

Dentro da comunidade científica, seguiu-se uma luta entre os pontos de vista organísmicos de Clements e a abordagem objetivista do botânico de Oxford Sir Arthur Tansley. Tansley declarava que as comunidades vegetais não podem ser superorganismos porque não passam de reuniões casuais de espécies sem quaisquer propriedades emergentes. Julgava os pontos de vista de Clements difíceis de aceitar porque eles desafiavam nosso direito como seres humanos de refazer a natureza como quisermos. Tansley queria remover a palavra "comunidade" do vocabulário do ecologista porque acreditava, nas palavras de Donald Worster, que: "Não pode haver laço psíquico entre animais e plantas numa localidade. Eles não podem ter uma verdadeira ordem social." Tansley representava uma casta de ecologistas que queriam desenvolver uma visão completamente mecanicista da natureza, em que, segundo Worster, a natureza é vista como "uma linha de montagem bem regulada, como nada mais que um reflexo do moderno estado corporativo". Para Tansley, os campos agrícolas não eram melhores ou piores que as selvagens comunidades vegetais. Parafraseando Worster, a redução da natureza a componentes facilmente quantificados removia quaisquer impedimentos emocionais à sua exploração irrestrita. A ecologia, diz ele, assumiu a linguagem econômica da análise de custo-benefício, mas a economia não aprendeu nada da ecologia.

Que abordagem descreve melhor as comunidades bióticas: organismo ou mecanismo? Nas planícies de Minnesota, num lugar chamado Cedar Creek (Enseada do Cedro), está em progresso um experimento de longo prazo que pode ter relação com essas questões. Um estranho tabuleiro de xadrez, com lotes de um metro quadrado cheios de capinzal de pasto, salpica a paisagem, cuidada por David Tilman, um dos mais importantes ecologistas do mundo, que passou anos investigando a relação entre a biodiversidade em seus lotes e a capacidade das pequenas comunidades ecológicas que eles contêm para produzir mais biomassa capturando a luz do Sol e para sobreviver ao estresse. Tilman e seus numerosos assistentes organizaram centenas de lotes, cada qual com um diferente número de espécies escolhidas na flora nativa da localidade imediata. A meio caminho de um desses experimentos, Minnesota passou por uma seca severa e, para surpresa de Tilman, os lotes que sobreviveram melhor foram aqueles com a mais alta biodiversidade. Era uma evidência a favor de Clements e da visão organísmica, pois os lotes mais diversificados pareciam ter desenvolvido uma poderosa rede protetora emergente, na medida em que seus vários membros combinavam suas técnicas individuais de sobrevivência num todo mais vasto. Mas houve críticos. Eles salientaram que, como Tilman fertilizara seus lotes com diferentes somas de nitrogênio, as diferenças na resistência à seca deviam-se a isso e não aos efeitos da diversidade de espécies.

Para eliminar essa possibilidade, Tilman preparou um experimento de maior alcance em 1994, usando 489 lotes de dois tamanhos com diferentes quantidades de biodiversidade vegetal, semeadas em solo idêntico e escolhidas de um máximo de quatro "grupos funcionais", cada qual com diferentes estratégias de sobrevivência: ervas perenes de folhas largas, legumes que fixavam nitrogênio, capins da estação quente e capins da estação fria. Dessa vez, os lotes mais diversificados produziram mais biomassa, fixaram mais nitrogênio, resistiram melhor às invasões de ervas daninhas e estiveram menos propensos a infecções por fungos. Os melhores lotes foram os que hospedavam uma variedade de espécies de cada um dos quatro grupos funcionais. Mais uma vez há uma evidência aqui de que comunidades bióticas diversificadas lembram organismos com vigorosas propriedades emergentes. Mas as notícias não eram todas boas, porque Tilman descobriu que os benefícios de ter espécies extras na comunidade definhavam uma vez atingido o máximo de cinco a dez espécies. Acima disso, as espécies extras não pareciam melhorar o desempenho ecológico – o mais importante era ter pelo menos um membro de cada grupo funcional. Alguns ecologistas dizem que esses resultados mostram que a maioria das espécies em ecossistemas selvagens é dispensável e que a crise de extinção não nos traz qualquer motivo de preocupação. Mas como vamos saber que espécies são descartáveis e quais não são? Já que não podemos dizer quais são as espécies-chave, faz mais sentido proteger o máximo possível de espécies. Além disso, há quase certamente um "efeito de seguro" em ação, visto que, nas comunidades de maior biodiversidade, é mais provável que existam espécies capazes de assumir as tarefas deixadas por cumprir por qualquer espécie-chave que tenha desaparecido.

A abordagem de David Tilman foi recentemente expandida pelo projeto BIODEPTH[8], em que lotes com diferentes quantidades de biodiversidade de pastagens nativas foram organizados em oito países europeus, do frio norte ao quente sul. A despeito do amplo leque de condições climáticas, a alta biodiversidade em cada país estava fortemente correlacionada a melhoramentos em inúmeras funções ecológicas essenciais, como a ciclagem de nutrientes, a resistência a predadores e a produção de biomassa – mais uma vez, boa evidência a favor da visão organísmica (figura 41).

Experiências de laboratório tendem também a sustentar a idéia de que a biodiversidade melhora a saúde de ecossistemas. Cientistas do Imperial College, em Londres, desenvolveram o "Ecotron", uma série de câmaras com níveis de luminosidade, temperatura e umidade controlados, que alojam comunidades ecológicas artificialmente reunidas, cada qual com diferentes quantidades de biodiversidade. O principal resultado dessa pesquisa é que comunidades mais diversificadas fixam mais dióxido de carbono do ar. Isso pode parecer uma descoberta consideravelmente trivial, mas provocou uma agitação em círculos científicos, pois mostrava que a biodiversidade podia ter um papel-chave a desempenhar na absorção de um pouco das enormes somas do gás dióxido de carbono, aquecedor da Terra, que nossa economia está emitindo para a atmosfera. Em outras palavras, a

---

8. Algo como "bioprofundidade". (N. do T.)

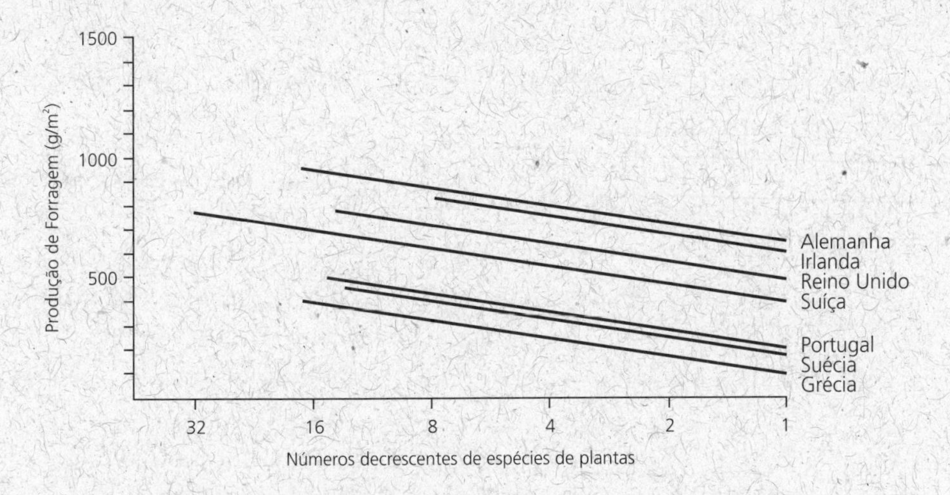

Figura 41: Um resultado-chave da experiência BIODEPTH. Cada linha é um corte estatisticamente significativo através dos pontos de dados brutos para um dado país (Hector 1999).

biodiversidade terrestre pode ser de grande utilidade ao nos ajudar a combater o aquecimento global, pelo menos a curto prazo. Um novo trabalho no Ecotron simulou o aumento de dióxido de carbono e de temperatura que são esperados com a mudança do clima. O resultado surpreendente foi que a mudança do clima teve pouco impacto na fauna e na flora vivendo em cima da terra, mas a comunidade de organismos do solo foi grandemente alterada. Mais dióxido de carbono na atmosfera estimulava a fotossíntese entre as plantas, que então transportavam um pouco desse carbono para suas raízes como açúcares. O carbono extra do solo alterou a comunidade de fungos do solo, o que por sua vez alterou a comunidade de poduros comedores de fungo. Essas mudanças básicas na condição ecológica poderiam, uma vez disseminadas, ter um impacto maciço nas realimentações nutrientes e na armazenagem de carbono nos solos, mas até agora ninguém sabe se isso indica que os solos sejam capazes de reter mais carbono ou menos carbono. O fato de ter havido uma mudança é preocupante e pode ter um efeito em futuras estratégias para lidar com a mudança climática.

Em outra série de experimentos, os cientistas criaram comunidades ecológicas artificiais cultivando garrafas de vidro contendo água e nutrientes com diferentes comunidades diversificadas de bactérias e seus maiores predadores protistas. Nesses experimentos, a maior diversidade levou a menor variabilidade no fluxo de dióxido de carbono para dentro e para fora da comunidade. A mensagem aqui é que comunidades mais diversas no mundo real poderiam proporcionar funções ecológicas emergentes mais previsíveis e seguras, como a captura e armazenagem do carbono.

Uma recente criação de modelos matemáticos também contribuiu para a nova compreensão da relação entre biodiversidade e saúde ecológica. Sabemos agora, graças a um minucioso trabalho de campo, que as comunidades ecológicas estão repletas de interações fracas, com muitos predadores concentrados em comer alguns indivíduos de um leque de espécies razoavelmente amplo. Os modelos que levam em conta essas noções mostram que comunidades virtuais com relações de alimentação realistas e abundantes interações fracas são mais estáveis do que anteriormente achávamos possível. Outro grupo de modelos matemáticos, conhecido como "modelos de conjunto comunitário", trabalha criando um fundo comum de plantas virtuais, herbívoros e carnívoros, cada qual com seu próprio tamanho corporal e preferências quanto a comida e espaço. Ao entrar, nossa espécie é colocada numa "arena" onde interage com outras espécies que já estão presentes. Após algum tempo, acontece uma coisa assombrosa: comunidades persistentes se agrupam sozinhas, atingindo um efetivo final de cerca de 15 espécies. À medida que o número de espécies aumenta, fica cada vez mais difícil para um invasor encontrar onde se apoiar na rede de espécies em interação. Comunidades que existem há mais tempo são mais difíceis de invadir que as recentemente estabelecidas, sugerindo fortemente que as comunidades desenvolvem uma rede protetora emergente que se torna mais eficiente quando a comunidade amadurece. Incrivelmente, o desafio para um invasor se encontra na comunidade como um todo. Numa comunidade madura, bem conectada, um competidor inferior tem uma chance maior de sobreviver a uma invasão de um competidor superior do que teria como membro de uma comunidade menos bem conectada.

É assombroso que esses tipos de propriedades emergentes fiéis à realidade tivessem de aparecer em meras comunidades matemáticas. Toda a pesquisa que temos acompanhado até agora, de campo, laboratório e criação de modelos em computador, tende a dar suporte à idéia de Clements de que as comunidades ecológicas podem de fato ser pensadas como superorganismos que funcionam mais suave e previsivelmente quando sua biodiversidade aumenta. Mas talvez, afinal, tanto Clements quanto Tansley estivessem certos; talvez cada um tivesse visto um lado diferente da mesma moeda. Nesse caso, não há nada de inevitável sobre que espécies vão colonizar um trecho árido de terra ou, de fato, nada de inevitável acerca de como uma determinada sucessão vai progredir (Tansley), mas assim que as espécies num dado lugar começam a se entrelaçar, toda a comunidade se torna um superorganismo com poderosas propriedades emergentes (Clements).

Isto sugere que a comunidade vegetal é uma entidade ativa que experimenta seu entorno como um ser particular, capaz de responder a ameaças e perigos mais ou menos como nosso próprio corpo sensível. Nas idéias de Clements, como naquelas de Lovelock, há uma forte variante animista ou pampsíquica, que tem muito em comum com as idéias de Gregory Bateson (1904-1980), o pensador americano extremamente influente para quem toda a natureza é uma vasta "mente" interconectada que existe em virtude dos fluxos de informação entre todos os seus componentes, mesmo aqueles que não estão vivos no sentido biológico. Para Bateson, uma comunidade ecológica é um ser coerente com seu próprio estado "mental" emergente, que surge da soma total de todas as suas interações. Ele salientou que nossa propensão humana para o pensamento racional interfere com nossa capacidade de perceber intuitivamente o "padrão que conecta" – uma realidade mais profunda que só podemos atingir por meio da apreciação da *beleza*. O modo de Bateson ver o mundo faz eco ao de Aldo Leopold, para quem a beleza era um guia para o correto relacionamento com a natureza. Se isso é certo, para compreender plenamente (antes que explicar) a característica profundamente ativa das comunidades ecológicas de Gaia, precisamos complementar o raciocínio com o conhecimento que nos é dado por nosso corpo sensível, por nossa apreciação de valores e por nossas intuições. Só então seremos capazes de perceber a beleza do mundo vivo ao nosso redor.

SINFONIA DA BIODIVERSIDADE

Vá para a área de natureza relativamente não-perturbada que fique mais próxima de você. Passe algum tempo assimilando os sons, as visões, os toques e os cheiros ao seu redor. Encare todos eles como comunicação da Terra viva que nos cerca e abraça. Relaxe profundamente enquanto absorve essas mensagens.

Agora caminhe devagar e tome consciência das diferentes espécies à sua volta, sejam plantas, animais, fungos, algas ou micróbios. Não importa seus nomes ou os detalhes de sua biologia, simplesmente passe algum tempo sentindo cada ser como uma presença ativa, como criatura viva empenhada numa exibição pessoal de suas específicas qualidades inatas. Ela emite algum som? Que cores, formas e texturas está apresentando a você? Que emoções ela evoca em você? Encare cada espécie como personalidade viva; imagine sua interação com ela como uma comunicação de mão dupla entre dois seres sencientes. Faça isso com o maior número de espécies que você puder, pelo maior tempo possível.

Quando tiver absorvido o máximo possível de detalhes, encontre um lugar (preferivelmente de terra) para sentar-se ou deitar-se. Feche os olhos e respire fundo algumas vezes. Deixe que as impressões que você recolheu de todos os seres que encontrou se combinem numa avaliação emergente da vida da comunidade ecológica como um todo. Sinta as conexões invisíveis que atam as espécies com que você se deparou numa unidade coerente. Que "gosto" têm as características do todo? É seco e áspero, úmido e batido pelo vento, luxuriante e sombrio? O que ele está dizendo a você? Se as características adquirem a forma de palavras, anote-as, deixe que transbordem sobre a página. Esboce ou pinte quaisquer imagens que possam surgir, entoe quaisquer melodias.

Agora levante-se e dê mais um passeio. Repita o processo duas ou três vezes, indo de perceber os seres individuais na comunidade ecológica a intuir sua qualidade emergente, sua inteligência participativa, seu aceno.

Finalmente, deite-se ou sente-se no chão com os olhos fechados. Agora, começando de sua imediata comunidade ecológica, expanda lentamente sua consciência para assimilar as grandes comunidades ecológicas de Gaia: florestas tropicais, tundra, florestas boreais, florestas temperadas, pântanos, desertos e regiões de altas montanhas, os oceanos. Embora você nunca tenha encontrado a maioria dos seres mais que humanos que vivem nesses fabulosos domínios, você é capaz de se conectar a uma sensação da formidável biodiversidade que eles contêm.

- *Sinta todos os seres vivos de Gaia rastejando, nadando, voando, caminhando, crescendo e correndo sobre a superfície terrestre, trazendo vida às rochas, dando forma ao gosto do próprio ar, à sua temperatura, pressão e umidade. Sinta as rochas, o ar e a água se entregando livremente às empolgantes aventuras de que os diversos seres vivos de Gaia os convidam a participar.*

Biodiversidade e Clima

Até agora vimos os efeitos da biodiversidade na saúde ecológica na situação local, mas poderia haver uma relação entre a biodiversidade e a saúde do planeta como um todo? Essa questão, considerada absurda pela comunidade científica até dez anos atrás, está começando a assomar com nitidez na mente de cientistas que tentam compreender como os seres humanos estão modificando a Terra, que eles agora reconhecem como um sistema plenamente integrado, onde a vida é um ator fundamental.

É agora acordo generalizado que a vida afeta o clima pelo menos de duas maneiras importantes: mudando a composição da atmosfera e alterando o modo como a energia solar aquece a superfície da Terra e como esse calor é distribuído ao redor do planeta. Mas como pode a biodiversidade estar envolvida em fazer esses processos globalmente importantes trabalharem de maneira mais eficiente? Os experimentos do Ecotron e da BIODEPTH nos ensinaram que comunidades ecológicas diversificadas na terra firme podem alterar a composição da nossa atmosfera aumentando a absorção de dióxido de carbono. É quase certo que a biodiversidade nos oceanos também acentua esse efeito. O fitoplâncton marinho usa o dióxido de carbono para a fotossíntese, assim como fazem as plantas terrestres, puxando-o do ar para seu corpo minúsculo. O fitoplâncton morto afunda, levando com ele carbono que antigamente estava na atmosfera para um túmulo lamacento nos sedimentos abaixo. Essa é a bomba biológica que encontramos mais cedo e ela é quase certamente mais eficiente para remover dióxido de carbono da atmosfera onde quer que haja maior biodiversidade marinha, em parte porque o maior fitoplâncton em comunidades mais diversificadas aumenta a lenta deriva do carbono para as profundezas do oceano.

A biodiversidade pode também melhorar a absorção e distribuição da energia do Sol. Pode ser que comunidades mais diversificadas na terra e no oceano sejam melhores para semear nuvens, mas isso ainda precisa ser confirmado. O que é mais certo é que uma maior diversidade de plantas terrestres poderia intensificar a criação de nuvens e a distribuição de energia de dois outros importantes modos: transpirando mais água do solo por meio das raízes e lançando-a no ar de poros no lado inferior das folhas; e fornecendo mais superfícies de folhas das quais a água da chuva pode se evaporar diretamente.

Um grande temporal acabou de encharcar várias centenas de quilômetros quadrados da floresta amazônica. As folhas estão todas molhadas e as que estão no topo da cobertura vegetal cintilam no primeiro sol da tarde. Um pouco da energia do Sol penetra profundamente na folha, onde abastece a fotossíntese, mas uma porção razoavelmente grande é absorvida diretamente pela recém-chegada película de água nas superfícies da folha. Quando as moléculas de água recebem sua dádiva de energia solar, começam a girar como dançarinas inspiradas e, quando suficientemente energizadas, avançam dançando para o ar como vapor de água. Isso é evaporação. No caso de uma folha secando ao sol, a energia solar que poderia ter aquecido a folha é transferida para o vapor de água e, quando este é varrido pelo vento, a folha se conserva fria, exatamente como nós ficamos quando suamos.

A energia conservada no vapor de água pode ser liberada como calor sempre que a condensação tornar a convertê-la em água líquida. Essa energia é chamada de "calor latente", porque permanece "invisível" até que a condensação aconteça. Por outro lado, qualquer energia solar absorvida pela superfície da folha faz com que as moléculas que estão ali vibrem e reenviem de imediato a energia como calor sensível, que você pode detectar diretamente com sua pele ou indiretamente, se tiver um sensor infravermelho.

Mas não é apenas a água da chuva que se evapora da superfície de uma folha; o mesmo faz a água que viajou do solo para a planta através de tubos que levam das raízes aos milhares de poros microscópicos sob a superfície de uma folha. Essa água, carregando com ela nutrientes doadores de vida retirados do solo, finalmente atravessa os poros da folha e se lança no ar, um processo conhecido como transpiração. Surpreendentemente, as plantas mantêm o fluxo de água sem o tipo de contração muscular vista em sistemas circulatórios animais. Fazem isso escoando a água através dos poros de modo contínuo e decidido, criando assim um misterioso tipo de "sucção" que aspira nova água desde as raízes lá embaixo. Em dias quentes, ao entrar numa folha vinda do solo, a água é aquecida pelos raios do Sol e sai dos poros da folha como vapor de água. O efeito somado de evaporação da água das superfícies da folha e de transpiração da água de dentro da planta é considerado um processo único, conhecido como evapotranspiração, que é vitalmente importante para o clima de Gaia. Devido a ele, uma enorme soma de energia solar é estocada como calor latente em vapor de água, que pode viajar longas distâncias antes de se condensar para liberar sua energia como calor, às vezes a milhares de quilômetros de distância. Mas a evapotranspiração tem também efeitos locais. Nas precárias florestas do nordeste dos Estados Unidos, a temperatura aumenta violentamente no início da primavera quando, sem o bloqueio das folhas, os raios do Sol aquecem o solo. Mas quando as folhas se abrem e alcançam seu pleno tamanho, a taxa de aumento da temperatura cai drasticamente porque a evapotranspiração esfria e umedece o ar.

A folhagem é assim muito importante na regulação do clima da superfície. Em geral, quanto mais frondosa uma floresta, mais evapotranspiração e, portanto, mais produção de nuvens, mais chuva local, resfriamento local e produção de matéria vegetal pela fotossíntese. Uma flora mais diversificada quase certamente melhora a transpiração, fornecendo maior e mais variada rede de estruturas subterrâneas de raízes, mais equipada para capturar água. Ela também pode intensificar a evaporação fornecendo uma área total de superfície de folhas maior e mais complexa, da qual a água da chuva pode se evaporar. Esses dois efeitos lançam mais vapor de água no ar para a criação de nuvens. Algumas plantas evapotranspiram mais que outras. Como têm muito menos poros nas folhas, árvores com folhas pontiagudas passam menos água para o ar que suas primas de folhas largas e, em conseqüência, folhas pontiagudas semeiam menos nuvens, mantendo-se assim mais quentes – uma vantagem nas altas latitudes.

Outra característica climaticamente importante da vegetação é sua aspereza, uma medida de quanta resistência as plantas oferecem ao vento. Quando o vento soprando sobre a superfície terrestre encontra plantas como árvores, relvas e arbustos, ele transfere um pouco de sua energia para as folhas, fazendo-as dançar. Essa dança das folhas, às vezes frenética, mistura o ar, tornando tanto a evapotranspiração quanto a transferência de calor sensível da folha para o ar muito mais eficientes que num dia perfeitamente calmo. Quanto mais subimos na cobertura vegetal, mais eficientes são essas transferências de energia do vento e do Sol para a folha. Uma densa cobertura de floresta tropical, com sua extrema aspereza, vai transferir muito mais energia para o ar do que o mato muito menos frondoso e menos áspero numa savana. As intricadas superfícies de folha de uma flora mais variada criam uma superfície terrestre mais áspera que aumenta a turbulência do ar, o que pode perfeitamente aumentar as transferências de calor e umidade para o ar, influenciando os padrões de tempo tanto local quanto globalmente.

Esses impactos da biodiversidade sobre os climas locais e globais acabam dando retorno para influenciar a própria biodiversidade. Nuvens semeadas pela floresta da Amazônia mantêm a floresta fresca e reciclam sua água, permitindo assim que a floresta subsista e impedindo a invasão da savana vizinha tolerante à seca. O calor liberado quando as nuvens se condensam ajuda a configurar o sistema climático da Terra como um todo para um estado que favorece o crescimento da floresta na região amazônica. Aqui se encontra uma grande lição para nos fazer viver em paz com Gaia: a própria estrutura de um ecossistema (a saber, as espécies presentes, a profundidade de suas raízes, a extensão da frondosidade, o albedo e o lançamento de substâncias químicas semeadoras de nuvens no ar) tem efeitos maciços não apenas sobre o clima local e global, mas também sobre a grande ciclagem dos seres químicos ao redor do planeta.

Vimos como a biodiversidade é um ator-chave para criar condições habitáveis na Terra, incluindo um clima que favorece nossa própria existência. A biodiversidade também nos proporciona uma infinidade de outros benefícios, como a estabilização do solo, a reciclagem de nutrientes, a purificação da água e a polinização. Esses benefícios foram chamados "serviços de ecossistema" por uma nova safra de economistas que estão tentando calcular quanto valem esses serviços em termos financeiros. Os resultados são assombrosos – em 1997, o valor dos serviços do ecossistema global foi de quase duas vezes o PIB global. Recentemente, os resultados do mais abrangente levantamento do estado dos serviços de ecossistema do mundo foram tornados públicos. A Avaliação do Ecossistema do Milênio, compilada por 1360 cientistas de 95 países, adotou deliberadamente a abordagem de procurar as interconexões entre o bem-estar humano e a saúde do ecossistema. Os resultados nos deixam preocupados: no total, 60% dos serviços de ecossistema investigados foram degradados. A atividade humana transformou mais rapidamente os ecossistemas nos últimos 50 anos que em qualquer outra época da história humana. Cerca de 24% da superfície de terra do planeta está agora sob cultivo; um quarto de todas as reservas pesqueiras sofreu ação predatória; 35% dos mangues do mundo e 20% de seus recifes de coral foram destruídos desde 1980; 40 a 60% de toda a água doce disponível está sendo agora desviada para uso humano; as florestas foram completamente removidas de 25 países e a cobertura florestal foi reduzida em 90% em outros 29 países; mais terra virgem foi arada desde 1945 que durante os séculos XVIII e XIX somados; as demandas de reservas pesqueiras e água doce já são maiores que o suprimento; e o escoamento de fertilizantes está perturbando os serviços do ecossistema aquático. O relatório deixa ostensivamente claro que as Metas de Desenvolvimento para o Milênio das Nações Unidas, de ver a pobreza, a fome e a mortalidade infantil reduzidas pela metade em 2015, não podem ser alcançadas se os serviços de ecossistema não forem alimentados e protegidos, porque é a população pobre quem mais diretamente depende desses serviços, particularmente para a obtenção de água doce, proteína de peixe fresco e caça. Além disso, ficou ostensivamente claro, a partir de um punhado de projetos bem-sucedidos, que a saída está em encorajar a população local a se envolver na proteção de seus próprios serviços de ecossistema. Isso funcionou bem em Fiji, onde os pescadores locais criaram áreas restritas que reverteram sérios declínios nas reservas de pesca, e na Tanzânia, onde os aldeões agora colhem alimento e combustível de 3500 quilômetros quadrados de terra degradada que eles tiveram a possibilidade de reflorestar.

Tudo isso deve ser suficiente para convencer os mais obstinados de que é muitíssimo de nosso interesse manter o máximo possível da biodiversidade nativa do nosso planeta; mas esses argumentos utilitários para a proteção da biodiversidade podem não impedi-la de estar seriamente degradada, pois no final das contas, nas palavras de Stephen Jay Gould, podemos ser incapazes de salvar aquilo que não amamos. Se quisermos um dia criar uma visão de mundo com alguma chance de produzir genuína sustentabilidade ecológica, precisaremos deixar de avaliar todas as coisas à nossa volta em termos exclusivos do que podemos tirar delas, reconhecendo que toda vida tem um valor intrínseco, independentemente da utilidade que tenha para nós. Argumentos científicos e econômicos para a proteção da biodiversidade como os que estivemos examinando podem ajudar muito, mas por si sós não são suficientes. Precisamos, como coisa da mais extrema urgência, recuperar a antiga visão de Gaia como um ser vivo plenamente integrado, consistindo de todas as suas formas de vida, ar, rochas, oceanos, lagos e rios, se vamos um dia deter a última, e possivelmente a maior, extinção em massa.

CAPÍTULO 10

A Serviço de Gaia

Por que a Natureza é Importante?

Muita gente que vem ao Schumacher College pergunta qual é o problema de estarmos destruindo tanta coisa da natureza e possivelmente também nossa própria civilização. Perguntam: o que estamos fazendo não é totalmente natural, não é uma conseqüência inevitável da nossa profundamente imperfeita natureza humana? Não somos o meio de Gaia realizar uma nova extinção em massa? Qual a diferença entre nós e qualquer outra catástrofe global, como o impacto de um meteorito ou uma enchente de basalto? Não devíamos aceitar nosso destino como a nêmesis da atual configuração de Gaia e nos divertirmos enquanto há tempo? Qual é, afinal de contas, o significado de tudo isso?

Estas perguntas são perturbadoras porque indicam um profundo sentimento de desilusão, inutilidade e inevitabilidade que aflige o crescente número de pessoas que estão despertando para o horror do que estamos fazendo com a Terra. Responder "sim" a todas as perguntas, com exceção da última (que exige mais do que uma resposta com uma só palavra), é profundamente deprimente e desmobilizador, levando a uma apatia entorpecedora que não ajuda ninguém.

A coisa curiosa é que não é possível explorar essas questões de uma perspectiva puramente racional, pois uma resposta satisfatória exige que nos conectemos com meios de conhecimento além da nossa mente pensante, que, afinal, nos serve melhor quando estamos lidando com fatos, mas não com sensações, sentimentos ou intuições. Se você gosta de arte, imagine como se sentiria se um dia acordasse, ligasse o rádio e ouvisse que todas as grandes obras-primas, em todas as grandes galerias de arte do mundo, tinham sido simultaneamente retalhadas e queimadas por uma gangue internacional de fanáticos dementes, sem qualquer razão particular. Todos os Monets, Renoirs, Caravaggios, Da Vincis, Rembrandts, tudo acabado; nunca mais seriam vistos como telas vibrantes, originais. Você teria uma sensação de ultraje, perda, tristeza e repugnância e não gostaria de ouvir um racionalista bem-intencionado lhe dizer que, no final das contas, realmente não importava porque haveria muitos grandes artistas no futuro para criar novas e magníficas obras de arte. Poderíamos ser capazes de aceitar esse argumento num nível teórico, mas nossa intuição e nossos sentimentos nos diriam, em algum lugar das nossas entranhas e do nosso coração, que cada obra-prima merece respeito simplesmente porque existe e que sua destruição é um crime hediondo.

Da mesma maneira, quando estamos na natureza, vendo ao nosso redor o mundo mais que humano em toda a sua beleza, sabemos intuitivamente que cada espécie biológica é uma obra-prima única, tão merecedora de admiração e respeito quanto a obra de qualquer gênio artístico humano. No final das contas, as mesmas grandes forças criadoras do universo fizeram igualmente artistas humanos e espécies não-humanas. Quando estamos naquele lugar de reverência e espanto, sabemos com inabalável certeza interior que a destruição da biodiversidade é um crime.

Aqui está outro exemplo. Qualquer pessoa sã sabe que um homicídio é errado, mas um racionalista poderia justificar o ato dizendo que não tem realmente importância porque logo vai nascer uma pessoa nova para substituir a que foi despachada. Mas o homicídio é errado porque sabemos intuitivamente que cada pessoa tem valor intrínseco e porque achamos que cada ser humano tem de ser tratado como um evento único no desdobrar da consciência e experiência humanas. Como não há linha divisória fundamental entre os humanos e o resto do cosmos, é errado, segundo essa profunda intuição, liquidar qualquer aspecto do mundo mais que humano, seja uma espécie, um rio, uma comunidade biótica ou um grande bioma, porque todos estão imbuídos de valor intrínseco e, portanto, são merecedores de profundo respeito.

Esses dois argumentos funcionam dando ao mundo mais que humano um status igual ao dos seres humanos e às obras do melhor gênio criativo humano. Não posso provar a equivalência; minha intuição e minha profunda experiência de reverência e espanto me dizem que esse é o caso. A não ser que você tenha tido percepções similares, nenhuma soma de argumento racional vai convencê-lo, pois não estamos falando sobre utilidade, mas sobre santidade. Isso é difícil para nossa cultura aceitar, pois tendemos a pensar em qualquer coisa não-humana como algo de algum modo inferior, sutilmente diferente de nós, algo de certo modo não realmente *vivo*, não melhor, no fim das contas, que uma simples máquina. Não seremos capazes de compreender a percepção sem ter um certo tipo de experiência que nenhum termo de discurso racional pode produzir, a essência da qual é que cada pontinho de matéria é sagrado simplesmente porque existe. Se você não pode aceitar isso, então por favor vá até seu mais próximo espaço de natureza livre. Se fica longe, faça o possível para arranjar algum tempo para ir até lá, pule num ônibus ou trem, ou dirija se não tiver outra alternativa. Fique lá o mais tempo que puder. Sente-se calmamente num bosque, ou perto de um rio, ou sob o céu magnífico e vasto. Deixe que eles despertem sua capacidade inata de conexão direta com nossa fabulosa Terra viva.

Mas o que estamos fazendo não é inteiramente natural e inevitável? Não é parte da tragédia da nossa espécie podermos reconhecer o valor intrínseco do mundo mais que humano ao mesmo tempo que o destruímos? Tudo que nós, humanos, produzimos é natural, incluindo bombas atômicas, colheitas geneticamente alteradas, plásticos, pesticidas e desmatamento. O que faz toda a diferença é nosso nível de consciência ao projetar e usar a tecnologia. Se somos guiados pela cobiça, pela pura ambição, ódio e egoísmo, os resultados não podem deixar de ser negativos, mas se agimos a partir de um sentimento de solidariedade com todos os seres, de um desejo de ser útil a este mundo fantástico e da profunda compreensão de que existe apenas um Eu, que é o grande Eu do universo, então é maior a probabilidade de agirmos com sabedoria e moderação. Seres humanos são diferentes de uma enchente de basalto ou de um impacto de meteorito porque, ao contrário deles, temos a capacidade de *escolher* como estar presentes no mundo. Um meteorito em rota de colisão com a Terra não pode de repente mudar de idéia e se desviar de modo inofensivo; tem de colidir conosco, se as forças agindo sobre ele o configuraram para agir assim – o meteorito tem apenas um grau de liberdade. Nós, humanos, por outro lado, somos abençoados com muitos graus de liberdade. Agora que nossa melhor ciência nos informou das enormes crises ecológicas e sociais que estamos desencadeando no mundo, podemos escolher se vamos persistir na forma de consciência estreita, objetivista, que contribuiu para as crises ou se vamos agir a partir de uma forma de consciência mais profunda, mais ampla, onde experimentamos nossa unidade com a totalidade de Gaia e por isso compreendemos a importância de alterar radicalmente nosso modo de estar no mundo.

Com essa forma de consciência, passamos a perceber que Gaia está além do nosso controle – que nos é impossível sermos um dia os mestres ou administradores da Terra. Também passamos a compreender que, para Gaia, cada ser vivo representa um modo de percepção singularmente valioso – que é arrogância pensar que somos as únicas criaturas sencientes habitando a velha e enrugada superfície de Gaia. Aos poucos, à medida que desenvolvemos uma sensibilidade para muitos outros estilos de percepção não-humana, tão minuciosamente importante quanto a nossa, compreendemos que devemos nossa própria existência à complexa inteligência planetária que conduziu nosso mundo sem nossa participação nos últimos 3,5 bilhões de anos.

Outra questão que se levanta com freqüência é a seguinte: Por que se importar com a crise de extinção e a mudança de clima? Se Gaia é um grande ser auto-regulador, ela não tomará, a longo prazo, conta de si mesma? Tendo o tempo necessário, talvez cinco milhões de anos, Gaia vai se recuperar da nossa fúria e produzirá mais uma vez um grande florescimento de biodiversidade, como ela fez após anteriores extinções em massa. Então por que se preocupar? Tudo isso pode ser verdade, mas evidentemente o fato de a biodiversidade ter se recuperado após anteriores extinções em massa não é garantia de que a mesma coisa vá acontecer de novo. Afinal, Gaia está agora mais velha, mais pressionada pelo Sol, e a atual extinção em massa está acontecendo com muito mais rapidez que qualquer outra. Mesmo assim, há pelo menos uma boa chance de que Gaia finalmente se recupere, mas as perguntas revelam uma atitude um tanto perturbadora e de pouco auxílio, pois para se acomodar a ela você tem de se abstrair mentalmente da tragédia do que está acontecendo e fingir que não está plenamente *inserido* em Gaia como uma das humildes criaturas ativas, vivas, que respiram sobre ela. Você tem de fingir que se encontra de alguma maneira imune ao que está acontecendo, que pode ter uma visão distante da situação, como se observasse com o olho de Deus. Mas goste ou não, você faz integralmente parte de Gaia, biologicamente, psicologicamente e espiritualmente. Nosso próprio corpo, nossos sonhos, nossa criatividade, nossa imaginação, tudo vem dela e no fim, quando nossa vida terminar, a matéria de que somos feitos retornará para ela. Assim que você se permita experimentar essa profunda pertinência a Gaia, fica fora de dúvida que aquilo que agora estamos fazendo com ela é errado e que temos de tomar alguma providência com relação a isso.

Assim, ser útil a Gaia exige que desenvolvamos um profundo senso de inserção na vida do grande ser planetário que nos fez nascer, assim como fez nascer todas as outras criaturas que já transpiraram e rastejaram no solo do nosso planeta ou para ele enviaram suas raízes. Precisamos sentir que cada passo nosso é dado não *sobre* a Terra, mas *nela*; que caminhamos, falamos e vivemos toda a nossa vida dentro de um grande ser planetário que está continuamente nos alimentando fisicamente com seu prodigioso manto de verde e sua exuberante atmosfera em torvelinho, um ser que acalma nossa psique com sua linguagem sutil de vento e chuva, com a investida de pássaros selvagens e com a majestade de suas montanhas. Precisamos desenvolver um senso de nós mesmos como seres em relacionamento simbiótico com Gaia, assim como as mitocôndrias vivem num íntimo relacionamento com seus hospedeiros maiores, invisíveis. Precisamos lembrar que nossa própria respiração é para beber o leite de nossa mãe – o ar –, feito para nós por incontáveis irmãos e irmãs microbianos no mar e no solo, e pelos seres vegetais com quem compartilhamos as grandes superfícies de terra da esfera lustrosa de nossa mãe. Precisamos desenvolver uma consciência de que Gaia realmente está viva, não em algum sentido metafórico, mas de fato, efetivamente, palpavelmente, possibilitando que você reconheça na alegria do sol nos grandes galhos desfolhados das árvores de inverno não apenas sua própria alegria, mas a alegria do cosmos inteiro festejando, com puro assombro, que tamanha beleza pudesse ter se desdobrado dele, como folha nova brotando na primavera para a plenitude do ser. Deixe Gaia levá-lo – se permita ser de novo, mais uma vez, *ganho por Gaia.*

Nós nos aprofundamos na ciência de Gaia e vimos que ela nos dá a melhor base cognitiva possível para entendermos que a Terra tem vida – não algo "como vida", mas realmente vida. Podemos deixar a ciência ser como um osso suculento atirado para a mente racional continuar feliz a roê-lo enquanto o trabalho real de desenvolver nossa pertinência a Gaia acontece por meio dos nossos sentidos, nossos sentimentos e talvez, de forma mais importante, nossa intuição? Deixemos que eles sejam os portões para nossa nova consciência de pertencer a um mundo vivo e deixemos nossa razão assumir seu justo lugar como serva desse conhecimento mais profundo, mais inebriante. Como disse uma vez o poeta americano Robinson Jeffers, vamos "nos apaixonar para fora", e que esse apaixonar-se possa se espalhar por toda a parte como um contágio de mente a mente e de corpo sensível a corpo sensível, e tão rápido quanto possível, pois o tempo está se esgotando para nós e para a grande e selvagem biosfera na qual nascemos, e sem a qual dificilmente nossa vida valeria a pena ser vivida.

Gaia é uma criatura tão grande que talvez jamais possamos ver fisicamente seu todo como podemos ver o todo de uma laranja, de uma árvore, de uma flor ou de outro ser humano. Podemos andar ao redor desses seres ou pegá-los com nossas mãos, mas não podemos fazer isso com nosso planeta, pelo menos não sem a ajuda de uma série de instrumentos altamente técnicos. Então como vamos desenvolver uma consciência de Gaia como uma inteireza, um ser integral? Uma das grandes percepções do filósofo Henri Bortoft é que cada parte de um fenômeno contém o todo, que a realidade é holográfica e não fragmentada. Isso nos dá uma pista tremendamente importante sobre como podemos cultivar nossa consciência de pertencer a Gaia: podemos fazer isso desenvolvendo um profundo *amor por um lugar*. A alma de um lugar, quando se penetra nela com o profundo interesse e cuidado que o amor engendra, contém o atributo de Gaia como um ser total. Mas qualquer lugar servirá? Que tal uma rua barulhenta no meio de uma cidade movimentada? Em última análise, sim, é possível encontrar Gaia mesmo em tais lugares. Tenho dois amigos incríveis que moraram muitos anos perto do aeroporto de Heathrow, bem debaixo da reta final. Pela janela da sala de estar, podiam ver os aviões fazendo a curva na direção deles, preparando-se para aterrissar. O barulho e o tremor quando os aviões passavam por cima eram intensos e profundamente estressantes. Como meus amigos não tinham outro lugar para morar, acabaram optando por se render e, aos poucos, aprenderam a amar os ruídos fortes, o tremor e os próprios aviões. Ao contemplar os aviões chegando pensavam afetuosamente nos lugares maravilhosos de onde um determinado avião podia ter vindo – talvez o Caribe repleto de corais, os Alpes cobertos de neve ou o Mediterrâneo saturado de sol. No final das contas, transformaram os sentimentos negativos sobre o lugar onde moravam num senso de conexão com a totalidade da vida. Sem a menor dúvida, isso é um nível muito elaborado de experiência, que a maioria de nós quase certamente seria incapaz de atingir, mas mostra até onde é possível chegar.

Precisamos encontrar um lugar que achemos bonito: talvez um parque ou um pequeno jardim se morarmos na cidade, talvez um bosque ou litoral se temos a sorte de morar no campo. Assim que encontrarmos nosso lugar, precisamos passar algum tempo em seu silêncio, procurando conhecê-lo intimamente com nossa intuição e sentimento, enquanto usamos a mente racional para aprender sobre sua geologia, botânica e zoologia, e sobre como os seres humanos interagiram com ele através dos anos. Precisamos dar a nós mesmos tempo para experimentar a *alma* do lugar e, por meio dela, a alma do mundo, a *anima mundi*. Um próximo passo é estender nosso amor por um lugar para fora, para nossa biorregião local, que é, segundo a Convenção da Diversidade Biológica, "um território definido por uma combinação de critérios biológicos, sociais e geográficos, em vez de considerações geopolíticas; em suma, um sistema de ecossistemas relacionados, interconectados". Em outras palavras, sua bacia hidrográfica local, seu vale local, ou seu trato local de mato, selva ou deserto, se você tiver a sorte de morar num lugar tão esplêndido. Através do amor por um lugar aprofundamos nosso amor por Gaia.

O amor por um lugar se torna um ato político quando o compartilhamos com outras pessoas. Ele fomenta uma consciência da comunidade humana local inserida no ar, no solo, na água e entre os seres mais que humanos do entorno imediato; fomenta as economias locais e o crescimento da alimentação orgânica local; fomenta a criação dos filhos no amor pelo lugar; e fomenta arte, música, literatura e ciência, todas baseadas no que é local. Desse modo, o amor por um lugar é o ato máximo de resistência não-violenta à grande força que está destruindo a Terra viva em que nos criamos. E o que é essa força destrutiva? Duas palavras a resumem: Crescimento Econômico.

O Problema com o Crescimento

Que fique claro que por "crescimento econômico" pretendo aqui indicar crescimento na circulação de matéria física entrando e saindo da economia, não crescimento de coisas não-materiais como música, idéias, informação e assim por diante, já que o crescimento destas coisas de modo algum depende do crescimento de produtos materiais. A economia dominante está obcecada pelo crescimento do tipo material. A idéia básica é que, para serem sadias, as economias têm de aumentar continuamente as quantidades de matérias-primas que fluem através delas de modo a gerar riqueza sempre maior e que, para serem felizes, as pessoas têm de ter mais e mais dessa riqueza para ter acesso a bens de consumo. As matérias-primas para esses bens obviamente têm de vir da natureza, que os economistas perversamente imaginam como um depósito infinito de petróleo, minerais, madeira, peixe e toda uma infinidade de outros supostos "recursos". Mas o crescimento não conseguiu nos fazer mais felizes e está degradando o mundo mais que humano do qual somos completamente dependentes.

O pagamento de juros é um dos propulsores básicos por trás do imperativo do crescimento. Como o economista Richard Douthwaite explica em seu livro clássico *The Growth Illusion*, os negócios precisam tomar dinheiro emprestado para bancar suas operações e o principal modo pelo qual eles pagam os juros sobre seus empréstimos é investindo em outros negócios que renderão bons retornos. Se a economia como um todo está crescendo, os lucros crescerão de modo geral e cada negócio retirará lucro suficiente de seus investimentos para cobrir os pagamentos de juros. Isso é um circuito clássico de realimentação positiva – um ciclo genuinamente vicioso que leva inevitavelmente a sempre mais crescimento e ao colapso social e ecológico que isso acarreta.

A principal mercadoria que atualmente abastece o crescimento por meio do comércio internacional é o dinheiro. A cada dia 1,3 trilhão de dólares americanos é negociado nos mercados internacionais de dinheiro, o que implica apostas numa escala maciça. O mercado de dinheiro cria severa instabilidade global porque lucros enormes podem ser obtidos ao toque de um botão, deslocando dinheiro de um país para outro segundo os caprichos de um punhado de corporações transnacionais extremamente ricas. Assim que o dinheiro é removido de um país, sua economia fica vulnerável a colapso, como foi recentemente o caso em vários países ao redor do mundo. A motivação para fazer todo esse dinheiro é, naturalmente, a necessidade de saldar juros e obter um extra de lucros.

O indicador dominante de crescimento é o notório PIB – Produto Interno Bruto, que é uma medida do valor total das transações financeiras que tiveram lugar numa sociedade durante um especificado período de tempo. Se o PIB aumenta, temos então crescimento e está tudo bem; se ele cai, há depressão e um exame de consciência nacional sobre o que poderia ter dado errado, como está acontecendo agora no Japão. Mas o PIB é uma medida miseravelmente inadequada do que realmente importa, isto é, do bem-estar humano e ecológico. O PIB aumenta sempre que ocorre uma transação financeira de alguma espécie, por isso ele é extremamente bom para incluir coisas que normalmente consideramos altamente indesejáveis, como o custo do tratamento do câncer e as implicações financeiras de acidentes de carro. Ele também ignora supostas "exterioridades", como poluição e destruição ecológica – os não-desejados efeitos colaterais do crescimento. O PIB tem crescido pelo mundo afora desde o fim da Segunda Guerra Mundial, mas há uma ampla evidência de que o crescimento está nos tornando cada vez menos felizes. Na América, por exemplo, o PIB tem crescido continuamente desde o fim da década de 1940, mas indicadores alternativos do bem-estar humano, como o índice IPG (Indicador de Progresso Genuíno – figura 42), que leva em conta coisas que nos fazem felizes e desconta aquelas que não o fazem, atingiu seu pico por volta dos anos 70 e, desde então, permaneceu estacionado, apesar do crescimento contínuo do PIB. Sem dúvida o crescimento não está conseguindo nos fazer mais felizes. Nas palavras do economista australiano Clive Hamilton, o crescimento se tornou "um objeto inanimado cultuado por seus aparentes poderes mágicos" – é um "fetiche" que cultuamos irracionalmente porque nosso senso de auto-estima está atado ao nosso poder de consumo.

O crescimento é mau para Gaia e a razão é ostensivamente óbvia. Vivemos num mundo de "recursos" limitados, que finalmente vão se esgotar quando a economia do crescimento explorá-los até a exaustão. Sempre achei incrível como os economistas parecem incapazes de compreender o que é patentemente óbvio para as crianças pequenas: o conteúdo da caixa de biscoitos vai acabar se você comê-los mais depressa do que a mamãe ou

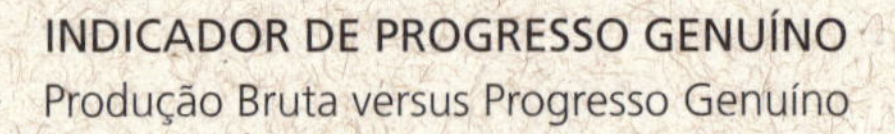

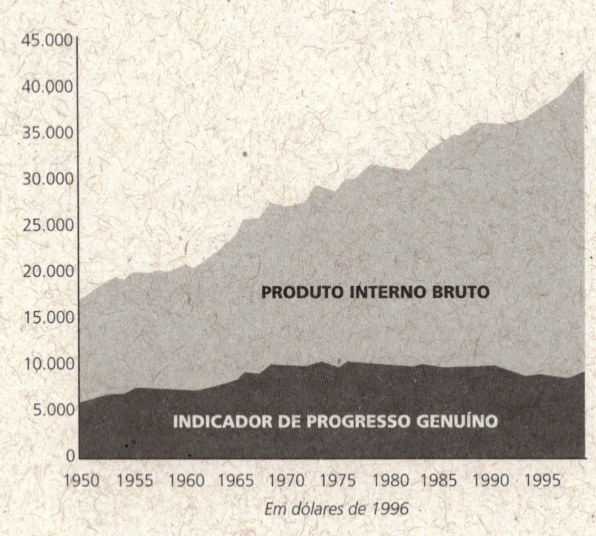

Figura 42: PIB e IPG nos Estados Unidos.
(*fonte: www.redefiningprogress.org*)

o papai puderem reabastecê-la. Uma economia em crescimento tem de acabar eliminando todas as florestas, dissipando todas as reservas de pesca, explorando todos os minerais e extraindo todo o petróleo. Além disso, o crescimento vai corroer tanto um clima favorável quanto a saúde humana quando a capacidade de Gaia para lidar com os volumes crescentes de desperdício e poluição chegar a seus limites máximos.

O crescimento também corrói o tecido social porque nos coloca uns contra os outros, quando nos engalfinhamos para ganhar mais e subir mais alto na escada social – ele coloca o Norte rico contra o Sul pobre e perpetra uma nova forma de colonialismo, minuciosamente tão cruel e grosseiro quanto suas mais ruidosas manifestações no último século e no século anterior.

Os instrumentos desse novo tipo de colonialismo obcecado pelo crescimento são a Organização Mundial do Comércio (OMC), o Banco Mundial e o Fundo Monetário Internacional (FMI), todos operando completamente fora do processo democrático, com representantes não-eleitos se reunindo por trás de portas fechadas, prestando contas unicamente a seus patrões das corporações. O objetivo destas instituições é promover o máximo possível de crescimento econômico defendendo o "livre comércio", o que significa o livre fluxo de bens e investimento através das fronteiras nacionais sem qualquer tipo de impedimento por parte de governos nacionais soberanos. As realizações supremas desses arranjos têm sido o aumento da crise social e ecológica. Por exemplo, a liberalização do comércio sob as regras da OMC tem providenciado para que o alimento cultivado no Norte com a ajuda de fortes subsídios governamentais inunde os mercados de alimento do Sul, puxando para baixo o preço do produto local e expulsando milhares de agricultores de suas terras, jogando-os nas favelas borbulhantes da cidade. As regras do livre comércio também permitem que as corporações transnacionais desloquem fábricas para países onde a mão-de-obra é barata e os impostos e salvaguardas ambientais são mínimos. As empresas locais têm de pagar impostos dos quais as transnacionais estão isentas, pois elas podem ameaçar transferir suas operações para outro lugar. Como resultado os governos perdem renda e têm menos recursos para programas de bem-estar social e para a proteção ambiental. Esses arranjos têm freqüentemente severas conseqüências ecológicas e sociais. O Banco Mundial tem concedido empréstimos para a instalação de fazendas de camarão pelos trópicos afora e o dinheiro tem sido usado para limpar imensas áreas de manguezais e pântanos para as empresas, que vendem seus produtos para distantes mercados afluentes de alimentos no Ocidente. Mas os manguezais, como descobrimos durante o recente desastre do tsunami asiático, são vitalmente importantes para a proteção da costa. Eles também fornecem moradias para toda uma série de seres vivos e, naturalmente, de uma perspectiva ecológica profunda, são valiosos em si mesmos pelo simples fato de existirem.

Otimistas tecnológicos nos dizem que não precisamos nos preocupar com os impactos ecológicos do crescimento porque melhorias em eficiência resolverão o problema. Acreditam que podemos "desmaterializar" nossos produtos industriais a um ponto tal que praticamente não precisaremos de nenhuma substância física para fabricá-los. Falam do "fator quatro" e "fator 1000", querendo dizer que podemos fabricar os mesmos bens com um quarto ou um milésimo das matérias-primas que usamos hoje, e defendem, corretamente, a reciclagem de cada mínima partícula de matéria para que a indústria acompanhe a natureza, operando de acordo com "ciclos completos e fechados". Têm técnicas impressionantes para ajudar a indústria a usar menos energia e podem inclusive demonstrar como usar recursos renováveis como o vento e a energia solar. Também falam de "biomimese", por meio da qual *designs* ocultos da natureza são utilizados para criar produtos com impactos ecológicos grandemente reduzidos. São metas louváveis, que devem ser encorajadas e aplaudidas, mas pensar que os problemas do crescimento desaparecerão graças a elas é um equívoco. No mundo ocidental, melhorias significativas na eficiência no uso de recursos não impediram um aumento significativo do desperdício e da poluição. Mesmo que as supostas hipereficiências consigam finalmente eliminar o problema do insumo material, o que duvido que seja possível, ainda teríamos de enfrentar os problemas sociais criados pela cobiça e pelo egoísmo que devemos cultivar em nós mesmos se a economia tem de crescer.

A famosa expressão "desenvolvimento sustentável", introduzida em 1987 no Relatório Brundtland, *Nosso Futuro Comum*, pretende enfrentar esses problemas propondo que é necessário mais crescimento para gerar a riqueza capaz de tornar a sustentabilidade uma realidade, especialmente no Sul globalizado, onde foi percebido, com bastante justeza, que os padrões de vida tinham de melhorar. Mas "desenvolvimento sustentável" é um paradoxismo, já que "desenvolvimento" implica aumentar as taxas de extração de matérias-primas da natureza virgem. Sendo assim, sustentabilidade e desenvolvimento são conceitos contraditórios e "desenvolvimento sustentável" é apenas crescimento econômico enfeitado com uma linguagem de proposital ofuscamento, usada conscientemente ou não por aqueles que não se importam nada com a Terra para nos induzir a pensar que estão seriamente preocupados com ela.

Economia do Estado Estacionário

Para ser verdadeiramente sustentável, o desenvolvimento teria como alvo assegurar que a quantidade de matéria fluindo por meio da economia global se reduziria ou ficaria num *estado estacionário*. Os fundadores da economia, pessoas como Adam Smith e John Stuart Mill, não tinham problemas com a economia do estado estacionário. John Stuart Mill escreveu: "O melhor estado para a natureza humana é aquele em que, ao mesmo tempo que ninguém é pobre, ninguém deseja ser mais rico, nem tem qualquer motivo para temer ser repelido pelos esforços de outros para se promoverem". Nos dias atuais, um economista muito importante do estado estacionário é Herman Daly, que sugere que uma economia do estado estacionário teria quatro características principais. Primeiro, haveria tetos estabelecidos pela melhor ciência disponível para a produção de cada um dos elementos e moléculas que quiséssemos incorporar aos nossos processos de produção ou dos que já manufaturamos. Esses limites seriam estabelecidos bem abaixo dos níveis que, segundo os cientistas, pudessem deixar de ser bem aceitos por Gaia. Esse princípio foi posto em prática pelas centrais elétricas americanas, que deram início a um sistema "teto e negociação" para negociar as emissões de enxofre até um consensual limite das emissões totais. O programa reduziu as emissões de enxofre, colocando-as 30% abaixo do teto legal, e custou muito menos do que se esperava. A mesma abordagem pode perfeitamente funcionar para controlar as emissões globais de carbono, desde que saídas justas sejam encontradas. Em segundo lugar, se montaria um sistema de mercado para que os montantes permitidos de matéria-prima, ou créditos para seu consumo, pudessem ser negociados e vendidos como bens. A terceira característica é sobre a eqüidade: tem de haver um limite sobre quão rico um negócio individual ou um país pode se tornar e tem de haver uma distribuição justa de riqueza entre os estados-nação, para que não haja contraste agudo entre países muito ricos e muito pobres. Aqui há um princípio de eqüidade que implica que os países materialmente mais pobres do Sul aumentariam seus recursos de modo a eliminar a pobreza abjeta, enquanto os que vivessem no rico Norte reduziriam seu consumo. Mas sobretudo não se admitiria que o consumo de qualquer recurso ultrapassasse seu teto cientificamente determinado. O último requisito para a economia do estado estacionário é uma população global estável.

O esquema de Daly para uma economia de estado estacionário é muito semelhante a outra abordagem, que se esquiva do problema espinhoso do crescimento porque está destinada a ser usada pelo mundo dos negócios, que julga qualquer crítica ao crescimento profundamente ameaçadora. A abordagem, conhecida como The Natural Step [O Passo Natural], foi desenvolvida na Suécia por Karl-Heinrich Robèrt, um cirurgião brilhante que concluiu que era preciso um consenso científico sobre como enfrentar a crise ecológica. Karl-Heinrich e sua eminente equipe chegaram a um acordo sobre quatro "condições sistêmicas" a que uma sociedade verdadeiramente sustentável teria de aderir. São elas:

Que a natureza não fique sujeita a aumentar sistematicamente:
1. As concentrações de substâncias extraídas da crosta terrestre;
2. As concentrações de substâncias produzidas pela sociedade;
3. A degradação por meios físicos;
4. Que as necessidades humanas sejam atendidas em nível global.

A primeira condição sistêmica se refere a matérias-primas não-processadas, que são extraídas diretamente de Gaia, como metais e combustíveis fósseis, que não devem ser extraídos em velocidade maior que a capacidade da natureza para reabsorvê-los e reciclá-los. A segunda condição sistêmica é sobre substâncias químicas feitas pelo homem – DDT, CFCs, fertilizantes artificiais e assim por diante, que não devem ter permissão para se acumular na biosfera mais depressa do que puderem ser decompostos e reciclados por Gaia, convertendo-se em elementos inofensivos. A terceira condição sistêmica nos diz que não podemos degradar continuamente a natureza virgem sem enfrentar terríveis conseqüências, pois ela é o "capital natural" de que depende o nosso bem-estar. A última condição sistêmica reconhece que a eqüidade é crucial para a sustentabilidade e que a riqueza material precisa ser distribuída de maneira justa dentro de uma dada sociedade e entre as nações do mundo. Se acrescentássemos uma cláusula explícita de estado estacionário a essa lista, que agora fica apenas subentendida, e outra cláusula igualmente explícita de que a população humana não devia aumentar, teríamos um conjunto razoavelmente bom de regras básicas para viver bem com Gaia.

Uma economia organizada segundo princípios do estado estacionário é uma economia que acalenta a alma do lugar de um modo consistente com a idéia de viver sustentavelmente no seio da nossa Terra viva. A economia do crescimento, por outro lado, erradica as qualidades singulares do lugar e literalmente "põe no lugar" delas a homogeneidade branda, que embota o espírito, exigida pela economia global e as corporações. Cadeias globais de fast food substituem restaurantes locais servindo pratos locais, supermercados multinacionais gigantes substituem pequenas lojas vendendo produtos locais, e agricultores orgânicos locais, usando métodos de cultivo ecologicamente diversificados, são substituídos por empresas de agronegócio que cultivam monoculturas pulverizadas por produtos químicos tóxicos.

A comunidade local é de máxima importância porque é a fonte de riqueza, espírito, calor humano e bem-estar, e assim uma economia nacional verdadeiramente sustentável teria de consistir de uma rede de economias locais semi-autônomas, operando conforme as regras gaianas que acabamos de examinar. Os lucros seriam gerados e circulariam principalmente no local, em vez de serem carreados para os bolsos de investidores distantes, e as moedas seriam localmente criadas e localmente específicas, desvinculadas da moeda nacional oficial de modo a proteger melhor a economia local de influências externas adversas. Existem agora muitas experiências sendo praticadas ao redor do mundo em que membros da comunidade prestam serviços uns aos outros pagos numa moeda local, sem necessidade de acesso ao equivalente nacional.

O alimento seria cultivado localmente por meio de diferentes sistemas de produção orgânica, que escapam aos campos imensos, produtores de vastos hectares de monoculturas, e que ficam distantes de formas cruéis de manejo dos animais. O povo local saberia exatamente onde, como e por quem seu alimento era cultivado e estaria de algum modo envolvido no próprio cultivo. Esse tipo de prática já existe e é conhecido como Agricultura de Suporte Comunitário, ou ASC. No acordo mais comum, um produtor rural local prepara "caixas de vegetais" para distribuição a membros da comunidade em troca de algum trabalho e de uma receita garantida. A prática promove a comunidade quando a população local se encontra na fazenda para contribuir com seu trabalho ou quando chega ao ponto de distribuição da caixa de vegetais, que com freqüência é a casa de uma família do lugar. Helena Norberg-Hodge, diretora da International Society for Ecology and Culture (Sociedade Internacional de Ecologia e Cultura), ISEC, e uma das principais líderes do localismo, acredita que fortalecer as economias locais é o meio mais eficaz de resolver nossa crise social e nossa crise ecológica. "É uma estratégia de ganhar ou ganhar", diz ela, "tanto para as pessoas quanto para a Terra".

Em muitas partes do mundo, economias de estado estacionário, localmente estabelecidas, poderiam sanar os danos que resultaram de décadas das perniciosas práticas agrícolas dominantes. Na Grã-Bretanha, a zona rural tem sofrido séria degradação desde o início da década de 1950, graças a um equivocado sistema de subsídios agrícolas que tem maximizado a produção de alimentos à custa da saúde humana e ecológica. A grande maioria do campo britânico é hoje cultivada com aplicações intensivas de fertilizantes químicos e pesticidas, a ponto de a maior parte da Grã-Bretanha ser agora, em grande medida, um deserto ecológico, com a biodiversidade severamente reduzida. Pássaros que há trinta anos eram comuns, como o sabiá, a ventoinha, o pardal e o estorninho, estão sofrendo declínios agudos e muitas plantas silvestres, insetos, mamíferos e anfíbios não estão se saindo melhor.

Numa Grã-Bretanha verdadeiramente sustentável, essas tendências poderiam ser revertidas por meio de uma política aparentemente paradoxal, a saber, encorajar moradores da cidade a recriar vibrantes comunidades ecológicas no campo. Subsídios do governo, não mais necessários para financiar a extinta agricultura que negocia com a morte, seriam usados para ajudar a instalar essas novas comunidades ecológicas, cujos membros receberiam auxílio financeiro e técnico para construir suas próprias habitações de baixo impacto, ecologicamente sadias, de taipa, estuque ou madeira local sustentavelmente colhida, o que se harmonizaria perfeitamente com a paisagem. Para aqueles que o quisessem, as novas eco-habitações poderiam ser expandidas, dando espaço e oportunidade para uma silenciosa comunhão com a natureza. Haveria uma norma segundo a qual grande proporção da terra ao redor de cada eco-habitação deveria ser reservada para a vida selvagem ou deveria ter a possibilidade de se regenerar naturalmente, dependendo das características de cada lugar. Todo membro fisicamente capaz da comunidade seria solicitado a dedicar um determinado tempo mínimo ao trabalho na fazenda da comunidade, que seria administrada por profissionais com experiência em produção orgânica de alimentos, ecologicamente diversificada, realizada numa espécie de horta comercial orgânica em grande escala. Muitas espécies de cultivo seriam feitas em conjunto para se beneficiarem das bem conhecidas sinergias trazidas pela diversidade no ponto de cultivo, como o aumento da produção de biomassa e a resistência a pragas. Cada comunidade teria sua própria escolinha e teria também seu próprio médico, motorista de ônibus, carpinteiro e grupo de artesãos. Ela cuidaria de seus próprios bebês, crianças e pessoas idosas, parcialmente encorajando férteis e amistosas interações entre eles. Teria seus próprios sistemas de produção de energia renovável, baseados na energia solar, no vento e na biomassa. Haveria pelo menos um auxiliar/supervisor comunitário habilitado para ajudar a amadurecer e fortalecer os laços sociais entre os membros da comunidade. Excedentes de comida seriam enviados para as cidades, onde os residentes locais cultivariam um adicional de alimentos em suas próprias hortas orgânicas comunitárias, como tem sido feito com grande sucesso em Havana, Cuba. Nas cidades, muitos prédios teriam sido ecologicamente recondicionados com superisolamento e sistemas de geração de energia solares ou movidos pelo vento. Corredores de natureza livre, como bosques ou simples áreas de mato, dariam voltas através da cidade e desembocariam na vastidão do campo, onde haveria uma grande rede de grandes áreas interligadas, com natureza amplamente livre de interferência humana, onde cada cidadão poderia passear sem qualquer tipo de impedimento. Como foi habitual entre os humanos durante incontáveis milênios, os adolescentes atingiriam a maturidade por meio de profundas experiências na natureza selvagem, guiados por adultos qualificados, experiências nas quais nosso pessoal jovem se depararia com os mistérios profundos do cosmos.

Posso ouvi-lo pensar que tudo isso soa provavelmente como um típico e malucão delírio hippy – louvável, mas totalmente impraticável. Estou realmente dizendo que tudo vai funcionar às mil maravilhas se nos metermos em casas de taipa no campo, cultivando nossos próprios vegetais e criando nossas galinhas? Não seria bom se fosse assim tão simples? Pois é, não é, porque precisamos de uma ação drástica para conter as emissões de dióxido de carbono antes que os patamares críticos sejam ultrapassados. Para realizar isso vamos precisar de um amplo leque de abordagens. Algumas pessoas precisarão ser pioneiras em estilos de vida pós-industriais viáveis, agradáveis, amigos do planeta. Outras terão de trabalhar para resolver os graves problemas de energia, provisão de alimentos e aumento do nível do mar que vão ocorrer como resultado da mudança climática. Outros terão de trabalhar nos acordos econômicos para uma economia de estado estacionário, incluindo a reforma ou desmantelamento dos principais instrumentos da guerra contra a natureza, como as corporações multinacionais, o FMI, o Banco Mundial, a OMC e assim por diante. Ecopsicólogos precisarão se empenhar na tarefa mais difícil de todas – como deslocar nossa visão de mundo coletiva para a perspectiva da *anima mundi*, o experimentar do cosmos como um ser vivo de que todos nós participamos plenamente. Mas enquanto tudo isso estiver acontecendo, precisaremos comprar de nós mesmos o mais escasso de todos os bens nessa situação de desespero: tempo.

Tenho grandes reservas quanto às estratégias sugeridas pela disciplina conhecida como Engenharia do Sistema da Terra, que tem por objetivo encontrar soluções high-tech para o problema da mudança climática. As pessoas da área têm proposto esquemas arrojados de todo tipo, incluindo colocar espelhos no espaço para desviar energia solar da Terra, estimular a bomba biológica semeando ferro nos oceanos ou desencadear a formação de nuvens borrifando sal marinho no ar sobre os oceanos com o uso de cata-ventos movidos a energia solar. Mas há uma opção que poderia funcionar como uma medida paliativa para nos dar espaço para respirar, em sentido literal, enquanto trabalhamos em todo o espectro de tarefas a serem enfrentadas se quisermos viver bem com Gaia. Estou me referindo à captura e estocagem do dióxido de carbono que sai dos conjuntos de chaminés de centrais elétricas e fábricas. Uma vez capturado, o gás é bombeado para grandes espaços subterrâneos, capazes de mantê-lo guardado em segurança durante escalas de tempo geológico. As grandes cavernas deixadas para trás pela extração de petróleo e gás natural poderiam funcionar muito bem e, só nos Estados Unidos, esses lugares parecem existir em número suficiente para absorver 100 anos de suas emissões de dióxido de carbono. Tecnicamente, a captura e estocagem do carbono não é uma tarefa difícil e já está sendo feita com êxito num punhado de projetos-piloto pelo mundo afora. A STATOIL, companhia petrolífera estatal norueguesa operando no campo de gás Sleipner, captura a cada ano um milhão de toneladas de dióxido de carbono da purificação do gás natural e o estoca numa rocha permeável de arenito, 800 metros abaixo da superfície, reduzindo assim em 3% as emissões totais de carbono da Noruega. Para fazer uma contribuição importante, a tecnologia terá de ser incorporada a centrais elétricas alimentadas a carvão, um passo que os planejadores parecem relutantes em dar – o número imenso de novas centrais elétricas no oleoduto para a Índia e China (713 no total) não têm capacidade instalada para a captura e estocagem do carbono. Há, contudo, uma central elétrica alimentada a carvão sendo planejada para abrir em 2015, que mostrará o que essa tecnologia pode fazer – a usina Future Gen nos Estados Unidos, que tem por objetivo ser uma instalação de emissão zero.

Existe, é claro, um grande risco de essa tecnologia ser usada para estimular ainda mais crescimento econômico removendo todos os impedimentos ao uso de combustíveis fósseis. Se isso acontecesse, a estratégia teria fracassado e a medida paliativa se convertido numa armadilha, pois, como vimos, o crescimento material acabará destruindo a biosfera como nós a conhecemos e, com isso, a regularidade do nosso clima. Há outro risco correlato ao desdobramento imprudente dessa opção: fazermos uso dela para controlar a temperatura global. Poderíamos queimar alguns combustíveis fósseis para aquecer as coisas, se Gaia parecesse estar se movendo para uma nova idade do gelo, ou poderíamos esfriar as coisas, se elas parecessem estar se movendo na direção oposta, capturando e estocando a quantidade requerida de carvão. De um modo ou de outro, teríamos fracassado em viver bem com Gaia, pois os seres humanos não estão destinados a ser os senhores ou administradores do planeta ou de seus ciclos biogeoquímicos – essas são tarefas que é melhor deixarmos para o mundo diferente-do-humano que nos cerca, muitíssimo mais competente em termos climáticos.

Minha trilha preferida envolve um movimento para uma economia de estado estacionário global, por meio da imposição legal mundial da eficiência energética, do investimento maciço em fontes renováveis de energia e de um esquema de tetos máximos para muitos dos elementos e moléculas que usamos, como aquele que a União Européia e o protocolo de Kyoto estão atualmente experimentando com o carbono (embora estejam fixando limites deploravelmente inadequados sobre emissões de gases de estufa). Vamos também precisar reduzir drasticamente, e em muitos casos eliminar, a prática insana, caríssima em termos de energia, de transportar produtos pelo mundo em benefício, sempre que for possível, da produção local. Para essas medidas darem resultado, a grande maioria dos cidadãos do mundo terá de compreender o fato de Gaia estar agora começando a impor suas punições de mudança climática pelas transgressões maciças do nosso estilo de vida industrial. Medidas substanciais e autêntico "governo participativo" serão necessários para fazer essas políticas funcionarem. Até agora, esse tipo de governança tem estado tristemente ausente. Um relatório recente da Comissão de Ciência e Tecnologia da Câmara Alta do Reino Unido mostrou que as atuais medidas de eficiência energética do Reino Unido são ineficazes porque o dinheiro que elas poupam está sendo gasto para comprar mais bens ou para expandir as atividades econômicas; também porque as políticas públicas não estão exigindo estritos padrões de eficiência energética para produtos que vão de prédios a artigos elétricos e porque os fundos que estão indo para pesquisas pertinentes são insuficientes.

Ecologia Profunda

Isto nos convence de que a verdadeira mudança tem de ser uma mudança interior, pois, como acabamos de ver, mesmo as mais brilhantes soluções tecnológicas podem levar ao desastre se não forem usadas por seres humanos sensatos. Talvez a máxima mais fundamental da sabedoria gaiana seja que nós, humanos, somos plenamente responsáveis por nosso planeta. Simplesmente não há como escapar disto, pois os seres humanos se acham tão sujeitos quanto qualquer outra espécie à lei básica de Gaia que, como você se lembrará, pode ser assim representada (figura 43):

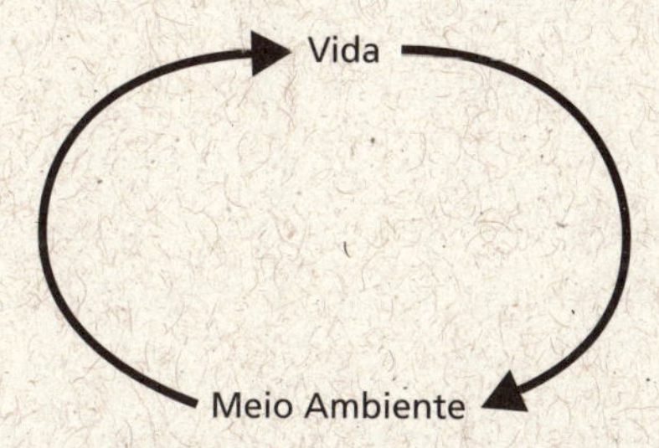

Figura 43: A relação entre vida e meio ambiente. Observe que as setas nesta figura e na seguinte indicam relações, não acoplamentos diretos.

Quando traduzido para o reino humano, o diagrama se transforma na figura 44.

Figura 44: A relação entre estilos de vida humanos e clima.

É um fragmento tão elementar de sabedoria que vale a pena repetir: *Somos todos responsáveis por Gaia.* Qualquer estilo de vida humano que desestabilize um aspecto-chave do "ambiente", como o clima, será limitado por realimentações que se voltam contra ele. A beleza desse esquema simples é que é um esquema cientificamente incontestável, e que pode ser aceito por pessoas ligadas às mais diferentes perspectivas filosóficas. Um mecanicista intransigente pode admiti-lo exatamente como um animista radical, como um guia para a ação.

Mas como desenvolvemos sabedoria ecológica? Em minha própria interpretação da abordagem da ecologia profunda iniciada por Arne Naess, cada pessoa tem de elaborar sua própria *ecosofia* (de *oikos*: lar e *sophia*: sabedoria), baseada em sua própria experiência profunda, questionamento profundo e compromisso profundo. Um amigo meu, o filósofo e educador norueguês Per Ingvar Haukeland, desenvolveu uma variante muito útil de uma parte da obra de Arne Naess para descrever como as ecosofias individuais se relacionam umas com as outras. A idéia básica é representar a situação por meio de uma *Árvore Ecosófica* (figura 45).

As raízes da árvore serpenteiam para o rico solo da experiência profunda, absorvendo a nutrição de intensa inspiração. Cada extremidade de raiz representa a profunda experiência, feita por uma determinada pessoa, de ampla identificação com Gaia e com o conjunto da criação, experiência nutrida pela parte única do solo que cabe a ele ou ela. Essas experiências profundas não precisam ser plenamente coerentes umas com as outras – um budista não evocaria Deus como parte de sua experiência profunda, mas um cristão sim, embora ambos concordassem com a importância da compaixão em nossas relações com a totalidade da vida. Naess salienta a importância do *pluralismo radical* nesse nível, pois precisamos ser tolerantes com as experiências profundas de outras pessoas, por mais diferentes que possam ser da nossa.

O que é comunitário surge no tronco da árvore, para o qual todas as raízes fluem. Aqui encontramos a plataforma da ecologia profunda, um conjunto de oito pontos formulados por Arne Naess e pelo filósofo americano George Sessions, com os quais a maioria das pessoas inclinadas para a ecologia profunda geralmente concordaria.

Figura 45: A Árvore Ecosófica.

A PLATAFORMA DA ECOLOGIA PROFUNDA

1. *Toda vida tem valor em si mesma, independentemente de sua utilidade para os seres humanos.*

2. *Fartura e diversidade contribuem para o conforto da vida e têm valor em si mesmas.*

3. *Os seres humanos não têm o direito de reduzir essa fartura e diversidade, exceto para satisfazer necessidades vitais de um modo responsável.*

4. *O impacto dos seres humanos no mundo está excessiva e rapidamente ficando pior.*

5. *Estilos de vida humanos e população são elementos-chave desse impacto.*

6. *A diversidade da vida, incluindo as culturas, só pode florescer com reduzido impacto humano.*

7. *Estruturas ideológicas, políticas, econômicas e tecnológicas básicas têm portanto de mudar.*

8. *Aqueles que aceitam os pontos precedentes têm obrigação de participar na implementação das mudanças necessárias e fazê-lo pacífica e democraticamente.*

(Essa versão da Plataforma da Ecologia Profunda foi criada por participantes do Schumacher College, em maio de 1995.)

Repare que a plataforma começa com uma declaração vinda da esfera da experiência profunda – não podemos justificar racionalmente o primeiro ponto mas, se ele é consistente com nosso sentimento profundo de pertencer a um cosmos vivo, sabemos o que significa. O último ponto é sobre a ação, que é o que torna a ecologia profunda tanto um movimento quanto uma filosofia.

Os galhos começam a se espalhar em todas as direções quando subimos pelo tronco da árvore ecosófica, representando as opções que cada pessoa tem para fazer as mudanças em sua vida que sejam coerentes com a profunda experiência de pertencer à nossa Terra viva. Mais uma vez, o pluralismo radical é importante aqui. Diferentes pessoas farão escolhas singulares que podem perfeitamente diferir muito acentuadamente umas das outras: uma pessoa pode pensar em se engajar em ação direta, enquanto outra pode estar pensando em deixar o trabalho bem pago na cidade e se juntar a uma ONG. Outros continuarão a trabalhar dentro do sistema, esforçando-se para mudá-lo do interior. Essas opções têm de ser respeitadas e apoiadas por outras pessoas inclinadas para a ecologia profunda.

Viver em harmonia com a Terra viva implica traduzir nossa experiência profunda de sua presença sensível em ações concretas do dia-a-dia. Talvez uma das mais importantes opções que possamos imaginar, especialmente se estamos levando um opulento estilo de vida ocidental, seja encontrar meios de reduzir nossas emissões pessoais de gases de estufa. O IPCC adverte que, em 2050, a humanidade precisará ter cortado suas emissões em 60% relativamente aos níveis de 1990 – uma tarefa que parece impossível dada nossa fome imensa e crescente de energia e matérias-primas. Mas de acordo com Dave Reay, da Universidade de Edimburgo, é possível atingir esse nível de redução sem demasiado esforço. Seus "dez passos para salvar o planeta" nos equipam com a idéia de que ações aparentemente pequenas de cada pessoa podem, numa escala mais ampla, ter conseqüências imensas. Aqui estão os dez passos de Reay:

1. Abaixe o aquecimento ou aumente o ar refrigerado de 1°C; isso pode reduzir suas emissões de carbono em até duas toneladas de carbono por ano.
2. Use seu carro o menos possível – use uma bicicleta ou transporte público sempre que puder; a economia potencial chega a 12 toneladas de carbono por ano.
3. Converta em adubo seu lixo orgânico, recusando-se assim a dá-lo às bactérias geradoras de metano em aterros sanitários. Dessa maneira você pode poupar até uma tonelada de carbono por ano.
4. Evite viajar de avião, especialmente em viagens de curta distância para destinos que podem ser alcançados de trem. Se tiver de voar, você pode até certo ponto compensar suas emissões ajudando organizações como a Climate Care. Economia potencial: até três toneladas de carbono por ano.

5. Dirija um pouco abaixo dos limites de velocidade, evite trajetos curtos, compartilhe o carro e mantenha em dia a manutenção do veículo. Pense na possibilidade de trocá-lo por um veículo a diesel ou total flex. A economia pode chegar a 12 toneladas de carbono por ano.
6. Passe a usar lâmpadas fluorescentes e utensílios poupadores de energia, desligando-os quando eles não estiverem sendo usados. Isso pode lhe render uma economia de até 1,6 toneladas de carbono por ano.
7. Coma alimento produzido na sua região, eliminando assim seu apoio à rede de transporte global, extremamente poluidora, que emite cerca de 80 kg de gases de estufa mesmo para a cesta de compras média de comida *orgânica*. Desse modo, você vai economizar até 3,6 toneladas de carbono por ano.
8. Reduza, torne a usar, recicle. Antes de comprar alguma coisa, pergunte a si mesmo se é realmente uma necessidade vital. Use as coisas muitas vezes – como os sacos plásticos e, se não puder cumprir os dois primeiros pontos, recicle o máximo que puder, poupando assim energia para a produção de novos artigos. Economia anual: uma tonelada de carbono.
9. Leve sua perspectiva da ecologia profunda para seu lugar de trabalho; desligue luzes e *standbys*, imprima dos dois lados do papel e convença os poderes constituídos a reciclar o máximo possível.
10. Procure conseguir um enterro natural e evite enterrar concreto, metal e outros materiais com você, poupando assim até uma tonelada de carbono.

Eu acrescentaria um décimo primeiro passo, que é:

11. Procure divulgar a necessidade urgente de uma economia de estado estacionário antes que a economia do crescimento torne os dez passos anteriores irrelevantes.

Após cuidadosa consideração, cada pessoa, homem ou mulher, acabará fazendo suas opções e agindo concretamente no mundo. Quando isso acontece, uma fruta brota, amadurece e cai no chão assim que a ação é cumprida, fertilizando o solo da experiência profunda com nutrientes que todos podem aproveitar. As ações de cada pessoa serão diferentes mas, se forem realmente compatíveis com a esfera da experiência profunda, cada ação beneficiará o conjunto de Gaia, incluindo outros seres humanos. A jornada particular de cada pessoa, das raízes ao tronco, depois para os galhos e fruta, representa sua trilha ecosófica para a correta ação no mundo.

As ações mais satisfatórias nesta época de crise ecológica e social serão aquelas que estiverem inspiradas por uma disposição de servir a Gaia, vinda de um sentimento profundo de pertencer à comunidade ativa de organismos, ar, rochas e água, que constituem o próprio tecido do nosso planeta vivo. Vimos como a ciência de Gaia é compatível com uma compreensão profundamente intuitiva da Terra como um ser vivo que evolui, que se transforma sempre, e examinamos como essa nova perspectiva abre caminhos férteis para fazermos as pazes com a Terra, caminhos que enriquecem grandemente nossa racionalidade e nossa ciência. Para agir bem, precisamos experimentar a Terra não como a "natureza" lá fora, nem como um "ambiente" que é distinto de nós, mas como misteriosa extensão do nosso próprio corpo sensível que nos nutre com uma assombrosa variedade de experiências intelectuais e estéticas – com o ronco do mar e com a maravilhosa visão da Lua noturna refletida num lago tranqüilo. A ação correta exige que *vivamos no* corpo da Terra, para que nos sintamos tão à vontade com o ar, a água, as rochas e os seres vivos que são a vida desse corpo mais amplo quanto nos sentimos à vontade nos ambientes feitos pelo homem. Se ao menos pudéssemos fazer isso, nosso foco se deslocaria do incessante fascínio pelas questões humanas para uma percepção mais ampla, mais gratificante, da Terra viva em que essas questões têm lugar. Encontraríamos então uma visão mais vasta, centrada na Terra, em que cada respiração que damos e cada decisão que tomamos é um voto de serviço e fidelidade à pessoa maior do nosso planeta. Uma contribuição a essa tarefa é descobrir novos modos de falar de nossas noções científicas sobre a Terra que deixem emergir suas dimensões vivas, como tentamos fazer neste livro. Com nossa razão satisfeita, nossa intuição, sensibilidade e sentimento estão livres para forjar uma conexão tão profunda que não precisamos mais pensar nela. Só quando nossos quatro modos de conhecer estiverem plenamente assim ajustados pode a ação correta emergir – e é apenas o efeito somado de bilhões de ações corretas de pessoas por todo o planeta que poderá finalmente nos levar a um relacionamento genuinamente fértil com Gaia, nossa Terra viva.

Bibliografia

Capítulo 1: *Anima Mundi*

David Abram, *The Spell of the Sensuous*, Vintage Books, 1997.

Thomas Berry, *The Great Work*, Crown Publications, 2000.

Henri Bortoft, *The Wholeness of Nature*, Floris Books, 2004.

Fritjof Capra, *The Web of Life*, Flamingo (Harper Collins), 1997 [A Teia da Vida, Ed. Cultrix, São Paulo, 1997].

Margaret Colquhoun, *New Eyes for Plants*, Hawthorn Press, 1996.

A. K. Dewdney, *Hungry Hollow: The Story of a Natural Place*, Springer-Verlag, 1998.

Brian Goodwin, *How the Leopard Changed its Spots*, Weidenfield and Nicholson, 1994.

Stephan Harding, "What is Deep Ecology", *Resurgence*, nº 185, 1997.

Graham Harvey, *Animism: Respecting the Living World*, Columbia University Press, 2005.

James Hillman, *Revisioning Psychology*, Harper Collins, 1992.

Carl Gustav Jung, *On the Nature of the Psyche*, Routledge, 2001.

Lee R. Kump, James F. Kasting e Robert G. Crane, *The Earth System*, Pearson Prentice Hall, 2ª edição, 2004.

Robert Lawlor, *Voices of the First Day: Awakening in the Aboriginal Dreamtime*, Bear and Company, 1991.

Mary Midgley, *Does the Earth concern us?*, Gaia Circular, Inverno/Primavera de 2002.

Mary Midgley, *Gaia: The Next Big Idea*, Demos, 2001.

Jacques Monod, *Chance and Necessity*, Collins, 1972.

E. F. Schumacher, *Small is Beautiful: Study of Economics as if People Mattered*, Vintage, 1993.

Paul Shepard, *Nature and Madness*, University of Georgia Press, 1998.

Richard Tarnas, *The Passion of the Western Mind*, Pimlico, 1996.

Wemelsfelder, Françoise, 'The scientific validity of subjective concepts in models of animal welfare', *Applied Animal Behaviour Science*, 53, pp. 75-88, 1997.

Alfred North Whitehead, *Process and Reality*, revisto e editado por D. R. Griffin e D. W. Sherburne, Free Press, 1978.

Donald Worster, *Nature's Economy*, Cambridge University Press, 1977.

Capítulo 2: Frente a Frente com Gaia

Timothy Lenton, 'Gaia and Natural Selection', *Nature* vol. 394, pp. 439-447, 1998.

Aldo Leopold, *A Sand County Almanac*, Oxford University Press, 1968.

James Lovelock, *Gaia: A New Look at Life on Earth*, Oxford University Press, 2000.

James Lovelock, *Gaia and the Theory of the Living Planet*, Gaia Books, 2005.

James Lovelock, *Homage to Gaia*, Oxford University Press, 2000.

James Lovelock, *The Ages of Gaia*, Oxford University Press, 2000.

James Lovelock, *The Revenge of Gaia*, Allen Lane, 2006.

Maurice Merleau-Ponty, *Phenomenology of Perception*, traduzido para o inglês por Colin Smith, Routledge & Kegan Paul, 1962.

Arne Naess, *Ecology, Community and Lifestyle*, traduzido para o inglês por David Rothenberg, Cambridge University Press, 1990.

Richard Nelson, *Make Prayers to the Raven: A Koyukon View of the Northern Forest*, University of Chicago Press, 1983.

George Sessions (editor), *Deep Ecology for the 21st Century*, Shambhala, 1995.

Charlene Spretnak, *Lost Godesses of Early Greece*, Beacon Press, 1992.

Laurens van der Post, *The Heart of the Hunter*, Vintage, 2002.

Capítulo 3: Da Hipótese de Gaia à Teoria de Gaia

K. C. Condie e R. E. Sloan, *Origin and Evolution of Earth: Principles of Historical Geology*, Prentice-Hall, 1998.

Richard Dawkins, *The Extended Phenotype*, Oxford University Press, 1999.

Jacques Grinevald, 'Sketch for a History of the Idea of the Biosphere', em *Gaia in Action*, editado por Peter Bunyard, Floris Books, 1996.

Stephan Harding, 'Food Web Complexity Enhances Ecological and Climatic Stability in a Gaian Ecosystem Model' em *Scientists Debate Gaia*, MIT Press, 2004.

Richard B. Primack, *Primer of Conservation Biology*, Sinauer Associates Incorporated, 2004.

'An Introduction to Systems Thinking', Stella Research Software, High Performance Systems Inc, 1997.

Stephen Schneider e Randi Londer, *The Coevolution of Climate and Life*, Sierra Club Books, 1984.

Vladimir I. Vernadsky, *The Biosphere*, traduzido por D. B. Langmuir, Springer Verlag, 1998.

Capítulo 4: A Vida e os Elementos

Philip Ball, *The Ingredients*, Oxford University Press, 2002.

Christian De Quincey, *Radical Nature: Rediscovering the Soul of Matter*, Invisible Cities Press, 2002.

John Emsley, *Nature's Building Blocks*, Oxford University Press, 2001.

Timothy M. Lenton e Andrew Watson, 'Redfield Revisited 2: What regulates the oxygen content of the atmosphere?', *Global Biogeochemical Cycles*, vol. 14, nº 1, pp. 249-268, 2000.

Primo Levi, *The Periodic Table*, Penguin Books, 2000.

Freya Mathews, *For Love of Matter: A Contemporary Panpsychism*, SUNY Press, 2003.

David Skrbina, *Panpsychism in the West*, MIT Press, 2005.

Lee Smolin, *The Life of the Cosmos*, Phoenix, 1998.

Brian Swimme, *The Hidden Heart of the Cosmos*, Orbis Books, 1999.

Peter D. Ward e Donald Brownlee, *Rare Earth*, Copernicus, 2000.

Capítulo 5: Jornadas do Carbono

Richard B. Alley, *The Two Mile Time Machine*, Princeton University Press, 2000.

R. A. Berner, 'Geocarb II: A revised model of atmospheric CO_2 over Phanerozoic time', *American Journal of Science*, vol. 294, pp. 56-91, 1994.

David Schwartzman, *Life, Temperature and the Earth*, Columbia University Press, 1999.

Tyler Volk, *Gaia's Body*, MIT Press, 2003.

Peter Westbroek, *Life as a Geological Force*, W. W. Norton, 1992.

Capítulo 6: Vida, Nuvens e Gaia

Gordon Bonan, *Ecological Climatology*, Cambridge University Press, 2002.

R. Charlson, J. Lovelock, M. Andreae e S. Warren, 'Oceanic phytoplankton, atmospheric sulphur, cloud albedo and climate', *Nature*, vol. 326, pp. 655-661, 1987.

M. Claussen *et al*, 'Simulation of an abrupt change in Saharan vegetation at the end of the mid-Holocene', *Geophysical Research Letters*, vol. 24, pp. 2037-2040, 1999.

P. B. deMonacal *et al*, 'Abrupt onset and termination of the African Humid Period: Rapid climate response to gradual insolation forcing', *Quaternary Science Reviews*, vol. 19, pp. 347-361, 2000.

W. D. Hamilton e T. M. Lenton, 'Spora and Gaia: How microbes fly with their clouds', *Ethology Ecology and Evolution*, vol. 10, pp. 1-16, 1998.

Lynn Hunt, 'Send in the Clouds', *New Scientist*, pp. 29-33, 30 de maio de 1998.

Lee Klinger e David J. Erikson, 'Geophysiological coupling of marine and terrestrial ecosystems', *Journal of Geophysical Research*, vol. 102, pp. 25359-370, 1997.

Eric Post, Rolf Peterson, Nils Stenseth & Brian McLaren, 'Ecosystem consequences of wolf behavioural response to climate', *Nature*, vol. 401, pp. 905-907.

Capítulo 7: De Micróbios a Gigantes Celulares

Noam Bergman, Timothy Lenton e Andrew Watson, 'A New Biogeochemical Earth System Model for the Phanerozoic', em *Scientists Debate Gaia*, MIT Press, 2004.

Lynn Margulis, *Symbiotic Planet*, Phoenix, 1999

Lynn Margulis e Dorion Sagan, *Microcosmos: Four Billion Years of Microbial Evolution*, University of California Press, 1997. *Microcosmos: Quatro Bilhões de Anos de Evolução Microbiana*, Ed. Cultrix, São Paulo, 2004.]

Humberto Maturana e Francisco Varela, *The Tree of Knowledge*, Shambhala, 1992.

Capítulo 8: Terra Desesperada

P. M. Cox, R. A. Betts, C. D. Jones, S. A. Spall e I. J. Totterdell, 'Acceleration of global warming due to carbon-cycle feedbacks in a coupled climate model', *Nature*, 408, pp. 184-187, 2000.

W. Steffen *et al*, *Global Change and the Earth System*, Springer, 2004.

Robert T. Watson (org.), *Climate Change: Contribution of Working Groups I, II, III to the Third Assessment Report of the Intergovernmental Panel on Climate Change*, Cambridge University Press, 2002.

Capítulo 9: Gaia e a Biodiversidade

Gregory Bateson, *Mind and Nature*, Hampton Press, 2002.

Rachel Carson, *Silent Spring*, Pelican Books, 1998.

Hector *et al*, 'Plant diversity and productivity experiments in European grasslands'. *Science*, 286, pp. 1123-1127, 1999.

Michel Loreau (org.), *Biodiversity and Ecosystem Functioning*, Oxford University Press, 2002.

E. O. Wilson, *The Diversity of Life*, Allen Lane, 1992.

E. O. Wilson, *The Future of Life*, Little Brown, 2002.

Capítulo 10: A Serviço de Gaia

Brad Allenby, 1999, 'Earth System Engineering: The Role of Industrial Ecology in an Engineered World', *Journal of Industrial Ecology*, vol. 2, número 3, pp. 73-93.

Janine Benyus, *Biomimicry*, Harper Collins, 2002 [*Biomimética*, Ed. Cultrix, São Paulo, 2003].

Fritjof Capra, *The Hidden Connections: A Science for Sustainable Living*, Flamingo, 2003 [*Conexões Ocultas*, Ed. Cultrix, São Paulo, 2002].

David Cook, *The Natural Step* (Schumacher Briefing, nº 11), Green Books, 2004.

Herman Daly, *Steady-State Economics: The Economics of Biophysical Equilibrium and Moral Growth*, W. H. Freeman, 1978.

Richard Douthwaite, *The Growth Illusion*, Green Books, 1999.

Clive Hamilton, *Growth Fetish*, Pluto Press, 2004.

Paul Hawken, Amory Lovins e Hunter Lovins, *Natural Capitalism*, Earthscan, 2000 [*Capitalismo Natural*, Ed. Cultrix, São Paulo, 2000].

Jerry Mander e Edward Goldsmith (orgs.), *The Case Against the Global Economy: And for Local Self-Reliance*, Earthscan, 2001.

Donella Meadows, Jorgen Randers e Dennis Meadows, *Limits to Growth: The 30-Year Update*, Chelsea Green, 2004.

Helena Norberg-Hodge, Todd Merrifield e Steven Gorelick, *Bringing the Food Economy Home*, Zed Books, 2002.

David Raey, *Climate Change Begins at Home*, Macmillan, 2006.

Ernst Von Weizsacker, Amory Lovins e Hunter Lovins, *Factor Four*, Earthscan, 1998.